"受众 · 传播 · 文化"博士文丛

丛书总主编：刘燕南

U0811799

美国受众研究的历史轨迹

一个知识社会学的视角

谷 征 著

中国传媒大学出版社

·北京·

总 序

历时五年,“受众·传播·文化”博士文丛终于面世。这套由中国传媒大学传播学受众与传媒生态方向的博士论文组成的系列,是年轻的新秀们献给数字时代的一份学术大礼。

被誉为“21世纪麦克卢汉”的美国学者亨利·詹金斯,在其颇具影响的《融合文化》一书中曾经指出,数字革命是一种技术变迁,也是一种社会和文化变迁。在这个变迁序列中,技术和媒介是快变量,生活方式是中变量,文化习俗则是慢变量,是一种潜藏于人们内心的深层结构。如今,无论是快变量、中变量还是慢变量,几乎所有的变化都在加速,其中最具标志性的变化,无疑是受众本身,受众是一切变迁的原动力和目的地。

技术的不断迭代和创新,在潜移默化中改变着受众的角色、地位和功能——从群体到个体、从被动到能动、从受传到传受。如何从媒介变革、从生活方式和文化习俗的变迁中寻找受众,吸引受众,培养忠诚受众,成为各传媒机构的重中之重。受众(用户)成为数字时代最具价值性、杠杆性和驱动力的主体,受众(用户)研究也比以往任何时代都更受重视和青睐。而在中国,这样的转变,不独是受技术驱动的时代变迁因素的影响，更是经历了一个与国情相关的曲折而漫长的过程。

回溯既往，改革开放之初传播学进入中国，从一开始便以其对受众的高度关注而对传统新闻学"重传轻受"的思维理念形成强烈冲击。自那时起，中国新闻传播界便在拨乱反正、与世界接轨的号召下，进行各种尝试和探索，包括采用概率论与数理统计原理及抽样方法进行受众调研；受众研究也在与关心群众、了解群众、走群众路线等政治话语的互动中，开始蹒跚学步。虽然用"受众"一词来指代读者、听众和观众的说法还没被多数人所接受，将人群划分为左、中、右的贴标签式做法仍然残存，传播者对受众有意无意的疏忽和轻视也时常可见，但是毕竟，受众研究及其一整套概念、理路和方法体系，在经历了中国式改造后，已经缓慢而持续地建立和发展起来。

我国受众研究的起始，与传媒业的市场转型大体同步。受众作为注意力经济的核心，受众研究作为了解受众、把握传播效果的重要途径，逐渐引人关注，同时也饱受因转型而产生的"政治—经济"纷争的困扰。一方面，以视听率为代表的结构性"数字受众"研究，由于深度契合传媒市场的运作模式，开始渗入传媒机构从内容生产、节目编排、广告营销到经管决策的几乎所有环节，并倒逼传媒业建立适应转型需要的游戏规则，受众调研逐渐成为传媒业运作的标准配置；与此同时，受众研究尤其是视听率测量，在适应转型需求，为传媒业提供市场表征的同时，也获得了来自市场的资源和资金支持，成为传播学中离市场最近的一个领域。另一方面，视听率引入中国，似乎天然便带有其母体的"原罪"基因，一当市场上出现一些负面现象，诸如节目低俗化、片面追求高收视，乃至数据造假等，对收视率的批判之声便充斥大街小巷。有些或有道理，有些则全然溢出了专业探讨的范畴，打上浓厚的意识形态标签，将收视率与社会效益对立起来，问罪收视率，斥责这个客观反映受众收视行为的效果指标，却全然无视社会心理和机制体制本身的问题，显示出某种话语权力的傲慢与任性。当然，这也从另外一个角度说明，受众研究离市场更近，并不意味着离意识形态更远，也不意味着能够摆脱非专业话语的干扰；离市场更近，更要有独立于市场、独立于经济利益乃至其他各种因素的自觉。

我国受众研究的生长发育，离不开改革开放三十多年来传媒业实践的滋养，也多少会留下转型期社会和文化发展的种种烙印。面对层级分明而属性混杂的传媒业，面对规模庞大且参差不齐的观众群，受众研究每每捉襟见肘；学术历练的不足和研究积累的单薄，也妨碍了受众研究寻求更多理论和方法上和自主突破；更重要的是，既要学习借鉴他人，又要结合实践，还要与某些外在因素保持距离，使得受众研究往往顾此而失彼。很显然，如何处理好与市场、与技术、与意识形态的关系，如何与学术界、与实务界、与国外同行有效对话，是受众研究能否走出一条有自身特色的创新之路的关键。

尽管面临种种困扰，我国受众研究的进步仍然有目共睹。十多年前，我在翻译传播学大家丹尼斯・麦奎尔的《受众分析》一书时，曾经在译者序“解读与思考”中总结了当时国内受众研究的三大特点：调查多，研究少；数据多，理论少；引进多，原创少。与那时相比，今天的受众研究无论在理论、方法还是理论与实践的结合上，都取得了不少进展，不仅研究的质与量均有提升，而且出现了一批努力追求理论创新的论著。受众研究在中国土壤上的探索实践，它在科学化、系统化、专业化等方向上的开拓努力，不断更新和丰富着世界受众研究的知识体系，亦在为推进传播学研究的深入发展做出贡献。

时下数字化浪潮的冲击，正不断拓展受众研究的天际线，刷出一个又一个新的起跑点。今天的受众研究，呈现出跨界、多维、数据驱动的新特征。在新技术的赋能下，受众正从单纯的接受者，朝着复合型传受者转型；从消极被动的同质化群体，朝着积极主动的个性化用户转型。

他们在电视、电脑、手机等大中小屏之间，娴熟地切换自己的注意力，并不断提升自我赋权的能力。尽管我们仍在沿袭以往的“受众”称谓，但是“受众”一词的内涵已经更加丰富，也更加多元。传媒形态和传播生态在急剧变化，受众的面貌和功能也不可避免地发生改变，受众研究不可能再重复以往的经验和范式，需要除旧布新，开阔视野，需要有新理念、新方法、新视角，尤其是需要吸收新生力量。

呈现在大家面前的这一套博士文丛，便是一批青年研究者夙兴夜寐、思考钻研的结晶，不少还是他们公开出版的第一本“处女作”。身处这样一个数字技术引发的媒介大变革时代，一个所谓的“后受众时代”，他们的视野已经不再囿限于传统的受众框架和经典范式，而是开放与兼容，从受众（用户）出发，在融合文化的背景下，进入更新、更广泛、更深入的领域，并引发一系列新思考，这也是我们编辑的这套文丛以受众、传播和文化三者为题，而不是独取前者的一个主要原因。

当然，博士文丛以“受众·传播·文化”命名，还因为受众与传播、文化天然“结盟”。受众既是社会环境和特定媒介供应方式的产物，也是一定文化发展的产物。受众研究聚焦受众，但是并不囿限于受众，而是在传播与文化的广阔天地里汲取养分，并奉献着自己的光和热。就像受众不可能生活在真空里一样，受众研究也不可能脱离它所植根的传播生态和文化土壤，正是它们，构成了受众研究丰富的“后台数据”。再者，受众与传播的相生互动，在推动文化创新和发展的同时，自身也深深嵌入其中，成为文化的一个重要组成部分，涵化和形塑了受众研究的“前台特征”，某种意义上，这也是传播学文化研究学派的底色之一。尤其是今天，数字技术与融合文化的契合共进，正深刻地改变着受众的角色认同和功能权重，并重组新的传播格局，重构包括受众研究在内的传播学研究的理论框架和话语时空。如此，引入多维视角，从受众与传播和文化的内在关联中发掘新资源，探寻新路径，便成为推动研究创新升级的题中应有之义。

这套文丛,从论文撰写到修改出版,作为导师,我见证了每一位作者的成长,也深刻领会了教学相长的旨趣。这群年轻人因为共同的志向走到一起,线上线下的探索和讨论,成为他们生活的常态。从研究生到研究者,从跟随性研究到自主研究,再到独立完成博士论文,他们经历了艰难的转型过程。几度春秋易寒暑,几多心血终成书。翻开文丛,每一本都有独到之处,从中不难发现作者思考问题的认真投入,以及思维的活跃与开阔。他们的学问可能还有待精进,视角还有待拓展,研究方法的应用、话语体系的娴熟,都还有待磨砺,然而最宝贵、恰恰也是我们这个时代最为稀缺的,是对研究的真诚,对学术的敬畏,对创新的追求。他们以自己的研究经历和研究成果,成为受众研究在中国土壤里生根发芽、成长自立的参与者和贡献者。

李翔《电视真人秀体验式传播研究》,首次提出"体验式传播"这一新概念来审视电视真人秀节目的文本生产与受众期待之特征,对中国电视真人秀受众研究具有比较重要的理论价值和实践意义。

文卫华《美剧迷群:媒介消费与认同建构》,探讨全球性跨界传播背景下中国大陆美剧迷们在多重语境中建构身份认同的方式、特征和意义,对中国式迷研究的发展颇有贡献。

谷征《美国受众研究的历史轨迹》,从知识社会学的视角出发考察美国受众研究的起源和历史演进,对长期以来学界所认为的美国受众研究"主动—被动"二元对立的分析维度以及唯量化研究独尊的刻板印象,进行了质疑和分析批判。

徐展《电视娱乐奇观的多维透视:内容生产、文本与受众》,明确提出了"娱乐奇观"的概念,采用跨学科视角深入分析了娱乐奇观受众的"浸入式收视"问题,不仅丰富和完善了媒体奇观理论,也推进了娱乐节目的受众研究。

黄建《传播与敬业：组织成员心理研究》，从积极心理学和组织传播学的视角出发，采用社会网络分析法对组织内传播行为与员工积极心理之间的关系进行了深入探讨，对寻求有利于个体发挥积极能动性的组织因素有独到见解。

李冰《移动中的受众：场景视域下的手机使用研究》，以媒介场景理论和受众理论为研究框架，采用量化实证方法探讨手机使用行为、场景和身份认同三者之间的相互影响和建构关系，对移动互联环境下的受众研究颇有创新。

以上所列只是博士论文中的一部分，陆续还会有新的研究成果加入。

博士论文可能是一个人研究生涯的高峰，也可能只是一个起点，无论是高峰还是起点，都已是过去时，都是人生道路上的一个足迹。希望这些年轻的博士们能够秉持理想主义的"学""问"追求，不断努力，那是一种修行，也是一种境界。我们编辑这套文丛，既是总结过去，展现年轻博士们的成果和潜力，同时也希望吸引更多的人加入这个领域，不断寻找新起点，向着一个又一个高峰，一起努力再出发。

刘燕南

2017年3月于中国传媒大学受众研究中心

目录

第一章

寻找受众研究的历史轨迹

- 第一节　回到历史
- 第二节　受众
- 第三节　受众研究
- 第四节　美国受众研究的阶段划分与研究路径

第一节　回到历史

一、为什么回去？

美国学者哈罗德·拉斯韦尔在1948年发表的《传播在社会中的结构与功能》一文中提出了一个被众多传播学者视为经典的模式——5W模式，即谁、说什么、通过什么渠道、对谁、取得什么效果。固然这个模式自诞生以来，一直有人提出各种质疑，然而它确实框定了传播学研究的范围和基本内容，时至今日，人们对于传播学的研究也没有完全突破这一模式既定的方向，说明其具有一定的合理性。5W分别对应控制分析、内容分析、媒介研究、受众研究、效果研究，其中，受众研究无疑一直是大众传播研究的一个重要领域。

在传播过程中，受众居于重要地位，是传播过程得以存在的前提和条件。无论如何看待受众，我们都不能否认，没有作为信息接收终端的受众，传播活动就失去了意义所在，没有受众，也不可能完成传播过程。特别是持主动受众观点的学者更是认为，受众会根据自身所需对信息内容进行选择性接触、理解、记忆，也会有表达意见、观点的愿望。受众是大众传播效果的核心概念和考察效果的途径与立足点，了解受众、关注受众，对于提高传播效果具有重要作用。

在传播研究中，受众研究同样一直显得格外重要，在由媒介、社会与人的复杂关系建构起来的大众传播理论中，受众是一切问题的交叉点，因此，理解受众就是理解大众传播学的核心问题。[①] 传播的意义所在不仅要看对受众有何影响，更要看受众在整个传播体系中的位置与作用，这就需要了解受众的方方面

① 迪金森，哈里德拉纳斯，林耐.受众研究读本[M].单波，译.北京：华夏出版社，2006：译者序1.

面，即对受众进行研究。经过多年发展，至今已创建和发展出多种受众理论与受众研究传统。

对于受众研究的历史、受众思想的演变进行研究，不仅能够正本清源，对传播学科有更加深刻的了解，更重要的是，我们能够从中找到新的灵感，从先辈那里获得学科发展的研究方向。正如熊彼特(J. Schumpeter)所说："那些企图仅仅根据最近的论著就来进行理论研究的教授或学生，不久就会发现他们正在为自己制造不必要的麻烦。除非最近的论著本身反映出最起码的历史面貌，否则不管它怎样正确，怎样有创见，怎样严密或者优雅动听，都不能阻止学生产生一种缺乏方向与意义的感觉，至少在大部分学生中会有这种感觉。"①

固然我们不能沉浸在历史之中，一味地遵从前辈先贤的教诲，但是要想更好地继承前辈学者的遗产，发展他们的思想，回溯过去、了解历史是必须要做的功课。国内外不少学者(包括国内一批中青年学者，如胡翼青、周葆华、刘海龙等)开始关注传播学的历史再述，尤其是对于传播学的诞生地——美国的传播研究历史，对它从不同面向、以不同角度进行反思。

忽视受众研究的历史思考，将受众研究与其特定的历史社会背景、媒介和学术语境相分离，则会导致对受众研究的片面理解，同时加固受众研究中本来存在着的各种神话。正如霍克海默等人在论述启蒙与神话的关系时所述，"就进步思想的最一般意义而言，启蒙的根本目标就是要使人们摆脱恐惧，树立自主。但是，被彻底启蒙的世界却笼罩在一片因胜利而招致的灾难之中。……启蒙为了粉碎神话，吸取了神话中的一切东西，甚至把自己当作审判者陷入了神话的魔掌"。②

传播学学科的合法性一直受到不同方面的质疑。为了建立和巩固这种合法性，传播学学科在建立过程中，不免有时会将传播研究历史简单化、研究人员神圣化，尽管这样的概括让后学者对传播研究看似更加容易掌握，但实际上是将他们笼罩在神话的光环之下。在传播研究和受众研究发展中出现了各种神话与简化，其往往将传播研究的复杂发展路径简化为"四大奠基人"对传播学科的开创，行政学派与批判学派的对立，如此等等。受众研究中呈现的受众观念

---

① 熊彼特.经济分析史:第一卷[M].朱泱，孙鸿敞，李宏，陈锡龄，译.北京:商务印书馆，1991:17，18.

② 霍克海默，阿道尔诺.启蒙辩证法:哲学[M].渠敬东，曹卫东，译.上海:上海世纪出版集团，上海人民出版社，2006:1，8.

往往被描述成从被动到主动的进步式的线性演变，媒介与受众的关系变化则被认为是由媒介主导到受众主导的简单过渡。

中国很多初学者乃至研究者对于受众研究和传播学的历史更是不甚了解，“作为中国学者，我们长期以来对于美国传播学总持有一种‘学习’态度。对于中国传播学而言，美国传播学在很大程度上已经脱离了它的社会基础和具体时空，成为一个不言自明的客观存在，有许多天经地义的结论”①。脱离受众研究具体的社会历史背景，将美国传播学理论经典化、绝对化、神圣化，是中国传播研究一直在低水平徘徊的重要原因。一方面，我们要对主流传播研究（具体到受众研究就是将效果导向受众研究绝对化）有清醒认识，不能将其作为受众研究的唯一模式；另一方面，我们也要防止矫枉过正，对所谓主流范式过度批判，进而否定其应有的价值与意义，我们的目的在于澄清误读，而不在于打倒一切。

另外，忽视受众研究的历史考察，就不能准确理解各种经典的受众研究与受众理论，不能明了研究者为何做此研究、为何如此进行研究的真正意义，这样不仅不利于目前受众研究的进行，更不利于对受众研究的创新。每一种受众研究理论与范式都与当时的社会、媒介、学术背景密切相关，如果脱离这一前提，就不能恰如其分地将这些受众理论、研究方法、研究范式应用于当前的受众研究中去，也不能根据目前新的社会、媒介情境与学术发展对受众研究作出新的贡献。在当前整个传播学界（当然包括受众研究）都面临着理论创新不足这一问题的情况下，传播研究的“重写历史”②被提上日程，我们应通过反思传播研究历史，审视当前传播研究中的问题，寻找传播研究的新路径。

因此，本书以知识社会学为视角，以求在卷帙浩繁的欧美经典中发现受众研究的学术渊源，将受众研究还原于其发展的社会历史、媒介与学术诸背景之中，勾连受众研究的发展轨迹、研究方法与范式，澄清各种误读，破除各种神话，还历史本来面目，为受众研究能够不断创新与发展提供支持。

大众传播研究与知识社会学在某种意义上是相通的，可以互相借鉴。默顿

---

① 胡翼青. 传播学科的奠定（1922—1949）[M]. 北京：中国大百科全书出版社，2012：1.

② DENNIS E E，WARTELLA E. American communication research：the remembered history[M]. Mahwah，N. J.：L. Erlbaum，1996.

PARK D W，POOLEY J. The history of media and communication research：contested memories[M]. New York：Peter Lang，2008.

GLANDER T. Origins of mass communications research during the american cold war：educational effects and contemporary implications[M]. Mahwah，N. J.：L. Erlbaum，2000.

在《社会理论和社会结构》一书中就试图向人们展示下列思想："知识社会学和大众传播社会学都可以看作是研究社会结构与信息传递之间互相影响的分支学科。"尽管这两个领域都是各自独立发展的，但如果能够把它们的"理论概念、研究方法和经验发现统一起来"，其发展将会更加迅速。① 受众研究作为传播研究中的一个领域，以知识社会学作为切入视角，更能明晰受众研究在不同阶段的发展与社会存在之间的关联。然而，本研究并不将社会存在狭隘理解为社会结构，而是对其做更为宏观的解读，一方面不仅包括各种"超理论因素"的社会历史背景与媒介背景，还应当包括受众研究的学术语境，另一方面则要研究群体的社会归属等问题。本研究既要分析各种受众学说的产生，也要关注为何在某一个时期，某一受众研究范式被诸多研究者所选择与接受，成为主流，又为何在另一个时期，研究者们会选择不同的研究方法与范式，使得受众研究呈现出一种多元情境。

或许有不少人会产生疑问：中国人对本国情况最为了解，只有对了解的事物进行研究才容易出成果，为何偏偏要对美国的受众研究进行研究？

这是因为，首先，美国受众研究在受众研究的发展中占有举足轻重的地位。尽管受众研究乃至传播研究的源头可以追溯到像塔尔德、勒庞等近代欧洲的思想巨匠或者更远(有学者认为受众研究在很多方面继承了古希腊思想遗产②)，但是受众研究的真正发展却是在美国，受众研究许多里程碑式的节点也大多在美国发生。从最初芝加哥学派对于受众的关注，到佩恩基金会的电影研究，从以拉扎斯菲尔德为代表的效果导向的各种研究，到近年来的女性主义与迷文化研究，从受众调查实践的发展，到各种受众学说的流行，美国的受众研究可以说一直异彩纷呈，是传播学研究最精彩的部分之一。

当然，其他国家与地区的受众研究同样不可或缺，特别是欧洲伯明翰学派提出的相关受众理论，这些理论对美国受众研究的影响与作用不容忽视。美国受众研究在欧洲受众研究的影响下，自身作出了某种反思，进行了一定程度的转向，弥补了自身的不足，向着更加完善的研究路径迈进。

还需要指出的是，所谓美国也只是一个相对概念，实际上，随着时间的演进

---

① 默顿.社会理论和社会结构[M].唐少杰，等译.南京：凤凰出版传媒集团，译林出版社，2006：659-660.

② 迪金森，哈里德拉纳斯，林耐.受众研究读本[M].单波，译.北京：华夏出版社，2006：译者序 2.

及传播研究成果数量的累积，纯粹以地理（欧陆或美国）来划分传播研究已越来越困难。[①] 尤其欧美学术界的勾连是很难用国别来划分的，且不说在日益全球化的今天，学术交流愈加频繁，学者们往往在不同国家访学、执教、讲座，即便是“二战”时曾避难美国的法兰克福学派，我们也很难将其排除在美国学术研究的视野之外。因此，所谓美国受众研究，并不是机械地将研究的发生地限定在美国，或者仅仅是对美国受众进行研究，抑或者其研究者必须有美国国籍，如此设定往往丢弃了一些有价值的东西，而不能反映美国受众研究演变的全貌。

其次，梳理美国受众研究的发展轨迹与趋势，可以更加清晰地分析中国受众研究的历程。中国受众研究如果从 1982 年的“北京调查”算起，到现在已过去了三十余年，然而，中国受众研究更多的是停留在对现象的描述，很难形成具有中国特色的受众理论，更没有形成具有中国特色的研究方法与范式。再大而化之，整个中国传播研究领域乃至社会科学领域都存在这个问题，西方的理论拿来了，但并没有在中国生根发芽。

其实中国学界目前存在的很多问题，正是美国学界曾经甚至目前也在经历的。因此，笔者追述美国受众研究的诞生与发展历程，追忆其学术发展的历史背景与学术渊源，探寻美国受众研究的发展趋势，总结其学科范式与研究方法的变化，最终目的就在于能对中国当今受众研究的发展有所帮助。

二、回到历史的方法——知识社会学

知识社会学既是一种理论，又是一种历史一社会学的研究方法。运用知识社会学的思想，可以发现“存在的条件不仅影响思想在历史上的发源，还构成思想产物的主要部分，并且使人们可以在思想产物的内容和形式中感到它们”[②]。因此本书以知识社会学尤其是曼海姆的知识社会学为视角，对美国的受众研究历史进行分析。

（一）知识社会学的发展

马克思在知识社会学的发展过程中起着举足轻重的作用，曼海姆认为“知

---

① 翁秀琪. 大众传播理论与实证[M]. 台北：三民书局，1993：1.

② 曼海姆. 意识形态与乌托邦[M]. 黎鸣，李书崇，译. 上海：上海三联书店，2011：266，278.

识社会学实际上伴随着马克思而出现，他的深刻的富于启发性的洞察，深入到了事物的本质”①。默顿更是将马克思主义比作“知识社会学的中心”。② 此外，孔德、涂尔干、韦伯等思想家对知识社会学的兴起也都有很大的贡献。

对于知识社会学来说，关键性的人物无疑是舍勒和曼海姆。美国思想家沃尔夫曾指出：“‘Wissenssoziologie’的两位著名代表人物是 M. 舍勒（1874—1928）和 K. 曼海姆（1893—1947）；舍勒的《知识社会学问题》和曼海姆的《意识形态与乌托邦》两部书的问世是其诞生的标志。”③

马克斯·舍勒（Max Scheler）在 1924 年首次使用“知识社会学”这一术语，他将知识分为七类：（1）神话和传奇；（2）隐含在日常自然语言中的知识；（3）宗教知识；（4）神秘知识的各种基本形式；（5）哲学—形而上学方面的知识；（6）数学和自然科学的实证知识以及人文学科；（7）技术方面的知识。④ 他尤其分析了宗教知识、形而上学知识、实证知识的社会起源与知识运动形态。真正使得知识社会学得到学界认可，并且产生国际影响的则要归功于卡尔·曼海姆（Karl Mannheim），而本研究也主要借鉴的是曼海姆的相关理论。

由于曼海姆将研究对象限于社会科学领域，将自然科学排除在外，于是在其之后，不少学者从另外的研究进路来思考知识与社会的关系。首先，罗伯特·K. 默顿（Robert K. Merton）创立了科学社会学，他认为尽管科学知识不受社会历史因素的影响，但是科学家群体作为一个科学共同体，却不能独善其身，必须要遵守一些必要的普遍规则；随后，在 20 世纪 70 年代，知识社会学又兴盛起来，以爱丁堡学派为代表的科学知识社会学逐渐成熟。其理论核心是大卫·布鲁尔在《知识和社会意象》（2001）一书中提出的“强纲领”。⑤ 但是，这些理论都是基于曼海姆研究的深入、反思和细化，他们与曼海姆的知识社会学的最大分歧还在于是否将科学知识纳入研究视野的问题。受众研究与传播研究无疑属于社会科学研究领域，因此本书关于知识社会学的理论依据主要来自曼海姆的相关研究和阐释。

---

① 曼海姆. 意识形态与乌托邦[M]. 黎鸣，李书崇，译. 上海：上海三联书店，2011：308.

② 默顿. 科学社会学[M]//鲁旭东，林聚任，译. 北京：商务印书馆，2003：16.

③ 沃尔夫. 知识社会学与社会学理论[M]//苏国勋，刘小枫，主编. 社会理论的知识学建构. 上海：上海三联书店，华东师范大学出版社，2005：463.

④ 舍勒. 知识社会学问题[M]. 艾彦，译. 南京：译林出版社，2012：78.

⑤ 布鲁尔. 知识和社会意象[M]. 艾彦，译. 北京：东方出版社，2001：7-8.

(二)曼海姆的知识社会学的基本内容①

根据曼海姆的定义，知识社会学“是社会学最年轻的一个分支。作为一种理论，它试图分析知识与存在之间的关系；作为历史一社会学的研究，它试图追溯这种关系在人类思想发展中所具有的表现形式”。也就是说，知识社会学主要是研究知识与社会存在的关系，任何知识、思想都是由特定的社会情境所决定的，反映了知识生产者的社会关系，反映了其所属社会群体的阶级、阶层、利益。其任务是“通过大胆地承认这些关系，把它们引入科学本身的领域，来解决知识受社会制约的问题，并用它们来检验我们的研究结论”。他的研究兴趣导致以下问题的提出：“社会结构何时、何地开始表现在论断的结构中？在什么意义上，前者具体地决定后者？”②

知识社会学的前提，是视角的获得。正如苏轼《题西林壁》中的名句：“横看成岭侧成峰，远近高低各不同。不识庐山真面目，只缘身在此山中。”要获得独立的视角就要不断变换位置，而社会位置的转变，或者是由于集团成员社会地位的变化，即曼海姆提到的横向与纵向社会运动，或者是由于整个集团的传统与社会基础发生变化，抑或者是由于同一社会内部的“相互批判”，在批判中使得“彼此暴露无遗”。也是从这一观点出发，以知识社会学角度对当代知识进行分析是不妥的，它更适合于对经过沉淀的知识进行分析，这样才能获得不同的视角。

曼海姆还认为，作为理论，知识社会学可以采取两种形式。“首先，它是一种纯经验的调查，即通过描绘和结构分析的方法，调查社会关系是以什么方式

① 曼海姆的经历本就很好地诠释了知识社会学。曼海姆出生在布达佩斯。匈牙利的布达佩斯与奥地利的维也纳有着不同的传统，在文化与学术传承方面，曼海姆更受德国的影响，他年轻时所接受的思想与任何处在德国文化影响下的青年知识分子大同小异。早年曼海姆参加了富有创新精神的青年知识分子组成的“社会科学学会”，在这里他学习了詹姆斯的哲学以及马赫的实证主义，随后他又参加了卢卡奇小组。因此，一方面，在曼海姆的知识社会学深奥的文字背后我们可以看到德国文化的影响，尤其是黑格尔、尼采的表达方式，另一方面，他将意识形态作为一个重要概念与分析对象，也继承了马克思的某些传统，而注重经验的研究方法这些实证主义的印记，则与他早期在布达佩斯参加改革派知识分子的“社会科学学会”的经历不无关系。曼海姆在匈牙利短命的共产党政权崩溃后，被迫流亡德国。当时德国的各种思潮、各种矛盾聚集在一起，魏玛共和国自诞生之日起就处在风雨飘摇之中，这一期间，德国政治上，政府更迭频繁，经济上，国民经济处于崩溃边缘。不过，正是这种政治与经济下的自由主义为思想领域的纷争不断提供了土壤，同时也为曼海姆思考思想与知识的问题提供了一个绝佳的环境。

② 曼海姆. 意识形态与乌托邦[M]. 黎鸣，李书崇，译. 上海：上海三联书店，2011：264，266.

实际影响思想的。其次，这可能变成一种认识论的调查，意在了解这种相互关系与有效性问题的关联。”[①]

不过，很多社会学学者都倾向于放弃知识社会学中晦涩难懂且充满相对主义与“反身性”悖论的认识论部分。科塞认为，曼海姆在第一方面取得的成就远远超过他在第二方面的成就。在把知识社会学这一工具应用于研究具体领域中，曼海姆的成功往往超过他在认识论这一领域中似是而非的成就。[②]

黄瑞祺也认为，“知识社会学是一门经验学科，它的研究终究必须落实在经验资料之上”，曼海姆不仅架构了知识社会学的理论，还做了很多经验研究，为知识社会学研究做了表率。黄瑞祺将曼海姆知识社会学的研究步骤总结为：首先，对世界观与思想风格的重建，也就是曼海姆所言的“归因”，“社会学的根本任务就在于实现社会学归因（sociological imputation），并通过这样一种方式说明这些归因，即认知主体的理智成就没有被转换成社会学家的纯理论构建，而是被重建”[③]；其次，对同时代各种思潮之间关系的分析；再次，社会结构的分析；最后，社会集团与思想风格之间的关联。[④]

但是，曼海姆的经验研究不同于今天一般意义上的实证研究，事实上，知识与社会的关系错综复杂，我们也很难考证其间的因果关系。从《保守主义》等著作来看，曼海姆主要使用的是阶级或者说阶层的分析方法，社会阶级或者社会阶层在曼海姆的知识社会学理论建构和相关经验分析中占有重要地位，这也是除了意识形态之外，曼海姆从马克思那里借鉴来的又一个重要理念。当然，曼海姆并不仅仅局限于阶级，他认为他的研究还应该包括群体地位、职业等其他社会因素，同时也非常注重“世代”与“竞争”这两个概念。

（三）曼海姆的知识社会学存在的问题

曼海姆的知识社会学自诞生以来就备受诟病，比如，其思想的“反身性”问题和“相对主义”问题。这方面的观点交锋是非常激烈的，批判者有之，为曼海姆平反的也有之。以相对主义为例，曼海姆的知识社会学一方面表现在其所提

---

① 曼海姆. 意识形态与乌托邦[M]. 黎鸣，李书崇，译. 上海：上海三联书店，2011：266.

② 科塞. 社会思想名家[M]. 石人，译. 上海：上海世纪出版集团，上海人民出版社，2007：385-387.

③ 曼海姆. 保守主义[M]. 李朝晖，牟建君，译. 南京：译林出版社，2002：11-12.

④ 黄瑞祺. 曼海姆：从意识形态论到知识社会学诠释学[M]. 台北：巨流图书公司，2000：123-126.

出的视角的相对主义，另一方面则蕴含在其继承自黑格尔和马克思的历史主义中，对此，蔡尔德、波普尔、默顿、西蒙斯等学者都给予了尖锐的批评。而拥护者则认为，曼海姆其实对相对主义问题保持着相当清醒的头脑，比如，他提出关联论与“自由漂浮”的知识分子，以避免知识社会学的相对主义倾向。[①] 而对曼海姆的指责，实际上是对历史主义和辩证法与相对主义关系问题的探讨。正如列宁所言：“马克思和恩格斯的唯物主义辩证法无疑地包含着相对主义因素，可是它并不归结为相对主义。”[②]

不管争论如何激烈，“反身性”与相对主义的问题更多集中在知识社会学所探讨的认识论部分。固然曼海姆的知识社会学自诞生之日起，其学科归属就不够明确，一直在抽象的哲学思考（特别是认识论问题）与经验的社会学研究之间来回摇摆；而本研究所借用的是理论上的视角，即不仅仅要关注一定历史一社会条件下占主导地位的思想和思维方式，“还有这种思想产生的整个社会背景”[③]，因此哲学上的争论并不在本研究的讨论范围内。

本研究更关注知识社会学的另一个方面的不足，即曼海姆更加强调社会存在对知识生产与发展的影响，而没有强调知识接受，“知识接受者的社会背景、社会地位以及社会生活经历比理性因素更为直接地制约着接受什么、抛弃什么、如何接受、为何接受等”[④]。这点可以从库恩的《科学革命的结构》一书对科学领域的描述中得到证实，即使是科学家，“在一段确定的时间内，一个科学共同体所信奉的信念之诸组成成分中，总是有一种明显的随意因素，其中包含着个人的与历史的偶然事件在内。然而，这种随意性因素并不意味着任何科学团体无需一套共同接受的信念就能实践科学事业”[⑤]。

本研究不仅仅关注知识生产，也将知识接受引入受众研究历史探讨的视野。本研究在分析作为知识的受众研究在产生、发展与社会历史、媒介、学术背景的关系的同时，也考察不同受众研究者在面对不同知识体系与研究方法时的选择及其原因。

---

① 张建忠. 唯物史观视域中曼海姆知识社会学思想研究[D]. 上海：华东师范大学，2011：155-159.

② 列宁. 列宁选集：第二卷[M]. 北京：人民出版社，1995：97.

③ 曼海姆. 意识形态与乌托邦[M]. 黎鸣，李书崇，译. 上海：上海三联书店，2011：序 20.

④ 胡辉华. 知识社会学的出路初探[J]. 哲学研究，2006(5)：79.

⑤ 库恩. 科学革命的结构：第四版[M]. 金吾伦，胡新和，译. 北京：北京大学出版社，2012：3-4.

(四)其他的方法:历史学、思想史、学术史的相关理论

哈布瓦赫在论述记忆的社会框架时,谈到当我们重读儿时给我们带来快乐的书籍时,实际上是在“读一本新书,或者至少是一个经过修订的版本”,因为环境变了,年龄变了,心态也变了。同样,“尽管我们确信自己的记忆是精确无误的,但社会却不时地要求人们不能只是在思想中再现他们生活中以前的事件,而且还要润饰它们,削减它们,或者完善它们,乃至我们赋予了它们一种现实都不曾拥有的魅力”[①]。这种记忆是与社会相关联的,也就是上述知识社会学的主要思想。社会的集体记忆其实就是历史本身,而对受众研究历史而言,则是传播学界的一个集体记忆。当人们回顾这些记忆时,不免要涉及对历史问题的一些思考。

柯文在《历史三调》这本书中,把历史分为“人们参与的历史”“历史学家阐释的历史”“神话制造者的历史”三类,并指出:与神话制造者不同,历史学家寻求理解和解释过去;与历史参与者不同,历史学家预先知道他们历史事件的结局。同时,历史学家不受空间的限制,应该具有广阔的视野,能够辨别历史上不同人的联系,也能够把零散史料组合起来写出历史事件。但是,并不是每个历史学家都能够达到这样的境界,因此“我们用来解释历史的观念,往往与直接创造历史的人们的观念有很大的差异,其结果是不可避免地曲解了真实的历史”。作为历史学家“必须十分小心,以免在重塑历史时草率地得出这样的结论:事情的结果是前定的,不可改变的”[②]。

波普尔在《历史决定论的贫困》一书中对历史决定论给予了深刻的批判。尽管他并不赞同知识社会学的观点,但他的经历却部分体现了知识社会学的结论。他早年在维也纳大学旁听时一度倾向于共产主义,不仅与罗素、卡尔纳普、石里克等这些思想家有交流,而且与爱因斯坦、波尔、薛定谔等知名的自然科学家有过交往,[③]从这个角度来说,他与拉扎斯菲尔德的经历颇为相似。量子力学的测不准原则印证了自然科学的非决定论,而对自然科学颇感兴趣、与自然科学家交往过密的波普尔提出社会科学的非决定论,也就不足为奇了。波普尔在《历史决定论的贫困》的序言里提出了其对历史决定论的经典反驳:“(1)人类历

---

① 哈布瓦赫.论集体记忆[M].毕然,郭金华,译.上海:上海世纪出版集团,上海人民出版社,2002:91.

② 柯文.历史三调:作为事件、经历和神话的义和团[M].南京:江苏人民出版社,2005:253,53,7.

③ 波普尔.历史决定论的贫困[M].杜汝楫,邱仁宗,译.上海:上海人民出版社,2009:中文序7.

史的进程受人类知识增长的强烈影响。(2)但是我们不可能用合理的或科学的方法来预测我们的科学知识的增长。(3)所以，我们不能预测人类历史的未来进程。(4)这就是说，我们必须摈弃理论历史学的可能性，即摈弃与理论物理学相当的历史社会科学的可能性。没有一种科学的历史发展理论能作为预测历史的根据。(5)所以，历史决定论方法的基本目的是错误的；历史决定论不能成立。”①

尽管波普尔对马克思主义的看法并不正确，但是其对历史决定论的批评是值得借鉴的。因此，对于作为学术史与思想史的受众研究历史来说，我们不能以决定的、进步的视角来审视它，将受众研究的演变进行绝对的阶段化，将研究的发展方向进行从简单到复杂的必然想象。实际上，在受众研究的发展中也同样充满了各种偶然性与个别事件，比如，如果与拉扎斯菲尔德合作的不是阿多诺，或者这个合作推迟几年，等阿多诺对美国有了更多了解之后，或许这次合作将会是成功的，也许会变成传播学的另一个经典，改写传播学的历史。特别是我们不能将这种决定定格在“进步”的脉络上。比如，认为效果研究历史存在“强一弱一强”模式的设定；受众研究中，对受众观经历由被动到主动简单线性发展的认定；受众研究方法由简单到复杂的演变，等等(佩恩基金研究采用的方法，实际上比其后很多受众研究所采用的方法都更为多样，尽管它们在某些方面有很大改进)。即使用知识社会学视角来审视社会存在对知识发展的作用，也要注意各种偶然因素的存在。

克罗齐则认为，“当生活的发展需要它们时，死历史就会复活，过去史就会再变成现在的”，而平日里“哑然无声”的各种史料、文件则会“再度发言”。而这些历史的文献想要“再生”，首先要“认定精神本身就是历史，在它存在的每一瞬刻都是历史的创造者，同时也是全部过去历史的结果，我们对历史思想的有效过程是不可能有任何理解的。……精神无需那些被称为叙述和凭证的外在事物而重温它自己的历史；但那些外在的事物是它为自己所造出的工具，是它为那内在的富有生命力的精神迸发所做的准备活动，在这种精神迸发的过程中，叙述和文献这类外在的事物就都融化了”②。尽管克罗齐的主观主义历史学过于强调精神与主观的作用，但是，他对编年史的批判是很值得警惕的，历史很难

① 波普尔. 历史决定论的贫困[M]. 杜汝楫，邱仁宗，译. 上海：上海人民出版社，2009：序 1.

② 克罗齐. 历史学的理论和实际[M]. 傅任敢，译. 北京：商务印书馆，2010：13.

说是客观的，它与精神之间存在着种种联系。因此，在书写受众研究这样的学术史时，我们同样要保持清醒与客观的态度——尽管这样很难做到。

此外，思想史、学术史与学科史的相关研究，也为本书提供了许多理论资源和方法论支持。梁启超先生的《清代学术概论》和《中国近三百年学术史》，汪晖的《现代中国思想的兴起》(2008)、《去政治化的政治：短 20 世纪的终结与 90 年代》(2008)，陈平原的《学术史：课程与作业》(2007)、《中国现代学术之建立：以章太炎、胡适之为中心》(2010)，等等，这些思想史、学术史方面的著作对作为带有学术史色彩的本研究而言，无疑也是极具启发意义的。

第二节　受众

受众是理解媒介、理解传播的一个重要概念，它既是检验传播效果的竞技场，也是完成传播过程、衡量媒介使用与消费意义的归宿地。它既可能是支持媒介产业的商品，在西方也可能与所谓民主程序、法律规则中的公众概念有着千丝万缕的联系。不仅如此，它更是一个学者、商人、政治家乃至普通民众都非常关心的概念。而从学术研究的角度来讲，受众研究的种种分歧，很可能源于对受众起源与概念的不同理解，不同学者对受众起源和受众概念的不同看法也折射出其受众观念的差异。因此，在进行受众研究与传播研究之前，我们有必要先弄清受众这一概念的缘起与含义，以及其中蕴含的受众观念。

一、受众从哪里来？

《牛津英语词典》记载，英语“audience”一词最初出现在 14 世纪，最初的用法暗指听证会、申辩或发言的机会，后来这个定义扩展到指“听者的集合”。直到 19 世纪，这个词才承担起目前这个更加现代的意义，开始指代某一作家或者出版物的读者。到 20 世纪早期电子媒介出现的时候，这个词的含义便很自然地扩展到包括广播和电视的听众和观众。

从所指代的意义来讲，有的学者认为这一概念产生于近代，如罗伯特・W. 施奈德(Robert W. Snyder)认为，19 世纪观看歌舞杂耍表演的观众是今天的大众受众的前身，并且认为这样的转变使得受众从共同生产者变成了消费者。①

不过更多学者则认为，西方受众的起源较之“audience”这一单词的产生要早得多，他们将“受众”这一形态的历史大大推前了。比如我国有学者认为，西方关于信息传播意义上的受众的最早提法，可以追溯至亚里士多德的《修辞学》，书中亚里士多德将“讲者”“听者”“内容”称为演讲的三要素。此后，很多理论家的著述中都有关于受众的论述。②

韦伯斯特从词源学方面考证，认为聚集在一起观看表演的这一人类实践的历史其实是与人类文明的历史同样古老的，最早的受众反映了那个时代的社会结构与技术。他们与同时代的受众共同分享着那个时代的重要作品。与今天的媒介受众不同，早期受众要到某一个具体的时间、地点，受众不仅能够被表演者们看到，同时，受众之间也能彼此看到。③ 就像布罗凯特(Brockett)笔下的古希腊剧场一样，受众尖叫着表达着意见，有时甚至把演员给“嘘”下去。连伟大的埃斯库罗斯都为了躲避观众的愤怒而藏到了圣坛底下。④

麦奎尔(D. McQuail)则认为，“受众”起源于“古代体育比赛的观众，以及早期公共戏剧与音乐表演的观众……每一座古希腊或古罗马城邦都会拥有剧院或竞技场。毫无疑问，它们都是由此前人们非正式地聚集在一起，观看类似演出或比赛、参加宗教仪式、国家典礼等的场所演化而来”。⑤ 其中最著名的便是古罗马斗兽场，它的建造是新王朝的皇族为提高自身在公众中的地位而发起的一系列运动的一部分。新皇帝韦斯帕西恩决定填平属于以前帝王的豪华金色宫殿的人工湖，将其变成公共娱乐场所。从这一点来看，当时的“受众”是公共体制中的一个元素，这种体制还包括专业化的作者、表演者、制作者、经营者甚至审查者。与这种大型的观看活动相伴，“观看者”参与“观看”活动的习惯和规则逐渐形成。

---

① SNYDER R W. The vaudeville circuit：a prehistory of the mass audience[M]//Audiencemaking：how the media create the audience. Thousand Oaks：SAGE Publications，1994：215-216.

② 黄会林. 影视受众论[M]. 北京：北京师范大学出版社，2007：4-5.

③ WEBSTER J G，PHANLEN P F. The mass audience rediscovering the dominant model[M]. Mahwah，NJ：Lawrence Erlbaum Associates，Publishers，1997：1-2.

④ BROCKETT O G. History of the theatre[M]. Boston：Allyn and Bacon，1968：39-40. 转引自：WEBSTER J G，The mass audience rediscovering the dominant model. Mahwah，NJ：Lawrence Erlbaum Associates，Publishers，1997：2.

⑤ 麦奎尔. 受众分析[M]. 刘燕南，李颖，杨振荣，译. 北京：中国人民大学出版社，2006：3.

不管“受众”的原形是来自 19 世纪的歌舞杂耍表演，还是来自古希腊和古罗马的剧场或竞技场，其实都和今天的受众有着很多不同之处。麦奎尔通过比较，认为早期的受众有以下特点：第一，早期受众处于一定的时间和空间中，他们身处“受众席”，可以一边观看现场的表演，听到现场的声音，一边作出直接的反馈；第二，尽管在古代，同时观看表演的受众可能成千上万，但是与现代受众的巨大规模相比，最初的受众规模依然相对较小；第三，古代受众与表演者、受众与受众之间通常是相互影响甚至比较熟识的，可以互相沟通，能够形成积极的互动；第四，古代受众拥有相似的社会背景以及相近的观看表演、比赛时的瞬时体验，这就造就了古代受众拥有自己的集体生活。这种情况今天依然存在，比如剧院、运动场，等等。①

从中可以看到，麦奎尔认为早期受众比现代受众更加主动，能够作出直接的反馈。然而，另一些学者在这个问题上走得更远。比如，法乐斯(Jib Fowles)不同意早期受众会自然而然地产生统一的思想，他认为“受众”这个词来源于戏剧表演，看似人们在同一时间、同一地点聚集在一起，都需要买票，所以产生统一的思想也是合乎逻辑的。其实不然，在中场和表演结束后，人们互相谈论着演出，审视自己与他人对于表演的评论，他们的观点并不一样。② 显然，法乐斯认为受众在其诞生之日就充满了主动的因素。

随着大众媒介的出现与发展，“受众”的形态也在不断变化，从最初印刷术诞生后的阅读公众，到报纸的读者、广播的听众、电视的观众，再到今天的网民，受众真正成为大众传播的“受众”。这个概念本身在不断演变与扩展之后，开始用来形容“发达工业社会中的所有成员”，他们使用媒介产品并同这些媒介产品产生互动。③

① 麦奎尔. 受众分析[M]. 刘燕南，李颖，杨振荣，译. 北京：中国人民大学出版社，2006：4.

② FOWLES J. Advertising and popular culture. Thousand Oaks：Sage，1996：22.

③ O'SULLIVAN T，HARLEY J，SAUNDERS D. MONTGOMERY M，FISKE J. Key concepts in communication and cultural studies[M]. 2nd edition. New York：Routledge，1994：19-20.
费斯克. 关键概念：传播与文化研究词典(第二版)[M]. 李彬，译注. 北京：新华出版社，2004：18.

二、受众的概念与受众观

(一)"受众"的客观描述

目前,"受众"一词在日常生活中经常出现,其意义似乎非常明确,普通媒介使用者、理论家以及媒介从业者们都在使用。"这一术语,不仅被媒介实务人员和理论家们所熟知并用于日常生活当中,而且被媒介使用者们所认可和接受,用来清晰地描述其自身特征。"①然而,从受众的发展演变过程来看,"受众"的含义具体在各个时代并不相同;从受众的形态来看,绝大多数大众媒介的受众很难被观察到,只能通过具体的、分散的个体或者以间接的方式对其加以了解。

因此,作为概念的"受众"是抽象的、富有争议的。"受众"既是一个历史的概念,同时也是一个逻辑的概念,是学者们想象与建构的结果。正如阿洛(Allor)所说:"受众的存在是无可名状的,它不存在于任何真实的地方,只存在于分析性的话语中。"②任何静态的、具象化的受众都很难代表"受众"本身,不同时代、不同形态的"受众"折射出其概念的多样性,反映出"在常识性的应用之外,受众这一概念仍然存在许多意义的差异和理论上的争议"③。

而这种差异与争议往往基于定义者的特定立场,从概念中我们可以看到其受众观念与受众研究取向的不同。为了减少分歧,不少学者采取的是比较客观的描述与枚举,如受众是"大众传播所面对的无名个体与群体",④"受众这个概念是从表演艺术和公共讲演领域借鉴来的,用来描述信息的接受者或者潜在的接受者"⑤。又如,"在传统大众传播语境下,'受众'是指传播过程或传播活动中讯息的接受者或受传者,是传播的对象,也是读者、听众和观众的统称。在今天

① 麦奎尔.受众分析[M].刘燕南,李颖,杨振荣,译.北京:中国人民大学出版社,2006:2.

② ALLOR M. Relocating the site of the audience[J]. Critical studies in mass communication,1988(5):217-233.转引自:麦奎尔.麦奎尔大众传播理论:第四版[M].崔保国,李琨,译.北京:清华大学出版社,2006:306.

③ 麦奎尔.麦奎尔大众传播理论:第四版[M].崔保国,李琨,译.北京:清华大学出版社,2006:305.

④ O'SULLIVAN T,HARLEY J,SAUNDERS D,MONTGOMERY M,FISKE J. Key concepts in communication and cultural studies. 2nd edition[M]. New York:Routledge,1994:19-20.
费斯克.关键概念:传播与文化研究词典(第二版)[M].李彬,译注.北京:新华出版社,2004:18-19.

⑤ *Schramm* W. Channels and audiences. [M]//INTER/MEDIA interpersonal communication in a media world. Second edition. New York/Oxford:Oxford University Press,1982:78.

新媒体环境下，'受众'一词不仅包括其传统含义，而且包括以互联网、手机为代表的新媒体的网民或用户。"[①]"受众的英文单词是audience，指信息传播的接受者群体。在大众传播活动中，它广泛包括书籍和报刊的读者、广播的听众、电影和电视的观众以及接受网络信息的网民等。"[②]

描述型定义固然客观、简单，但是对于深入了解受众含义的帮助并不大。也有不少学者为受众这个概念加入了自身的理解，即概念界定中蕴含着定义者的不同受众观念，他们试图将受众这个概念变得更加饱满。

(二)"受众"概念中的被动含义

法乐斯认为，"受众"通常是以一种不加区别的方式来指接收媒介内容的人，并隐含有接受性质的意味。但"受众"仅仅是一个概念而已，而且不是一个强有力的概念，就像约翰·哈特利(John Hartley)将受众称为"看不见的虚构物"。"受众"这个概念所具有的无力感，也有其价值，因为这个概念可以方便使用，可以被轻易用来指接受的情境，以相对于信息的制作与传送。

他认为"受众"能够全体无差别地接受这一现象，并不能从前面所讲的"受众"概念起源中找到依据，甚至也不能将其与在家看电视的电视观众相联系。所谓"电视受众"，是由处在各种不同情境下的人组成的，没有两个是完全相同的。数量庞大的受众不可能对大众传媒产生一致的反应。新的"观看者、电视受众"(viewer)的概念却经历一种反方向的转型，变得越来越有力，越来越详细，这源于人们已经聚焦到作为个体的观众，并且同时注意到个体所拥有的象征体系的范围及其复杂性。[③] 因此，对于"受众"概念的使用或许存在这样一种前提，即概念本身就是将描述各类受众的所有接受行为压缩、一致化，实际上，将丰富的受众行为被动化。而更加客观的仅仅描述动作的"观看者"的概念，则越来越受欢迎。中文语境中，"受众"一词由于"受"字的影响，往往带有被动含义。为避免这种先入为主的被动意味，"受众"在港台地区又被称作更加中性的"阅听人"。

(三)"受众"概念的主动解读

不过也有很多学者并没有纠结于受众的字面含义，没有过分区别诸如读者

---

① 刘燕南，史利. 国际传播受众研究[M]. 北京：中国传媒大学出版社，2011：12.

② 张国良. 传播学原理：第二版[M]. 上海：复旦大学出版社，2009：201.

③ FOWLES J. Advertising and popular culture[M]. Thousand Oaks：Sage，1996：22-23.

与观众或者受众的过多区别，而是直接深入某一类受众，在具体受众的讨论中，同样存在有关集体受众的主动观念。拉德韦将德勒兹和瓜塔里的“游牧”概念引入受众研究领域，并认为这与斯图加特·霍尔提出的“积极生产”不谋而合，①格罗斯伯格则进一步提出了“游牧受众”的概念。②

罗杰·西尔弗斯通(Roger Silverstone)认为受众是个体的、社会的和文化的实体，并且借用上述拉德韦与格罗斯伯格的观点，也认为受众具备“游牧者”的特质，电视受众生活在不同且相互交叉的空间和时间中，应该把受众放置在日常生活实践中进行研究。③

与认为受众是“游牧者”的观点有所不同，德赛都提出了“盗猎者”的概念。④詹金斯则将德赛都与拉德韦的观点结合起来，认为对于粉丝受众来说，并非仅有霍尔所言的优先、协商、反对三种解读方式，而是“充满着一个个不断考量审核自己与虚构文本关系的读者个体，他们并无先觉立场，而是通过直接利益决定解读方式”⑤。詹金斯等人的分析恰恰说明，对受众的讨论已经不再局限于单纯主动被动的争论，而是涉及如何主动、怎样主动的问题。

新媒体和数字技术的出现，模糊了人际传播与大众传播、公共传播和私人传播之间的区别，受众主动性不断加强。于是，有研究者认为“受众”一词已成为过去时，换之以“用户”等词更为合适。然而一些传统的惯性力量(比如纽曼在《大众受众的未来》中提到的美国大众传播工业模式以及受众根深蒂固的娱乐导向的媒介行为)会促使受众保持部分原有特质。麦奎尔也认为新技术在赋予受众权力的同时，同样强化了传播者的地位，故赞成仍保留“受众”一词。因此，有关受众主动、被动的争论还将继续。

---

① RADWAY J. Reception study: ethnography and the problems of dispersed audiences and nomadic subjects[J]. Cultural studies, 1988, 2(3): 359-376.

② GROSSBERG L. Wandering audiences, nomadic critics[M]//Bringing it all back home: essays on cultural studies. Durham, NC: Duke University Press. 1997: 315.

③ 西尔弗斯通. 电视与日常生活[M]. 陶庆梅，译. 南昌：江西人民出版社，2004：196-198.
卢凤兰. 媒介消费：阅听人与社会[M]. 台北：扬智文化事业股份有限公司，2005：70.

④ 塞托. 日常生活实践：1. 实践的艺术[M]. 方琳琳，黄春柳，译. 南京：南京大学出版社，2009：258—276.

⑤ 詹金斯. 文本盗猎者：电视粉丝与参与式文化[M]. 郑熙青，译. 北京：北京大学出版社，2016：34，32，33.
JENKINS H. Textual poachers: television fans, participatory culture[M]. New York: Routledge, 1992: 36, 34, 35.

第三节 受众研究

一、何为受众研究

“受众”的起源与“受众”概念本身都是充满争议的议题，对“受众”的不同建构与想象也会影响到受众研究的目的、运用的研究方法与得出的结论。对受众与媒介关系的看法、受众为主动被动的不同受众观念，与受众研究往往联系在一起。这点可以从麦奎尔的相关论述中看出端倪。他认为受众研究的研究目标正在从“受众控制”向“受众自主”延伸，“受众理论发展最明显的轨迹是从媒介传播者的一方移向接受者的一方……受众研究逐渐倾向强调受众的‘再发现’，以及主动、顽固受众与操纵企图相对的观念”[①]。当然笔者并不同意对受众研究的这种线性描述，事实上，本研究正是想破除这样的线性思维。

正是基于上述认识，我们发现，不少学者是从“受众控制”的角度来对受众研究进行定义的。比如卡茨等人认为，“受众研究是最早的，而且至今仍然是成果最为丰富的领域，它关注的是，‘有多少’‘是何类型’的受众在接触某一传播媒介和讯息”[②]。赛佛林与坦卡德则将受众研究理解为调查性研究，“受众研究通常是调查性的研究，用来衡量人们对各种媒介内容的喜好程度及其理由。对印刷媒介受众的研究一般使用‘一次性’的调查方法，而对收视率的调查最常采用的是‘固定样本组’方法，即在一定时间内反复测量受众样本。关于媒介使用与媒介可信度、读者兴趣、收视收听率的调查都属于这种类型的研究”[③]。胡正荣等人采用了上述赛佛林和坦卡德的定义，“早期的受众研究，主要是广告商组织的报纸发行量调查，以招揽广告生意，提高传播机构的利润。……以后又成立了许多专门从事受众调查服务的公司，负责向各种媒体提供调查报告。受众研究除了调查报纸和杂志的发行量以外，进一步扩展到调查广播电视的收听收

---

① 麦奎尔. 大众传播理论：第四版[M]. 崔保国，李琨，译. 北京：清华大学出版社，2006：310.

② KATZ E，LAZARSFELD P E. Personal influence：the part played by people in the flow of mass communications[M]. New York：The Free Press，1955：15.

③ 赛佛林，坦卡德. 传播理论：起源、方法与应用[M]. 北京：中国传媒大学出版社，2006：346.

视率及满意度，而且发展到现在对于网络受众的种种调查。……受众研究采用的主要方法基本上是传播学定量研究的方法，即实地调查、内容分析、控制实验、个案研究等，主要内容是受众调查”①。

上述定义中的受众研究只是受众研究中的一部分，把受众研究等同于媒介产业者、广告商所进行的调查，活生生的受众也变成了媒介招揽广告商的一个冷冰冰的数据而已。并且这样的受众研究把受众作为无生命的独立个体，忽略了受众的社会性，把包括文化研究学派在内的很多受众研究排除在外，同时扩大了效果研究的概念。

也有不少学者不认同这种划分，韦伯斯特虽然没有明确给受众研究下定义，但是从其对受众研究的分类可以看出，他认为受众研究应该包括更多的内容，而不仅仅是商业领域的受众调查。他认为受众研究可以有多种划分方法，比如可以分为应用研究与理论研究，这些类别并不能涵盖所有的受众研究，类别之间的界限也并非绝对严格。其中，应用研究是指提供实用的信息以指导各种决策的制定。这些研究常常用来描述某些现象或揭示某种行动可能带来的结果，所以又被称为行为研究（action research）。上面提到的传媒行业中的受众研究多为应用研究。理论研究的目的则是验证、概括及解释事物本质及其运行规律，这通常属于学术界的领域，诸如电视中的暴力对观众的影响、人们使用传媒的原因、受众群体是如何形成的等问题都属于理论研究的范畴。② 从中可以看出，在韦伯斯特的眼中，受众研究的范围要大得多。

一些欧洲学者同样不赞成将受众研究等同于商业受众调查，阿伯克龙比和朗赫斯特认为受众研究传统上分为三个阶段：效果研究，“使用与满足”研究，“编码/解码”。③ 效果研究是受众研究的一部分。当然，受众研究与效果研究的范畴问题，一直是一个难题，因为，检验大众媒介的传播效果必须从受众入手，其他途径并不能了解真正的媒介效果，而研究受众最主要的就是看受众是否接受了媒介的信息，是否受到媒介的影响——绕不开媒介的效果。

西尔弗斯通也赞同受众研究应包括更多内容，同时他还认为受众研究领域

---

① 胡正荣，段鹏，张磊. 传播学总论：第二版[M]. 北京：清华大学出版社，2008：219.

② 韦伯斯特，法伦，里奇. 视听率分析——受众研究的理论与实践：第二版[M]. 王兰柱，苑京燕，译. 北京：华夏出版社，2004：1-10.

③ ABERCROMBIE N，LONGHURST B. Audiences：a Sociological theory of performance and imagination[M]. London：Sage，1998：3.

正处在危险之中，因为受众在时空中占据的位置所呈现出来的差异还没有被认识，研究者也不可能把这种差异融入方法论中。因此他提出受众研究者也应该是“游牧者”，即探寻受众的问题不是要探寻一组预先安排好的个人或已严格定义的社会团体，而是应深入到一系列日常实践和话语中，将观看电视的复杂行为与其他行为并置在一起。受众研究可以分为两种路径：媒介作用理论（笔者认为中国台湾学者卢凤兰将其译作“媒体中介论”更准确些）与接受理论。媒介作用理论集中于媒介作用中的动态性并通过对效果、影响或快感的分析推究受众的某种感觉。它把媒介本身看作是构建受众的场所，而受众则成为媒介创造物。这一理论将动力来源分成四个层面：技术、意识形态、文化与文本。接受理论以接受为焦点，通过分析受众的主动性和被动性、个体或者社会的地位推究受众的感觉。①

本书旨在了解在“主动—被动”不同受众观念影响下的美国受众研究是如何发展的，因此本书认为，受众研究不仅仅要包括收视率调查，还应该包括其他各种类型的效果研究、“使用与满足”研究以及文化研究路径中的受众研究，等等，我们应该在一个相对较为宽泛的概念下去解读受众研究。

二、受众研究之研究

（一）国外研究现状

相对于传播学史的讨论，学者们对受众研究历史的探讨则有些相形见绌。这种梳理指的是对受众研究历史的简单回顾，或者是对某一领域、某一方面受众研究历史的总结归纳。不过研究者对受众研究的研究传统与研究方法更感兴趣，这方面的研究颇为丰富。

1. 对于受众研究历史的简单梳理往往作为涉及受众的专著与论文的一部分而出现

比如，莫利在《电视、受众与文化研究》一书中，用一个章节介绍了电视观众

① 西尔弗斯通. 电视与日常生活[M]. 淘庆梅，译. 南昌：江西人民出版社，2004：198-199.
卢凤兰. 媒介消费：阅听人与社会[M]. 台北：扬智文化事业股份有限公司，2005：70-71.

研究的历史，勾勒出受众研究的简单脉络，但是由于篇幅所限，探讨不够深入，且仅探讨了电视受众。该书采用了批判的视角，落脚于文化研究取向的受众研究，而对美国受众研究的讨论较少。① 乔纳森·伯恩(Jonathan Bruning)的博士论文 *Negotiating Complex Television*：*The Simpsons and Its Audience* 也对受众研究进行过简单的梳理，其问题与上述《电视、受众与文化研究》类似：一是篇幅有限，仅仅介绍了受众研究发展的大体脉络，而没有进行更加深入的分析；二是该文同样偏重对文化研究取向的受众研究的介绍。② 克里斯汀·戈顿(Kristyn Gorton)认为，受众研究历史以媒介强大还是受众强大的分歧为特点。他在这一主线的牵引下，简要回顾了受众研究的历史，分析了受众研究的一些新发展。其缺陷也是篇幅较短，且侧重于文化研究取向的受众研究。③

2. 不少研究者对某一领域、某一方面的受众研究历史进行了总结归纳

这一方面如对定性受众研究与定量受众研究的研究，以及对受众研究中受众观变迁的梳理。林德洛夫(Lindlof，T. R.)的文章 *The Qualitative Study of Media Audience* 侧重介绍了受众研究的定性研究。④ 而大卫·迪肯(David Deacon)和艾米利·凯特利(Emily Keightley)则主要对定量受众研究进行了分析。⑤ 迪肯和凯特利认为，受众研究的历史经常被简单化，定量方法的先驱被描述成纯粹的经验主义者，他们仅仅专注与社会环境无关的所谓"效果"研究，而对定性方法毫无兴趣。但是，这些简单的历史忽略了早期受众研究中方法论的变化以及早期研究者提出的对传播过程中受众角色的诸多洞察。后学们并没有认识到早期研究对于理解受众自主权的贡献。最后两位作者将定量受众研究与以文化研究取向为代表的定性受众研究做了比较，认为受众研究应该是向着多元态势发展，而不是谁取代谁的关系，研究方法更趋于融合。尽管作者主要在论述受众研究方法的演变，但依然将研究者对于受众自主性的看法作为一

① 莫利. 电视、受众与文化研究[M]. 史安斌，主译. 北京：新华出版社，2005：51-66.

② BRUNING J. Negotiating complex television：the Simpsons and its audience[D]. University of Kansas，2002：10-34.

③ GORTON K. Media audiences：television，meaning and emotion[M]. Edinburgh：Edinburgh University Press，2009.

④ LINDLOF T R. The qualitative study of media audience[J]. Journal of broadcasting&electronic media，1991，35(1)：23-43.

⑤ DEACON D，KEIGHTLEY E. Quantitative audience research：embracing the poor relation[M]//The handbook of media audience. Malden，Oxford&West Sussex：Wiley-Blackwell，2011：302-219.

个重要考察对象。

《美国受众成长记》主要介绍了美国受众从殖民地戏院的观众，到电视机、家用录像观众的成长过程，尽管主要针对的是受众发展的历史，但在引言与结论部分，作者还是表达了对受众研究的一些观念。基于书中的研究，作者不太同意传播学界将受众的特征描述成从被动到主动的观念，实际上，早在 19 世纪的受众同样是积极的，只不过那时受众的积极性被知识界与精英阶层建构成坏的，他们惧怕其积极性，而今天他们则认为积极性是好的，担心其消极性罢了。[①]

3. 研究者对受众研究的关注集中在受众研究的研究传统与研究范式上，讨论成果丰富，具有借鉴意义

(1)麦奎尔等人的总结

1990 年，詹森和罗森格伦在《受众研究的五种传统》一文中，将受众研究分为五个主要研究取向：效果研究、“使用与满足”研究、文学批评、文化研究和接受分析。[②]

麦奎尔参考和借鉴了詹森和罗森格伦关于受众研究的五种分类，对迄今为止林林总总、各式各样的受众研究进行了化繁就简、提纲挈领式的整合和归纳。在此基础上，他将受众研究划分为三大传统，分别冠以结构性、行为性和社会文化性受众研究之名。[③]

麦奎尔认为，结构性受众研究是最早也是最简单的受众研究，主要测量有关受众规模、受众人口统计资料、媒介接触、到达率、流动情况等方面的受众信息。这些数据不仅有助于媒体了解其受众进而提高自身的传播水平，更有利于广告主推测其广告效果。

行为性受众研究的目的，“重在改进和强化媒介传播效果，即通过考察受众外在的而非内在的表现，比如受众的媒介选择、使用、意见和态度等，来解释媒介的影响，预测受众的行为，为传播决策提供参考”[④]。每一项效果研究从这一

① 布茨. 美国受众成长记[M]. 王瀚东，译. 北京：华夏出版社，2007.

② JENSEN K B, ROSENGREN K E. Five traditions in search of the audience[J]. European journal of communication. London: Sage, 1990, 5(2): 207-238.
詹森，罗森格伦. 受众研究的五种传统[M]//博伊德-巴雷特，纽博尔德. 媒介研究的进路——经典文献读本. 汪凯、刘晓红，译. 北京：新华出版社，2004: 212-223.

③ 麦奎尔. 受众分析[M]. 刘燕南，李颖，杨振荣，译. 北京：中国人民大学出版社，2006: 23-30.

④ 刘燕南.《受众分析》：解读与思考[J]. 现代传播，2006(1): 138.

意义上讲也是一项受众研究。

早期的许多效果研究，采用的就是调查统计和心理实验等定量研究方法。这一类型的受众研究聚焦于两个方面：一个是媒介对受众的效果，另一个则是受众对媒介的使用。前者在 20 世纪 30 年代到 60 年代比较凸显，尤其关注态度与行为的短期效果，比如佩恩基金研究，以及霍夫兰、拉扎斯菲尔德等人各自的研究，60 年代以后则开始转向为测量受众的认知效果。后者主要是指"使用与满足"研究。

社会文化性受众研究，抛弃了效果导向受众研究中的"刺激一反应"模式，也不再认为媒介对受众具有强大作用，它认为受众相对于媒介来说具有主动性和选择性。一方面，以斯图亚特·霍尔所提出的三种受众解码模式为代表的受众分析，特别强调了受众在对媒介文本进行"解码"过程中的能动作用，认为不同社会结构中、不同群体中的受众对媒介内容的解码是多种多样、大不相同的，他们更不会按照传播者的意图去理解信息。这丰富了研究者对受众的认识。另一方面，更有研究者提出，媒介使用是受众"日常生活"的一个重要组成部分，了解受众，就要深入某一亚文化群体特定的社会文化语境中去，同其社会经验相联系。后者通过使用民族志的方法进行研究。伯提·阿拉苏塔里（Pertti Alasuutari，1999，2002）、伊丽莎白·伯德（S. Elizabeth Brid，2003）、尼克·库尔德利（Nick Couldry，2004，2011）发展了这一观点，认为受众接受研究应该还原于"日常生活"之中，以更广阔的框架来研究受众。[①]

之所以出现上述研究传统的差异，首先是因为研究方法的不同。结构性和行为性受众研究主要采用定量研究方法，比如调查统计、心理实验等方法，这些方法常常为所谓"主流"的受众研究（即美国的经验学派传播学研究）所采用。"在传播学者洪美恩（Ien Ang）看来，这一类研究感兴趣的往往是通过测量系统和测量技术，来证实受众的存在，以便更好地操纵和利用受众，这样的数据可以

① ALASUUTARI P. Introduction：three phases of reception[M]//Rethinking the media audience. London：Sage，1999：1-21.
ALASUUTARI P. Three phases of reception studies[M]//D. McQuail's reader in mass communication theory. London，Thousand Oaks& New Delhi：SAGE，2002：325-333.
BIRD S E. The audience in everyday life：living in a media world[M]. NewYork & London：Routledge，2003；COULDRY N. Theorising media as practice[J]. Social semiotics，2004，14(2)：115-132.
COULDRY N. The necessary future of the audience…and how to research it[M]//The handbook of media audience malden，Oxford&West Sussex：Wiley-Blackwell，2011：216.

用来说服广告商或广告主,却永远无法把握真正'受众本体'的实质。"[①]社会文化性受众研究则主要采用定性研究方法,比如深度访谈、民族志等方法,试图更加全面深入地了解受众。其次,除了方法上的不同外,研究者的受众观与研究目的也有很大差异。根据麦奎尔的观点,受众研究目的的不同与研究者的立场有很大关系:是站在传播者一方,还是站在受众一方,不同研究流派有不同的选择。

麦奎尔的归纳比较简单清楚,因此影响较大。另外一位学者安德森(1998)[②]的看法与麦奎尔相似,认为受众研究是从认知主义、社会或文化主义、结构主义这三个面向展开的,在此不再赘述。

(2)阿伯克龙比[③]的总结

阿伯克龙比(Abercrombie)和朗赫斯特(Longhurst)于1998年在《受众:表现与想象的社会学理论》(*Audiences: A Sociological Theory of Performance and Imagination*)一书中提出了三种范式:行为范式(Behavioural Paradigm, BP)、合作/抗拒范式(Incorporation/Resistance Paradigm, IRP)、观展/表演范式(Spectacle/ Performance Paradigm, SPP),具体可参见表1.1。这三种范式在谈及传受关系时,所采用的核心概念、研究方法及其研究目的都有所不同,受众在三种范式中的地位亦不一样。[④]

①行为范式

表1.1 三种研究范式

	行为范式	合作/抗拒范式	观展/表演范式
受众	个人	社会结构(如:阶级、性别、种族)	经由观展、顾影自盼进行的社会性建构与重建
媒介	刺激物(信息)	文本	媒介图景

① ANG I. Desperately seeking the audience[M]. London: Routledge & Kegan Paul, 1991. 转引自:刘燕南.《受众分析》:解读与思考[J]. 现代传播, 2006(1): 138.

② ANDERSON J A. Qualitative approach to the study of the media: theory and methods of hermeneutic Empiricism[M]//Research paradigms: television and social behavior. Thousand Oaks: Sage, 1998: 214-215.

③ 阿伯克龙比,也有译作艾伯柯龙比,所引译著版本不同,本书正文中论述统一为"阿伯克龙比"。

④ 艾伯柯龙比,朗赫斯特. 变化的受众——变化的研究范式[M]//陶东风. 粉丝文化读本. 北京:北京大学出版社, 2009: 56-74.

续表

	行为范式	合作/抗拒范式	观展/表演范式
社会影响	功能/负功能，宣传、影响、使用、效果	意识形态的合作与抗拒	日常生活中的身份建构与重构
代表性的研究和方法	效果研究， "使用与满足"研究	编码/解码 莫利(Morley，1980) 拉德威(Radway，1987) 迷研究	西尔弗斯通（Silverstone，1994） 赫米斯(Hermes，1995) 吉利斯皮(Gillespie，1995)

来源：ABERCROMBIE N，LONGHURST B. Audiences：A sociological theory of performance and imagination[M]. London：Sage，1998：37.

行为范式的研究类似于上面麦奎尔提到的行为性受众研究传统，主要涉及效果研究以及"使用与满足"研究，即媒介对受众的效果以及受众对媒介的使用。行为范式主要表现在两个方面：第一，行为范式主导研究的核心问题是媒介是否对受众产生影响；第二，研究的方法引发了一系列特殊的方法论。效果研究大多受过实证社会科学的经验检验。①

该范式的缺陷是：将受众接触媒介看作是简单的"刺激一反应"模式，意义的生成被过度简化乃至忽略。该范式认为，传播者通过大众传播媒介将信息传播给受众，受众便会自然而然地理解其中的意义。但是，信息的意义并非总是清晰明了的，实际上，信息的意义通常比较复杂，因此受众对于意义的解读也可能与传播者的本意大相径庭。此外，受众之间也会因彼此的学识、经历、职业等方面的不同而出现不同的解读。

②合作/抗拒范式

针对行为范式的缺陷，有研究者开始反省，认为行为范式过于关注受众个人，偏重对个人心理的考察，因此开始从聚焦于个人态度与行为、关注信息效果与使用的技术测量，发展到将受众放入现实的社会建构之中。合作/抗拒范式由伯明翰文化研究中心的霍尔与莫利等人开创，大致和麦奎尔提到的接受分析研究传统相当。这一范式认为，受众对接收的信息有三种解读：支配性解读、抗拒性解读、协商性解读。受众对文本具有较强的能动作用，意义由文本与受众共同协商而成。合作/抗拒范式将受众研究的问题界定在受众接触媒介时，是

① ABERCROMBIE N，LONGHURST B. Audiences：a sociological theory of performance and imagination[M]. London：Sage，1998：10.

被主导意识形态纳编，抑或对这种纳编进行抗拒。

然而，合作/抗拒范式也并不能解释一切受众研究问题，特别是在新的媒介环境影响下，受众有了新的变化。阿伯克龙比等认为，合作/抗拒范式存在三个难点，积极受众如何定义、经验性研究与权力理论的矛盾，以及权力的不同理解（也涉及权力与文化的关系）。首先，积极的受众并不等于抗拒性解读的受众，进行支配性解读的受众也可能十分主动，受众能够创造出各种意义，但是这些意义却并不一定都是对传播者所传达意义的抵抗。随着受众研究的深入，以及媒介实践的发展，受众对于媒介的游戏型、幽默型解读被研究者发现，“美国观众就特别喜欢游戏式解读，这似乎在暗示，电视受众越成熟，适应电视媒介的时间越长，他们就越倾向于戏耍媒介”①。实际上，随着受众对媒介使用的日益娴熟，20 世纪 60 年代以后，电视已经融入西方受众的日常生活，这就为产生更加积极的受众（不一定是抗拒性的受众）做了准备。其次，阿伯克龙比和朗赫斯特还提出，合作/抗拒范式难以通过小规模的经验型研究来检验“权力”在整个社会生活中的存在，专注于小规模受众的民族志研究并不能对随时随地存在的意识形态问题进行很好的解读。最后，“权力”概念本身是模糊的，意义是多样的，当阶级、性别、年龄或者种族这些不同的权力轴线互相交叉时，会加剧这一范式的内部矛盾。研究者难以抉择哪些是抗拒的对象，哪些受众解读属于对抗拒的理解。②

③观展/表演范式

鉴于上述合作/抗拒范式的不足，阿伯克龙比和朗赫斯特认为其无法对受众在诠释媒介方面给予全面审视。这一范式的极端情况是仅仅考虑了文本主导型与受众主导型两种情形，“权力”“意识形态”是其关注的主要概念，忽视了受众本来更为丰富多彩的面貌。

因此阿伯克龙比和朗赫斯特提出了第三种范式，也就是观展/表演范式。观展/表演范式并未简单否定合作/抗拒范式的一些核心观点，实际上，二者有很

---

① 艾伯柯龙比，朗赫斯特. 变化的受众——变化的研究范式[M]//陶东风. 粉丝文化读本. 北京：北京大学出版社，2009：69.

② ABERCROMBIE N，LONGHURST B. Audiences：a sociological theory of performance and imagination[M]. London：Sage，1998：15-36.
艾伯柯龙比，朗赫斯特. 变化的受众——变化的研究范式[M]//陶东风. 粉丝文化读本. 北京：北京大学出版社，2009：56-74.

多相似之处。观展/表演范式中也涉及权力概念，只不过该范式的核心概念不再是权力，而是身份认同的形成与建构。① 而身份认同与受众的日常生活分离不开，这样看来，阿伯克龙比和朗赫斯特同样赞同要在更大的日常生活领域来审视受众，这与阿拉苏塔里（1999，2002）、伊丽莎白·伯德（2003）、尼克·库尔德利（2004，2011）等人的观点颇有相同之处。麦奎尔在社会文化性受众研究传统的论述中也曾流露出类似观点。

在这种范式下，受众不再被认为是如传统研究者所谓的被动接受者，也不完全是文化研究学者所称的文本诠释者，受众的主动性有了极大的增强。受众不仅会对同样的信息进行不同意义的解读，还会利用媒介文本进行表演，并通过这样的表演来重塑自我。内容生产者与接受者逐渐融合。随着新媒体的普及、媒介融合趋势的出现，媒介成为人们日常生活中不可或缺的一个组成部分，受众更加自主、自我，逐渐成为媒介上的表演主体。

这一总结比麦奎尔的时间晚，其中，观展/表演范式是对一些最新研究的归纳，尤其适合说明当今自主性、主动性极强的新型受众研究。不过这一总结有些方面论述得不够清楚，尤其是合作/抗拒模式与观展/表演的分野还不够明确，迷文化研究的归属也值得商榷。将以前的范式完全归纳为行为范式也不太合适，很多受众研究都没有在这些范式中得到明确体现，毕竟观展/表演的范式刚刚出现，相关研究并非占据主流。

(3)阿洛对于受众研究批判传统的总结②

阿洛认为，受众研究的若干传统是以抽象受众的整体性作为起点的，因而研究结果只是重置另外一种抽象整体，偏重于单一的冲突领域（如阶级、性别），而不能呈现多重决定的情形。他总结了受众研究的五种批判传统（政治经济学、后解构主义的电影理论、女性主义批判、文化研究、后现代主义）。

政治经济学强调传播的商品循环、市场结构、国家与企业的权力关系，经常

---

① ABERCROMBIE N，LONGHURST B. Audiences：a sociological theory of performance and imagination[M]. London：Sage，1998：159-181.
文卫华. 新媒体环境下的受众收视特点探析——以美国电视连续剧《越狱》的网上迷群为例[D]. 北京：中国传媒大学，2009：32-35.

② ALLOR M. Relocating the site of the audience[J]. Critical studies in mass communication，1988(5)：217-233.
阿洛. 受众位置的再度确定[M]//媒介研究的进路——经典文献读本. 汪凯，刘晓红，译. 北京：新华出版社，2004：669-682.

引用马克思主义的物化、异化概念来进行讨论，斯迈兹（又译斯密塞，Dallas Smythe）的受众商品论是这方面的代表。

后结构主义电影理论，主要是结构主义与拉康的心理分析，这些研究路径认为受众是被本文建构而成的。按照这一理论，受众个人成为文本内的观看者，把受众活动和效果的问题放在了话语角度上。拉康的电影理论把受众的实践看作是一般的主体问题，认为电影把受众放置在消极被动的解释者位置上。

女性主义的“读者一反应”批判已经发展出“性别化的文本实践”以及“性别化的解读实践”等问题范畴，引入性别与解读之间的关系。女性主义研究中的“受众”，与其说是有性别的受众，更像是对受众进行有性别的解读。

文化研究把受众和权力问题放在了阐释的中心地位。目前，文化研究的受众分析已经摆脱了早期的阶级/意识形态的分析传统，开始关注日常活动与身份认同的陈述。

后现代主义，主要是鲍德里亚的相关理论，他从传媒和技术的角度，为世人描绘出一幅由“拟像（Simulacrum）”“符号”“内爆”和“超真实”所组成的后现代世界，认为符号、媒介制造了假象，拟像与真实的界限更加模糊。

上述划分的标准同样不是非常清晰，像后结构主义电影理论和鲍德里亚的理论也很难说是纯正的受众研究，并且仅仅限于受众的批判研究。阿洛的目的在于说明这些受众研究把受众置于某些决定性的领域内，但他没有注意到受众的具体特性。

（4）林德洛夫和梅尔的总结①

林德洛夫与梅尔认为，“受众”这个概念包含多重意味，包括特定情境下的实践、诠释策略、社会形态、使用脉络以及产生注意的场合等。其中，前三种一直是质性研究的重点，而后两者也开始受到关注。据此，他们将质性受众研究分为五类探讨方式。

①家庭受众（The Family Audience）。受众的民族志研究喜欢讨论电视对家庭的影响。民族志在研究家庭时，主要关注电视如何整合于日常家庭生活的

---

① LINDLOF T R，MEYER T P. Talking the interpretive turn：qualitative research of television，and other electronic media[M]//Research paradigms：television and social behavior. Thousand Oaks：Sage，1998：237-268.
卢凤兰. 阅听人论述[M]. 台北：秀威资讯科技股份有限公司，2008：26-30.

基础结构。

②接受的受众(The Receptive Audience)。接受分析更关注文本与受众间的接触。接受分析的社会学基础在于强调受众在社会结构中的特定位置,比如性别、种族、阶级、受教育程度与性取向等,这些不仅反映出资源、机会与政治权力的社会分布,更会影响受众对媒介的选择与诠释。

③社群受众(The Community Audience)。不同受众群体会产生不同的理解结果,能够依据自己所属群体对文本做不同诠释。詹金斯的迷文化研究与拉德韦的女性主义读者研究都可以看作是对社群的诠释。不过林德洛夫等认为社群应该是跨社会结构的不同部分。

④公共受众(The Public Audience)。随着移动媒体的发展以及车载电视等媒体越来越普遍,人们使用媒体的范围不仅仅局限在家庭与室内,林德洛夫与梅尔认为,要进行跨多种情境的研究。

⑤历史受众(The Ilistorical Audience)。依靠历史资料(如媒体的记录、媒体内容档案)等研究受众,但受众的相关活动与经验较难保留。

(5)尼克·库尔德利的总结[①]

英国传播学者尼克·库尔德利将媒介研究区分为五种范式:一是实验社会科学传统下的美国大众传播效果范式,代表学者为拉扎斯菲尔德、凯兹,聚焦传播效果;二是马克思主义批判范式,代表学者为本杰明和阿多诺,着重关注权力、意识形态,集中分析媒介文本和机构,强调商品化的过程;三是符号分析,其主要形式是在欧洲结构主义和后结构主义的背景下发展起来,并将二战后最激进的文学理论革新应用于媒介文本分析之中,关注文本的多义性;四是关于受众的批判性研究,如霍尔、莫利、洪美恩等(较之于马克思主义批评研究,这一研究范式更注重经验研究,关注受众对文本的解读过程);五是对媒介的人类学研究,强调媒介生产、流通和消费的开放性实践。

通过对媒介研究范式的划分,库尔德利进一步提出将实践作为媒介研究的新范式,认为不能只看到作为物的、文本的甚至生产过程的媒介,媒介研究不仅要分析文本、机构,还要分析不同实践语境中的人在用媒介做什么以及媒介实践固定其他实践的机制。尽管库尔德利主要针对媒介研究进行的总结,但是实

---

① COULDRY N. Theorising media as practice[J]. Social semiotics,2004,14(2):115-132.

践离不开受众，其理论从某种意义上最初源于受众研究，同时在求学过程中，他也受到戴维·莫利、罗杰·西尔弗斯通的深刻影响。因此，库尔德利有关媒介研究的论述也可以看作对受众研究的考察。“这一以实践为基础的研究范式萌芽于社会学，实践范式关注的重点不在于事物的思想或意义，而是事物发生发展的实践自身，尤其是具有某种无意识的、自动的、未经深思的、有特性的常规活动，强调将媒介作为生活、社会及世界范围的实践，以及媒介如何作为一种实践去掌控和组织其他人类实践活动和经验。”①如前所述，这种将受众还原于日常生活的主张不仅仅是尼克·库尔德利的一家之言，麦奎尔、阿伯克龙比和朗赫斯特等在这之前也有类似表述，阿拉苏塔里(1999，2002)、伊丽莎白·伯德(2003)等同样在此前后提出了相似观点。

此外，有关受众研究的论文集也颇为丰富，比如丽莎·A. 刘易斯(Lisa A. Lewis)编写的 *The Adoring Audience：Fan Culture and Popular Media*，弗吉尼亚·奈廷格尔(Virginia Nightingale)编写的 *The Handbook of Media Audience*，詹姆斯·S. 埃特玛(James S. Ettema)与查尔斯·惠特尼(D. Charles Whitney)编写的 *Audiencemaking：How the Media Create the Audience*，威尔·布鲁克(Will Brooker)与黛博拉·杰梅恩(Deborah Jermyn)编写的 *The Audience Studies Reader*，罗杰·迪金森、拉马斯瓦米·哈里德拉纳斯、奥尔加·林耐合编的《受众研究读本》(*Approaches to Audience：A Reader*)，等等。但其中对受众研究进行梳理，对受众研究史进行归纳的文章并不多，这反映出受众研究的碎片化状态。

(二)国内研究现状

国内很少有对受众研究进行专门梳理的文章与专著，大多是侧重于受众研究的某一个方面或者某一个面向。

臧海群、张晨阳的《受众学说：多维学术视野的观照与启迪》②是国内较早一

---

① COULDRY N. Theorising media as practice[J]. Social Semiotics，2004，14(2)：115-132.
殷乐. 媒介融合环境下欧美受众研究的范式转换[J]. 新闻与传播研究，2010(6)：70-78.
尼克. 库尔德利. 媒介、社会与世界：社会理论与数字媒介实践[M]. 何道宽，译. 上海：复旦大学出版社，2014.
齐爱军. 尼克. 库尔德利：媒介研究的“实践范式”转向[J]. 山东社会科学，2017(1)：151-155.

② 臧海群，张晨阳. 受众学说：多维学术视野的观照与启迪[M]. 上海：复旦大学出版社，2007.

本对受众研究进行再研究的著作，该书回顾了经验研究、政治经济学、文化研究这些领域内的受众研究，其旨趣不在梳理历史，而在于多维视野，即运用哲学、社会学、心理学、政治学、接受美学、政治经济学、文化研究等多种视角进行分析，为读者呈现了比较全面的受众研究。不过，这样做把各个领域原本相互影响的受众研究孤立开来，不利于读者对受众研究有更深入的了解。

位迎苏的《伯明翰学派的受众理论研究》[①]立足于伯明翰学派的受众研究，将伯明翰学派各个时期的理论划分为被动性解读、倾向性解读、多样性解读和抵抗性解读，并深入分析。作者有较为深厚的文学功底，对文化研究也颇有见解。但是，该书将受众理论分为上述四类的依据不够明确，而且容易与霍尔的编码/解码理论相混淆。

刘燕南、史利的《国际传播受众研究》[②]，第一次对西方和中国的国际传播受众研究进行了梳理，该书收集了大量国际传播受众研究的资料，分析了不同时代国际传播受众研究的特点，对国际传播受众研究历史进行了梳理，既有一定的学理性，也附加了不少生动个案，可以作为在国际传播领域进行受众调研的一本参考书。

廖圣清的《西方受众研究新进展的实证研究》[③]简单回顾了受众研究的发展过程以及研究取向，并以文献分析与内容分析相结合的方法，考察了五本国际核心期刊上发表的文章。尽管该文章对于受众研究的界定还有待商榷，但是，作为国内为数不多的对西方受众研究进行量化研究的文章，它对于我国学者了解国外当前的受众研究状况有很大帮助。

近年来，我国一些研究者将研究重点放在了新受众研究与新媒体或者媒体融合环境下的受众研究上，前者如金玉萍的《身份认同与技术转向：新受众研究的发展态势》等，后者如殷乐的《媒介融合环境下欧美受众研究的范式转换》等，从不角度呈现了有关最近欧美受众研究发展的新情况与新思考。[④]

---

① 位迎苏. 伯明翰学派的受众理论研究[M]. 北京：中国传媒大学出版社，2011.

② 刘燕南，史利. 国际传播受众研究[M]. 北京：中国传媒大学出版社，2011.

③ 廖圣清. 西方受众研究新进展的实证研究[J]. 新闻大学，2009(4)：105-115.

④ 金玉萍. 身份认同与技术转向：新受众研究的发展态势[J]. 国际新闻界，2010(7)：40-43.
殷乐. 媒介融合环境下欧美受众研究的范式转换[J]. 新闻与传播研究，2010(6)：70-78.

(三)研究现状总结与本书创新

一方面,通过梳理文献,本书发现已有对于受众研究史的梳理,以及对受众研究的研究传统与研究范式的总结,大多以受众的主动性、自主权,以人们对于受众与媒介关系的不同理解作为主线。这条主线将不同时代、不同范式、不同传统的受众研究勾连起来。因此,本书同样以此作为研究美国受众研究的一条主线,在考察美国受众研究发展过程中不同受众观念的基础上,梳理美国受众研究的历史轨迹。

另一方面,已有国内外对受众研究的研究也存在很多不足,需要进一步深化与提高,这也是本书写作的创新之处与意义所在。

首先,已有研究对于受众研究本身的探讨并不多,少有对受众研究做历史的考察,大多数是对受众研究的方法与范式、传统进行分析,更没有人专门对美国的受众研究进行专门研究。因此,本书计划对美国的受众研究进行历史考察,聚焦于传播学的发源地——美国,通过历史梳理,发现不同时代受众研究的特点与传统,目的是了解不同受众研究传统的真正来龙去脉,了解不同范式与传统的出现、发展与转变的原因。

其次,尽管有不少专著与论文运用知识社会学视角对传播史进行了研究,对传播研究的历史、传播学的历史重新审视,[①]但是,在受众研究方面,国内外都鲜有人从事这方面的工作。这并不是因为研究者不关心受众研究,而是他们将更多精力投入到研究传统、研究范式的争论中去,恰恰遗忘了从历史发展中探寻受众研究的发展脉络。没有人将受众研究放在大的社会历史环境与媒介环境中,也没有考虑某种受众研究之所以形成的学术语境。受众研究并不是凭空而来的,它与传播研究、社会学研究、心理学研究以及当时的社会历史背景、媒介发展息息相关。

运用知识社会学对受众研究进行考察是本书的一个视角创新。传播发展与社会发展有着密切的关系。作为传播的重要因素,受众与社会的发展也是息

① SIMPSON C. Science of coercion: communication research and psychological warfare, 1945－1960[M]. New York: Oxford University Press, 1994.

GLANDER T. Origins of mass communications research during the american cold war: educational effects and contemporary implications[M]. Mahwah, N. J. : L. Erlbaum, 2000.

息相关的。因此，只有将受众研究还原于当时的社会历史背景，结合媒介发展与学术发展，才能考察受众研究的产生与发展，才能通过受众研究去理解传播研究的产生与发展，也才能理解传播学科的产生与发展。同时，正因为忽视将受众研究还原于历史，使得以往很多对受众研究的梳理没有考虑到最初受众思想的起源，仿佛受众研究凭空出世，而这也成为本书要考察的问题之一，即探讨美国受众思想的最初由来。

最后，国内外对效果研究进行梳理的文献较多，比如格兰·斯帕克斯的《媒介效果研究概论》、段鹏的《传播效果研究——起源、发展与应用》、周葆华的博士论文《大众传播效果研究的历史考察》等。

受众研究与效果研究的历史是密切联系的，因为媒介离开了受众就无所谓效果，效果研究中必定会出现受众。而受众研究中，效果也是一个重要面向，讨论受众就不能不讨论受众与媒介的关系，受众是否受到媒介影响。效果研究中也涉及受众研究，以及对于受众的看法。特别是《大众传播效果的历史考察》一文，对大众传播效果进行了历史梳理，该研究选择以对受众的理解作为其书写效果研究历史的线索，试图寻求效果研究中社会的"人"与作为社会建制的大众传媒之间的关联，力求打破原有效果研究历史中"强－弱－强"的简单模式，试图重新呈现一个大众传播效果的历史。这实际上将效果研究与受众研究勾连起来，以受众观念的发展来考察效果研究，有效地避免了以往效果研究中只见效果与媒介、传播者，忽略另一方重要对象——受众的情形。

尽管受众研究与效果研究关系密切，但我们不能将效果研究等同于受众研究，或者代替受众研究。效果研究的梳理范围基本聚焦在对于效果，尤其是短期效果的实证研究上，仅仅是将受众作为个人进行考察，而忽略了其社会意义，因此，不能全面展现受众与媒介的关系，也就不能全面了解受众。

本书书写美国受众研究的历史，除了涉及美国的效果导向受众研究外，也要涉及美国的视听率研究，同时引入了文化研究路径中的受众研究。不仅如此，还应该追溯受众思想的原初思考（即早期思想家对于公众、大众思考中蕴含着的受众思想）。

受众研究归根结底是对"人"的研究。如果离开了当时的情境，我们就很难对受众有一个清晰的认识。因此本书的创新之处在于，以知识社会学的视角对美国受众研究做全面的历史梳理，而没有局限于对效果导向受众研究，或者定性受众研究的探讨，将受众研究还原于当时的社会历史、媒介情境与学术语境中。这样的受众研究史才更完整，也才能反映受众与媒介关系的全貌。

第四节 美国受众研究的阶段划分与研究路径

本书是对美国受众研究的一个"再研究"。研究的主要任务有两个：一是对美国受众研究做学术史的回顾，即首先基于"美国受众研究的轨迹和路径是什么"的提问，分析不同阶段美国受众研究的特点；二是在此基础上，对各个时期的美国受众研究展开知识社会学的分析与考察，探究美国受众研究在当时情境下的本来意义。

一、美国受众研究的阶段划分

阿伯克龙比曾将受众研究分为三个阶段：效果阶段（从 1940 年前后持续到 1960 年）、使用与满足阶段（从 20 世纪 60 年代至 80 年代）以及解码阶段。[①] 但是这一划分并未把早期理论家的受众思想容纳进去，同时 20 世纪 60 年代后的受众研究并非"使用与满足"研究一家独大，霍尔的解码理论就诞生在 20 世纪 70 年代。因此，本书在借鉴阿伯克龙比所划分阶段的基础上，根据美国受众研究的发展变化，结合美国的社会历史的变迁、媒介的演变以及学术思潮的演进，将美国受众研究分为三个阶段。由于篇幅和精力所限，加之网络时代受众研究方兴未艾，因此本书研究并未过多涉及最近十几年的研究，尤其是新媒体受众研究，只在必要时有所提及。[②]

（一）19 世纪末 20 世纪初到 20 世纪 20 年代末

这一时期美国经历了所谓的"镀金时代"，农村人口与外国移民大量涌入城

---

① 阿伯克龙比. 电视与社会[M]. 张喜水，鲍贵，陈光明，译. 南京：南京大学出版社，2007：121-124.

② 另外，以知识社会学为视角评价当代学者与研究并不妥当。正如科塞在《社会思想名家》中提到，由于大部分理论家还都健在，因此他对这些理论家完全是描述性的，没做过多评论，正所谓盖棺定论。显然美国的受众研究也存在这个问题，对还健在的受众研究者"做详细的生平介绍和知识社会学式的探讨是不妥当的"（科塞，2007：导言 11）。因此，用知识社会学分析最近十几年的受众研究也是不合适的。

市。电影的兴起，吸引了大量处于底层的劳工阶层与移民，引起了精英阶层的担心。“一战”爆发，显示了宣传的力量，加之行为主义与早期大众社会理论的影响，使得“魔弹论”思潮成为当时人们对于媒介与受众关系的一种重要观点。实用主义是这一时期美国的主流哲学。实用主义与进步运动影响下的芝加哥学派，则保持了美国开国以来的进步与乐观精神，认为公众、受众更具主动意义。由此这两种观点成为这一时期美国受众思想的主要方面。这一时期的研究主要是在“民主”“公众”等更加宏观的议题下对受众的思考，研究更多停留在学者们的思辨上，并没有开展大规模的实证研究。

（二）20 世纪 30 年代到 50 年代末

“二战”爆发，希特勒的宣传令美国人胆战心惊，同时担心的还有本国右翼势力的宣传与政府是否会滥用权力以威胁美国所谓的“民主”，由此美国研究者对于传播“效果”的关注不可避免。市场研究逐渐增多，广告主与媒介也都非常希望了解受众以及媒介效果。广播出现并迅速发展，同时“大众”概念被提出，精英们对在新媒体——广播的影响下和“二战”中“大众”表现的担忧以及社会心理学的新发展，加剧了研究者对“效果”（尤其是短期效果）的关注，于是“效果”导向成为这一时期受众研究的主要特点。战后的繁荣以及冷战的对立，使得效果导向受众研究一直持续到 20 世纪 50 年代末甚至更久。帕森斯结构功能主义成为这一阶段美国社会学的主导范式，其为现状合理化辩护的特点也维护了效果导向受众的主导地位。这一时期，逻辑实证主义取代实用主义成为美国哲学的主流思想，同时推断统计学诞生，两者的出现，共同引导了美国社会研究向实证与量化方向迈进。受众研究也是如此，有关受众的经验研究在默顿中层理论的影响下，被概括为个人差异论与社会关系论等受众理论。

（三）20 世纪 60 年代到 90 年代

20 世纪 60 年代美国女性主义运动、种族运动等群众运动的风起云涌，80 年代新移民潮的出现，加速了美国本土文化多元主义的形成。同时，哲学领域的逻辑实证主义风光不再，哲学流派林林总总，社会学的结构功能主义也被各种社会学说所取代，于是美国受众研究朝着多元化方向发展。

首先，由于商业的需要，媒介、广告商、广告主等各方迫切想要了解受众的收视行为与节目的收视情况，美国结构性受众研究（即视听率研究）迅猛扩张。其次，大众社会理论的继续，电视的普及，让研究者们依然看到了媒介效果，不过效果导向受众研究开始转型，比如有的研究者借势心理学上的认知革命，转向对受众认知进行研究。最后，这一时期学术领域的重要特点是对人的关注，人本主义哲学兴起，学者们开始对大众社会理论进行反思，这一理论内部也发生了转变，这些变化奠定了美国受众研究对受众自主性的重视。部分效果导向研究者转变视角，从效果转向受众，提出了"使用与满足"理论。而在英国文化研究、消费社会、大众文化的共同影响下，美国各种社会文化性受众研究得到很大发展。这一时期不仅研究内容丰富而多元，研究方法也更加多样，除了效果导向时期以调查法与实验法为主导的量化研究方法以外，还有定性研究方法，尤其是借鉴了人类学的民族志方法，扩展了受众研究的范围，对于受众日常生活的研究得到重视。

二、研究路径

本书把研究者对受众的不同认识，即研究者到底如何看待受众，如何看待媒介与受众的关系，受众是否拥有自主性，受众到底是主动还是被动的这个贯穿受众研究历史的基本问题作为考察美国受众研究的一条主要路径，将不同时期的研究贯穿起来。

美国社会科学家们之所以对受众如此关心，实际上是出于对"人类""公民""社会""民主""自由"等关于人类生存与发展的这些重大命题的思索，说到底是对人的重视。而有关这些命题的研究，无论是基于精英主义还是民本思想，无疑都带有理论家与研究者个人的价值预设，蕴含着他们对于"人何以为人"的根本看法，"理论并不用来预测行为或行动，而是被视为一种追求美好目标的指引"①。论述过程隐含研究者的价值预设。这些预设可能是个体道德，也可能是集体规范。不同的研究方法与所得结果，反映出某些观念被赋予在研究对象上的情形，也常常同时反映出论述者的价值观。而当这些价值判断折射到受众研

① MURRAY K. The construction of identity in the narratives of romance and comedy[M]//Texts of Identity. London：Sage，1989：176-205. 转引自：卢凤兰. 阅听人论述[M]. 台北：秀威资讯科技股份有限公司，2008：11.

究之时，对受众的理解与思索便成为了解受众研究的本来意义与历史走向的一个关键因素。

一旦将受众研究放回其发展的背景与情境之下，我们便会发现，不同学术共同体对受众的不同观点与看法，主要集中在受众与媒介的关系上，对受众是主动、积极、能动的，还是被动的、消极的争论上。主动与被动问题是受众研究乃至传播研究中的一个核心问题，但学者们对“主动性”有着不同的看法。比奥卡（Biocca，1988）对关于受众主动性的各种观点和定义进行总结，归纳出五种不同表述：(1)选择性；(2)功利主义（比如“使用与满足”理论中的受众）；(3)有目的性；(4)抵制影响；(5)卷入。① 而本书中所涉及的受众主动性、能动性与积极性，并不侧重于上述某一种定义，而主要参照的是受众在其与媒介的关系中的位置，即受众不会受到媒介的操作。

正如比奥卡和安德森（Anderson，J. A）在总结大众传播理论时所发现的，对于受众概念的理解就像一场拔河比赛，绳索的一端是主动的受众，而另一端则是被动的受众。② 基于受众是主动还是被动的受众观念影响，研究者对于受众的认识也多种多样：作为大众的受众；作为群体一员的受众；作为信息产品的受众；作为权利主体的受众；作为商品的受众，等等。③ 这些受众观念无形中影响着受众研究的进程。

① 麦奎尔. 受众分析[M]. 刘燕南，李颖，杨振荣，译. 北京：中国人民大学出版社，2006：75-78.

② BIOCCA F A，ANDERSON J A. Opposing conceptions of the audience：the active and passive hemisphere of mass communication theory[J]. Communication yearbook，1988：51-80.

③ 麦奎尔. 受众分析[M]. 刘燕南，李颖，杨振荣，译. 北京：中国人民大学出版社，2006：7-12.

第二章

早期思想：芝加哥学派与“魔弹论”的不同受众观

传播学史上的很多著作，都将佩恩基金研究作为传播效果实证研究的开端，但是对受众研究来说，这个开端有点偏晚，美国受众思想的历史可以追溯到杜威、库利、帕克等芝加哥学派代表人物对人的问题、民主、传播、公众、群集这些概念的探讨中。他们认为公众、受众具有主动性，不会完全被媒介所支配。与此同时，一种视媒介为"魔弹"的观点出现，这种观点认为受众会"中弹即倒"。这种观点并未被实证研究所证明，但是流传很广，不少人成为它的信徒，比如克里尔、伯内斯。它与芝加哥学派的受众思想相对立。

第一节　美国早期受众思想的生成语境

19 世纪末到 20 世纪前 20 年，美国产业工人与外来移民的增多，一方面，引发了各种社会问题，促进了进步运动与进步主义的产生，另一方面也为电影提供了广大受众。在进步主义与实用主义哲学的共同牵引下，这一时期芝加哥学派的几位代表人物都持有乐观的受众观念；与此同时，有些进步主义人士和精英阶层则开始担心电影对移民和劳工阶层以及儿童的影响。这种对电影的担忧，对"一战"中宣传战的恐惧，加之行为主义心理学在美国的确立，导致"魔弹论"思潮流行。

一、美国早期受众思想产生的社会历史背景

(一)城市化与移民潮

美国独立以后就开始向西扩展，西进运动为美国提供了广大的发展空间，美国内战为资本主义发展扫清了障碍，于是美国工业进入全面发展时期，开始第二次工业革命。从内战结束到 20 世纪初的这一时期又被叫作美国的

“镀金时代”。

1870 年，美国工业产值开始超过农业产值；1894 年，美国工业产值达到 95 亿美元，居世界之首。1870 年到 1900 年平均增长率 7.1%，高于世界水平。[①] 到 1913 年，美国工业产量已经占世界工业总产值的 1/3，超过了英国、法国、德国工业总产值的总和。[②] 一方面，工业化的加速，促进了包括交通工具在内的各项技术的迅速发展和工业对劳动力的增长需求，使得大量农民与移民开始涌入美国的各大城市；另一方面，工业革命与垄断的发展，使得美国的社会矛盾与阶级矛盾也开始升级。在这种爆炸式增长的背后，城市化与移民潮进程中的各种问题开始凸显。

“1860 年，每 6 个美国人中有 1 人居住在 8000 人以上的城镇中，而到 1900 年，每 3 个人中有将近 1 人住在城镇；到 1920 年，全国人口的一半以上都是城市人口。”[③]以芝加哥为例，在芝加哥大学成立时，芝加哥已经成为美国三个最大的城市之一，“它的人口增长率惊人：作为当时美国西部边境小镇，1840 年人口普查时只有 4470 名居民；而 50 年以后，居民就已达 110 万人了，1930 年时更达到 350 万人！”[④]

人口增长速度如此之快，带来了各种城市化问题，包括城市垃圾、污水废气等环境问题，以及交通、消防、医疗、住宅等市政民生问题，更为尖锐的是贫富分化的社会矛盾。失业与半失业人口处于生死线的边缘，而普通工人的工资也非常微薄，工伤频发，缺乏各种保障。绝大部分工人都居住在贫民窟里，各种社会问题在这里滋生。

除了本国农村人口的涌入外，在上个世纪之交，美国的高速发展吸引了大量的外国移民。美国本身就是一个移民国家，历史上，美国曾出现过多次移民高潮。这一次移民高潮，一半以上的新移民并非来自爱尔兰、德国、英国和斯堪的纳维亚等传统国家，而主要来自东欧和南欧国家。据统计，1900 年，芝加哥半数以上的居民都是在美国以外出生的。[⑤]这些移民在母国大部分都是农民，来到美国后他们的目的地却是城市。1910 年，移民和他们在美国出生的孩子构成了

---

① 张友伦，李剑鸣. 美国历史上的社会运动与政府改革[M]. 天津：天津教育出版社，1992：83.

② 方纳. 给我自由！一部美国的历史[M]. 王希，译. 北京：商务印书馆，2010：756.

③ 斯卡皮蒂. 美国社会问题[M]. 刘泰星，张世灏，译. 北京：中国社会科学出版社，1986：17.

④⑤ 库隆. 芝加哥学派[M]. 郑文彬，译. 北京：商务印书馆，2000：3.

纽约、芝加哥、波士顿、克里夫兰、底特律等人口的70%，[1]大量新移民的涌入成为大城市的一个象征。

这些新移民构成了美国劳工阶层的最底层，他们生活十分悲惨，在美国往往遭受各种歧视，从事劳动强度大、工作条件差、工资收益低的工种，面临着比美国原有工人阶层更加恶劣的环境。此外，一夜之间的转变并非易事，移民不仅要经历从"非美国"方式到"美国"方式的转变，同时还要经历从农民到城市居民的变化，这无疑增加了城市的危险系数，"在被美国生活同化的过程中，旧有的模式常常不能保持下来。结果是家庭破裂、酗酒和少年犯罪等现象随着城市的发展而增加"[2]。

城市化中工人的大量出现，移民的大量涌入，为大众媒体的出现提供了大量受众，也为"大众受众"的形成提供了实在载体，美国精英阶层对这些受众的看法较之早期欧洲精英对民众的看法发生了很大变化。由于担心这些劳工阶层与移民受到电影等媒介的不良影响，学术界对受众的关注越来越多。这些关注往往与民主等观念相联系，将受众与公众、大众等概念相比较，无疑这其中最有影响力的莫过于芝加哥学派。

芝加哥作为美国中西部新型城市的代表，其发展速度是惊人的，作为当时美国社会城市化的一个缩影，是具有代表性的。因此芝加哥的城市化问题与移民问题也相当突出，这为芝加哥学派的社会学研究提供了天然的实验室，芝加哥学派的很多著作都是围绕这些问题展开的，比如《芝加哥的黑人》(1922)、《大罢工》(1928)、《芝加哥的犯罪组织》(1929)、《芝加哥的黑社会》(1933)；在移民研究方面更加为众人所熟知，比如托马斯和兹纳涅茨基的《身处欧美的波兰农民》(1918－1920)、怀特的《街角社会》(1943)，等等。

芝加哥学派对传播问题，劳工阶层、移民阶层与媒介的关系等问题非常关心，其代表作就是帕克的《移民报刊及其控制》(1922)。贯穿在芝加哥学派血液里的那种进步主义情怀，同样蕴含在他们的受众思想之中，并依靠其在美国学术界的巨大影响力，遗传或者间接影响了后辈学者的相关研究。

---

① 刘绪贻，杨生茂．美国通史(第四卷)：崛起和扩张的年代1898－1929[M]．北京：人民出版社，2008：205．

② 斯卡皮蒂．美国社会问题[M]．刘泰星，张世灏，译．北京：中国社会科学出版社，1986：18．

(二)进步运动与进步主义

正是工业化、城市化带来的各种社会难题，19世纪末20世纪初，一批有良知的知识分子领导广大民众开展了一场轰轰烈烈的社会改革运动。这便是美国历史上著名的“新闻揭丑”运动，或者叫作“扒粪运动”“黑幕揭发”运动。

这场社会改革运动，一方面迫使政府采取了相关措施，另一方面也深深触及了美国的思想领域。美国人自开国以来，就强调自由、个体，信奉个人主义为核心的自由放任主义。社会达尔文主义进入美国以后，更是加剧了这种个人主义与自由主义倾向。19世纪下半叶，由于社会矛盾凸显，这种以个人主义为核心的自由放任思想日益显现出其保守特性，并因不断受到挑战而走向没落。而工业化与城市化毕竟给美国人带来了种种实惠，大部分美国人不同程度受益，处于经济最底层的往往是新移民，他们在母国的生存状态也未必更好，因此当时美国大部分人更倾向于改革社会弊端，并不想进行革命。处于中间状态的大多数美国民众，既不想组织垄断与集中，又不想政府过于集权，既感到自己深受垄断资本的剥削，又害怕劳工运动的兴起。因此，他们要求“进步”，而不是革命，这代表了美国中产阶级想要修补这个制度的愿望。由于并不想打破这个制度，最后他们不得不求助于人的自律。这条美国中产阶级所持的中间路线最后被称为“进步主义”。进步运动与进步主义思想，推动了美国各个领域的改革运动，也影响了罗斯福和威尔逊的相关改革。

进步主义者对劳工阶层与移民的关注，尤其是对这些底层民众与媒介关系的关注，影响了当时受众思想的走向。社会学芝加哥学派正是在进步运动时期成长起来的。他们深受进步主义的影响，进步主义的理想成为当时一代知识分子的奋斗目标，也是芝加哥大学一些早期创始人从事社会研究的道德动机。①进步主义对人的主动性的重视也为芝加哥学派受众思想的生成提供了一个理论基调。杜威与其他芝加哥学派的代表人物受到进步主义观点的影响，对受众充满了期待。而此时，面对工业化、民主化的冲击，尤其是“一战”的影响，欧洲学者产生了深深的悲观主义情绪。这或许是造成欧洲的传播研究以批判为主的原因。

---

① 于长江.从理想到实证——芝加哥学派的心路历程[M].天津：天津古籍出版社，2006:41.

(三)“一战”的爆发与宣传战

1914 年，第一次世界大战爆发。虽然这是一场主要发生在欧洲的战争，但它波及全世界，是欧洲历史上破坏性最强的战争之一。当时世界上的许多国家都在不同程度上，以不同方式卷入了这场战争，美国也不例外。

除了正面战场的激战外，双方还展开了宣传战，协约国与同盟国都十分注重宣传的作用，宣传活动也开始系统化，政府与军队建立起了负责筹划与进行宣传的专门部门。除了对本国民众宣传外，他们还号召大家同仇敌忾；他们不仅对盟国和中立国展开宣传攻势，同时也对敌国进行宣传（比如，英德都展开了对美国的宣传，以争取美国人的好感）。这种宣传的效果也为世人所认识，甚至有很多人认为，协约国成功的一个重要原因就是利用了宣传战，“在已过去的大战的那些著名的胜利中，宣传都发挥了重要的并且可能是决定性的作用”[①]。

美国当时对第一次世界大战并无充分准备，很多德裔、爱尔兰裔的美国人并不赞同美国加入协约国一边；同时美国也没有足够的军队进行海外作战，急需征兵，这就使得全面的战争动员成为必然。于是威尔逊政府成立了“公共信息委员会”(CPI)，通常称为“克里尔委员会”，由 G. 克里尔(George Creel)领导，其任务是负责进行国内和国际的宣传工作，“动员全国舆论支持战争的努力和威尔逊的和平目标”。[②] 这个委员会容纳了当时美国不少才华出众的记者、学者、主编、新闻代理人等等，其中就有后来被称为“公共关系之父”的伯内斯。在此期间，他们撰写了 30 种左右有关美国理想和战时目的的小册子，大约有 7500 万份复制品在美国国内扩散，几百万份被分发到其他国家。克里尔委员会还组织了一支演讲队伍，有 7.5 万名之多，这些人被称为“4 分钟人”，他们做了 75.5 万次爱国讲演。[③] 克里尔委员会的宣传工作非常成功，但是美国人对宣传的恐惧也与日俱增。正是第一次世界大战，让美国人看到交战双方的宣传战以及本

---

① 拉斯韦尔. 世界大战中的宣传技巧[M]. 张洁，田青，译. 北京：中国人民大学出版社，2009：174.

② 布鲁姆，森特，卡特里普. 有效的公共关系[M]. 明安香，译. 北京：华夏出版社，2002：104.

③ CREEL G. How we advertised America：the first telling of the amazing story of the committee on public information that carried the gospel of Americanism to every corner of the globe. New York：Harper& Brothers，1920. 转引自：罗杰斯. 传播学史——一种传记式的方法[M]. 殷晓蓉，译. 上海：上海译文出版社，2005：184.

国的战争宣传，加深了对宣传的恐惧，也加剧了对受众会被媒介操纵的担忧，“魔弹论”成为一种被很多美国人认同的观点。

二、美国早期受众思想产生的媒介背景

早在 1833 年，美国就诞生了第一份成功的廉价报纸《太阳报》。“在这些廉价报纸诞生之前，每份报纸订户每年的订费是 6—10 美元，普通工人很难支付这笔费用。”[①]廉价报纸的普遍成功预示着美国大众化报纸时代的到来，报纸不再是有闲阶级的专有产品，而成为吸引大众读者的非个人媒介，尽管那时还没有出现“大众传媒”这个词。“在 20 世纪的头几年里，报纸的发行量居高不下，日报发行量的增长速度甚至超过了人口的增长速度，报纸这种大众媒介逐渐成为美国人生活中的一个重要部分。”[②]不过不久，一种更为直观、对于受众要求更低的媒介出现（不需要受众识字、具有文化水平，儿童也能观看），它的影响受到广泛关注。

法国的卢米埃尔兄弟将摄影机和放映机合二为一，1895 年，他们在巴黎的一家咖啡馆地下室放映了世界最早的一批电影，包括《工厂大门》《火车进站》等。不久后，放映地点从咖啡馆移到了剧院、音乐厅、杂耍剧场。而最初仅仅想用电影招揽生意的马戏团、蜡人馆和电器馆，在观众对电影的热情下，把他们的场地改为电影院。这场运动开始于英国，很快就普及美国。上个世纪之交，早期电影院落成，由于电影备受追捧，因此电影院在美国全国范围内如雨后春笋一般纷纷建立。

1900 年左右，一种镍币影院（The Nickelodeon）出现了，人们仅需要支付 5 分钱就能欣赏一段无声电影。这些影院场地破旧、设备简陋，一般使用二手机器，但是票价一致，非常便宜。由于观看的人非常多，因此投资少、赢利快，甚至这种影院一周的赢利就能开办一家新的影院。很多人通过开办镍币影院而建立了自己的事业，其中就包括大名鼎鼎的华纳兄弟。到 1909 年年底，电影院已

① 埃默里. 美国新闻史：大众传播媒介解释史：第九版[M]. 展江，译. 北京：中国人民大学出版社，2009：106.

② 斯隆. 美国传媒史[M]. 刘琛，译. 上海：世纪出版集团，上海人民出版社，2010：419，421.

增加到将近一万家。①

电影史传统上认为镍币电影的受众是城市移民工人，并且认为电影里的观念有助于他们融入新家园——美国。镍币电影是城市移民们能够支付得起的有限的几种娱乐方式之一。“镍币影院”从贫苦阶层招徕它们的顾客，特别是来到美国的移民工人。这些移民大部分来自中欧，由于听不懂英语，且不能欣赏美国的戏剧，因此经常来杂耍场、音乐馆和“一分钱游戏场”等场所消遣。这些杂耍场和“一分钱游戏场”后来都发展为“镍币影院”。

然而，在大城市，镍币影院不仅仅是开在廉价的工人居住区，很多也坐落在有公共交通的购物中心地带。小城市的影院则更多针对的是中产阶级，因为它需要更广泛的支持。② 一些镍币影院也开始转变为豪华影院。镍币影院与大的电影院在接下来的若干年内都一直并存。

电影到 20 世纪 20 年代发展到顶峰，“20 世纪 20 年代中期，全国星罗棋布的电影院已有两万多家。1925 年，平均每周有电影观众 4600 万人次，1930 年达到了创纪录的 9000 万人次”③。然而在电影受众中，女性与儿童占了很大比例，“据统计，1923 年约有近 4000 万观众看电影，其中 14 岁以下的儿童约有 1700 万”④。各大城市儿童观众所占的比例都很高，尤为严重的是，大量儿童都是在没有成年人的陪伴下进场的，这引发了精英阶层对儿童会受到劣质电影负面影响的担忧。

三、美国受众研究肇始的学术语境

（一）实用主义

美国由于其特殊的地理位置与历史特色，伴随着数个世纪的移民与开拓的发展历程，众多民族、不同文化之间不断碰撞融合，形成了独特的民族精神。美国作为新兴殖民地国家，历史惯性与传统束缚最少，这一多元社会失去了旧大

---

① 萨杜尔. 世界电影史：第二版[M]. 徐昭、胡承伟，译. 北京：中国电影出版社，1995：64-66.

② 布茨. 美国受众成长记[M]. 王瀚东，译. 北京：华夏出版社，2007：135-136.

③ 埃默里，等. 美国新闻史：大众传播媒介解释史：第九版[M]. 展江，译. 北京：中国人民大学出版社，2009：289.

④ 洛厄里，德弗勒. 大众传播效果研究的里程碑[M]. 刘海龙，译. 北京：中国人民大学出版社，2004：20.

陆所倚仗、维系的那种普遍价值评判标准。因此，自我选择、自我奋斗、机会均等、轻视等级、追求实效的价值观日益形成。在这样的民族性格影响下，伴随着19世纪末20世纪初的工业化发展与社会急速变革，实用主义首先出现在美国也就毋庸置疑了。作为美国独有的本土哲学，实用主义深深影响着这个民族的思维方式与行事风格，成为这个国家的“民族哲学”。实用主义作为背景文化，如同詹姆士(William James)著名的“公共走廊”比喻所言，其哲学思想所具有的包容性、丰富性，对各类自然科学和社会科学的发展有着重要的意义。20世纪众多的理论成就无不沾染着“实用主义”色彩，受众研究的发展也是如此。

实用主义作为一个哲学流派，其诞生标志一般被认为是1878年皮尔士(Charles Sanders Santiago Peirce)发表的《如何使我们的观念清楚明白》一文，文中皮尔士首先阐述了实用主义的基本思想。在皮尔士那里，实用主义是作为澄清意义的方法出现的。皮尔士本人强调意义甚于强调真理，在他那著名的“皮尔士原则”中，他以可感觉的实际效果作为是否有意义的标准，“我们关于任何事物的观念就是我们关于它的可感觉到的效果的观念”①。

古典实用主义经由詹姆士和杜威(John Dewey)进一步阐发，形成哲学体系。1898年，詹姆士首先使用“实用主义”(Pragmatism)这一概念，以意识流心理学进入哲学探讨，提出“彻底经验主义”。他将哲学限定在经验和现象的范围，物理与心理的差别就被机能和方法的意义所取代。他的理论克服了传统经验主义与理性唯心论的局限性，但也充满非理性的意味。相比较詹姆士以心理活动意识流为认识基础，杜威的“经验自然主义”更加注重科学理性。“经验”主要指的是有机体和环境之间的相互作用，这种相互作用就是被“经验”的东西。经验不只是感觉经验，它既涉及客观自然，又包含主观因素。经验本身就是自然内容。人这种有意识的有机体，作为自然界的一部分，经验与人的目的性活动密不可分。经验者与被经验的事物之间存在着连续性，这是杜威哲学的根本原则。

实用主义反对传统的思辨形而上学，摒绝先验本体论。实用主义在考察任何观念和命题时，都以效果为标准来衡量其意义，从某种意义上说，这是对近代以来哲学传统的颠覆。世界不是一个单纯先在的存在，传统二元对立性存在：

---

① 皮尔斯.皮尔斯文选[M].涂纪亮，周兆平，译.北京：社会科学文献出版社，2006：95.

主体与客体、思维与实在、心灵与物质……都不是本质性根基，我们与所赖以生存的环境的交互作用所得的经验才是第一性的，我们的所得所知都超不出经验的范围。因此，与同样关注人本身的人本主义哲学传统不同，实用主义倾向于从先于主客的客观生活出发，以经验作为本体论的基础，这与马克思主义哲学的实践观具有相似的意味。在方法论和真理观上，古典实用主义者的立场可以得到比较一致的概括。“实用主义的方法，不是什么特别的结果，只不过是一种确定方向的态度。这个态度不是去看最先的事物、原则、‘范畴’和假定是必需的东西；而是去看最后的事物、收获、效果和事实。”①实用主义希望以每一个概念的实际效果解释概念，无效果则无意义。它是一种注重效果的方法，没有实际效果的方法是无意义的，这摒弃了无妄的形而上学争论。实用主义把真理判断价值化，真理即其实际有效性，但“有用即真理”常常被偏颇地理解为一种市侩哲学，显然这一真理观并不是初看起来的那样。注重效果的实用主义传统无疑为日后美国受众研究渐趋向效果导向研究，提供了哲学上的依据。

实证主义的发展为实用主义提供了重要的思想来源，在对传统哲学的反叛中，实用主义无疑接过了实证主义已经吹响的号角，并且对其不彻底性加以反思。两者在拒斥传统形而上学的立场上是一致的，在重视经验方面也有契合之处，在将向超越性问题寻求答案降到研究澄清问题的现实方法的意义上，两者都是颇具“现代性”的。“正是在实用主义的人生态度下，芝加哥学派可以采纳和吸取任何他们认为‘有效’的东西为他们所用，因此实证主义及其后来的各种变种，都不断地被芝加哥学派吸收进来，成为美国社会学研究的方法论基础。”②不同之处在于，实证主义反对的是理性思辨形而上学，将其视作无意义而抛弃，实用主义则更进一步试图瓦解整个形而上学的基础。实证主义试图将哲学改造为科学的哲学，而实用主义并无此意图。实证主义认为科学理性为佳，而实用主义则以效果为先。

在近代形而上学哲学思想的影响下，传播中传播者和受众之间的关系被看作是主客体关系：要么将传播者看作主体，受众为客体；要么将受众看作主体，传播者为客体。无论哪种情况，都面临着主体何以达及客体这个难题，主体与其对象（客体）之间存在着认识论上的困境，传播者和受众之间有着难以逾越的

① 詹姆士. 实用主义[M]. 陈羽纶，孙瑞禾，译. 北京：商务印书馆，1979：31.

② 于长江. 从理想到实证——芝加哥学派的心路历程[M]. 天津：天津古籍出版社，2006：54.

鸿沟，传播在本质上变得不可能。即使主体希望尊重客体，这种态度本身也是对他者的侵犯，换言之，传播者与受众之间的地位是不平等的，预设了二元对立的传统传播观念面临困境。实用主义放弃了这种形而上学思路，摒弃主客二元对立，也就在实际上排除了将二者视作简单对立关系的做法。在实用主义语境中，强调相互作用的有机体，人的主体性只有在主体交互中得以实现，主体与主体之间共同分享经验，形成相互理解的基础，众多主体得以连接。实用主义将受众视为积极主动的客体，而不是二元对立的另一方。以杜威代表的实用主义者对于传播者与受众的看法是互动的、有机的，而不是对立的，在他看来，受众尤其具有主动性。从更大的方面来说，芝加哥学派对于传播的认识也建立在主体与客体交互的基础上，米德与布鲁默等人就是从符号互动的角度来理解受众在传播中的位置的。

（二）行为主义的兴起

1913 年，华生(J. B. Watson)在《心理学评论》杂志上发表了题为《行为主义者心目中的心理学》一文，正式宣告了行为主义的诞生。行为主义并不是横空出世的，华生明确表示，行为主义是 20 世纪前 10 年动物行为研究的结果，受到桑代克、巴甫洛夫等人的影响。华生在芝加哥大学读书期间，除了心理学家安吉尔外，杜威也是华生的老师，意味着华生也受到了机能心理学、实用主义的影响。

行为主义在美国而不是在其他地方出现，并被广为接受，符合当时美国注重经验与效果的社会环境，这点与实用主义的流行类似。同时，行为主义也为美国那些想要提高生产率的企业主，以及那些想要统一美国人思想、控制其行为的政治家提供了有效的科学手段。

华生反对他称之为旧心理学的“内省心理学”把意识作为心理学的研究对象，把内省法作为心理学的研究方法。华生在《行为主义》一书中开宗明义地指出：“‘意识’既非可界定的又非一个有用的概念；它不过是远古‘灵魂(soul)’说法的另一种表达。因而，旧心理学受制于一种微妙的宗教哲学(religious philosophy)。”他主张研究心理学要通过自然科学的客观方法研究“人类存在的行为或活动”[①]，因此他的行为主义又称为“刺激—反应心理学”（即S—R心理学）。华生从严格的决定论出发，认为一定的刺激必然引发一定的反应；而一定的反应也必然来自一定的刺激。行为主义研究行为的任务就是明确刺激与反应之间的规律性关系，从而根据刺激预知反应，或根据反应推知刺激，最终预测和控制人的行为。

行为主义最大的缺陷是将人与动物等量齐观，忽视了人的社会历史性与主观能动性，抹杀了人与动物的本质差别。尽管行为主义以客观的方法取代了主观内省，但是它完全忽视了人的意识，将行为等同于意识的做法，无疑不能真正探查人的心理。

如果将媒介视为对受众的一种刺激的话，按照行为主义的观点，受众接受媒介的刺激就一定会产生反应，这实际上是放大了受众的消极被动性，这种“刺激—反应”的论断无疑为“魔弹论”思想受众观念的出现提供了心理学的依据。

第二节　美国受众思想的欧洲来源

追本溯源，欧洲早期思想家对“公众”“群集”这些概念的论述和相关思想直接影响到后来美国学者对这些概念的认知。尽管托克维尔、勒庞等早期大众社会理论家的著作对美国早期受众思想的产生与发展颇有启迪，但基于美国独特的社会历史背景，以洛克与塔尔德为代表的公众思想在美国更受欢迎，这些观点也影响着之后受众研究的基调。

一、洛克的自由主义思想及其在美国的影响

对公众概念的探讨可以追溯到17世纪欧洲现代国家、民族主义形成的时代。这一时期，古代自然法学说也发生了根本转变，即从规范人们行为转变为个人的自然权利；与此同时，一些思想家开始论述政府的权力来自“人民”。英国思想家洛克便是其中一个重要代表。洛克对自由主义最大的贡献在于：个人

---

① 华生．行为主义[M]．李维，译．北京：北京大学出版社，2012：3.

自然权利的理论、政府必须基于被统治者同意的理论和宗教宽容理论。① 他提倡人的“自然权利”，主张捍卫人的生命、自由和财产等权利，其核心是强调财产权的重要性。与弥尔顿相似，洛克也提出了民众言论权利的重要性，作为个体的人，有追寻自身兴趣的权利，只要他没有影响到别人。洛克第一次较为系统地提出“天赋人权”学说来反对“君权神授”思想，强调了公众才是政府的基础的理念。洛克宗教宽容的实质是将中世纪基督教理论的核心——对于美好至善生活的追求从政治中剥离，使其成为私人信仰问题。洛克的政治理念深远地影响了法国、美国等西方国家。在法国，孟德斯鸠、伏尔泰、卢梭等启蒙思想家都受到洛克思想的影响，法国启蒙运动与洛克不无关系。洛克的自由主义思想与经过孟德斯鸠发展的三权分立思想也对美国产生了巨大影响。洛克的自由主义成为美国立国之本。托马斯·杰弗逊等美国政治家正是受到洛克思想的影响，在美洲引发了一场轰轰烈烈的革命浪潮。正如美国宪法专家考文所言：“将自然法思想传送到美国宪法理论的是洛克的那本优秀著作《政府论》（下篇）——尽管它不是这方面惟一的著作。”②

美国的革命，确立了当时欧洲一些学者颇为欣赏的民主制度。美国革命刺激了民主制的成长。由于中产阶级革命者力量不足，必须联合其他阶层支持，因此亚当斯等人提出人民有权掌握政治事务，而当革命胜利后，革命领袖就需要兑现诺言，即“开明政府最有效的代理者是绝对的民主体制”。③ 这与欧洲的情况非常不同，虽然自由主义起源于、发展于欧洲，但却没有结出美国民主制这样的果实，代表旧贵族立场的精英们对大众（the masses）的力量、大社会团体意志的担忧和恐惧与日俱增，早期贵族主义观点的大众社会理论开始出现。这种声音在美国尽管也存在，但是在自由主义的引导下，很多美国学者对公众还是持有更加“进步”与乐观的立场的，这无疑也影响到了美国受众思想的进程。

二、塔尔德的受众思想

到 19 世纪末，社会学与群集心理学（crowd psychology）的新领域已经证实

---

① 李强. 自由主义[M]. 长春：吉林出版集团有限公司，2007：54.

② 考文. 美国宪法的“高级法”背景[M]. 张世功，译. 北京：三联书店，1996：2.

③ 沃特金斯. 西方政治传统——现代自由主义发展研究[M]. 黄辉，杨健，译. 长春：吉林人民出版社，2011：80.

公众作为一个安全的社会组成部分，并没有威胁到社会秩序，公众与集合行为(collective behavior)[比如群集(crowds)或者社会运动]是完全不同的。[①] 首先区分公众与群集不同概念的是法国社会学家、社会心理学家、法学家加布里埃尔·塔尔德(Gabriel Tarde，1843—1904)。

让-加布里埃尔·塔尔德出生于法国波尔多市附近小镇的一个贵族家庭，他的传播思想非常丰富，但或许是因为这些思想产生得过于超前，当时法国学者很少有人关注大众传媒的作用，导致他的思想反而被人遗忘了很长时间。

当塔尔德思想在欧洲后继乏人时，它在美国却备受欢迎。尽管芝加哥学派的帕克与伯吉斯合著的《社会学导论》里没有重复引用过塔尔德的任何一段话，然而这本书对塔尔德的参照超过了其他任何一位欧洲思想家。不仅仅是社会学芝加哥学派，塔尔德的思想给美国第一位人类学主任弗兰兹·博厄斯也留下了很深的印象。

尽管塔尔德出身法国贵族，对于高雅文化与知识分子阶层有着特殊的眷恋，但是相比其他同时期的法国思想家来说，塔尔德无疑更加乐观与开明，没有沉浸在对资产阶级逐渐上升而贵族渐趋没落的哀鸣之中。这点可以从他对精英的分析中看出端倪。

“最后到了工业时代，发明和发现都大量积累之后，贵族地位还能够获得吗？可以的，这个意义上的‘贵族’是工业上的杰出成就，这个身份不是靠继承获得的，但享有崇高的威望。”这里所言的“贵族”与老式贵族不同，而塔尔德对这些新诞生的阶层充满了热情，认为在工业时代的贵族荣耀“都是个人的荣耀，虽然在不断更新和复制，然而它绝不是世袭的，而是凭借社会选择的楷模获得的——这一切杰出成就和荣耀往往都集中在大城市和首都。我在其他地方指出，大都市注定要取代贵族。”[②]

在受众思想方面，塔尔德非常强调个体的自主性，帕克对公众与群集的研究有不少思想来源于塔尔德，而通过帕克，在后来许多论述公众、集体行为和大众传播的学者身上，我们都可以看见塔尔德思想的影子，其中就包括赫

---

① TILLY C. Social movements 1768—2004[M]. Paradigm，Boulder CD，2004. 转引自：BUTSCH R. Audiences and publics，media and public spheres[M]//The handbook of media audience. Malden，Oxford&West Sussex：Wiley-Blackwell，2011：151.

② 塔尔德. 传播与社会影响[M]. 何道宽，译. 北京：中国人民大学出版社，2009：193-194.

伯特·布鲁默。

塔尔德的思想涉及社会学、心理学、犯罪学、法学等不同领域，而他对公众、群集、大众传播的论述主要集中在《舆论与群众》等文章中。[①] 塔尔德早在1893年就在《从刑法学的角度看群众和宗派》一文中讨论“群众”(the crowd)一词。1898年，他为了与其对“群众”的观点做比较，进一步探讨了“公众”(the public)与交谈。之后“公众”概念比“群众”概念对塔尔德更有吸引力，他更喜欢研究“人的更加文明的行为”。[②]

塔尔德认为，群众是“基本上靠实在的接触而产生的多种心理联系的集合”。公众是“纯粹精神上的集体，由分散的个体组成，他们没有身体上的接触，他们的组合完全是精神关系上的组合”[③]。因此，要把公众成员联系在一起，就必须有必要的传播技术与传播手段，否则不可能出现公众。塔尔德认为最基本的必需手段就是报纸，因此现代意义上的公众是要在19世纪以后，高速印刷机、电报、铁路等现代技术不断完善，发行量大的现代报纸出现之后，才能产生的。从这个角度来讲，塔尔德所言的公众，很大程度上指的就是“受众”这一概念。并且塔尔德不同意勒庞的观点，他乐观地认为，19世纪是公众的时代而不是群众的时代。塔尔德认为，公众比群众更加复杂，一个成员可以同时属于多个公众群体，但只能属于一个群众群体，因此公众对成员比群众更加宽容，被公众支配的国家比被群众支配的国家也更加豁达。可见，塔尔德对公众充满了期待之情。

塔尔德的乐观还表现在他对工业社会到来的欢迎上。他与滕尼斯、齐美尔、涂尔干等社会学家一样，都处于资本主义上升的19世纪——工业社会形成、传统社会与现代社会二元对立异常激烈的时代，但是与托克维尔、滕尼斯、涂尔干等人不同，塔尔德不同意随着工业化发展，人们会变得冷漠、功利，而认为随着交流的增加，人民会变得更加文明。这种对工业社会到来以后公众、受众的乐观看法，后来被芝加哥学派所继承，进而为早期美国受众思想植入了乐观主义的基因。塔尔德的乐观主义倾向，源于他对人际关系的重视，认为人际关系能够抵消大范围内结构的变化，而这恰恰包含了拉扎斯菲尔德几十年以后

① 本书一般将“crowd”译为群集，以区别在我国语境下有特殊含义的“群众”一词，但有些引文中将“crowd”译为群众，为了保持引文的完整性，在此不再做统一处理。

② 塔尔德.传播与社会影响[M].何道宽，译.北京：中国人民大学出版社，2009：绪论，37.

③ 塔尔德.传播与社会影响[M].何道宽，译.北京：中国人民大学出版社，2009：214.

提出的“两级传播”与“意见领袖”的观点。

关于受众与媒介关系，塔尔德一方面乐观地看到：相比“群众”，“报纸读者能够比较好地掌握思想自由”，另一方面也看到报纸与读者之间的“双向选择、双向适应非但不能防止报人对公众产生决定性的影响，反而把公众变成一个同质化的群体，使之柔顺可塑，报人对他们的情况知根知底；于是，报人对公众的影响更加有力、更加铁定”[①]。从这一点来看，塔尔德在这一问题上也是颇为犹豫的：一方面他极力肯定报纸的作用，肯定报纸是推动民主的重要动力，另一方面也担心报纸的负面作用；既承认受众的主动意识，又对这些他称之为公众的人群不太放心。有学者看到了塔尔德的这种不确定，如此评论：“在效果理论方面，塔尔德的论述是矛盾的和模糊的，由于曾经对报纸可能产生的舆论的力量表示欣慰……因此从这些自相矛盾的表述中可以看出，塔尔德对传媒的未来既充满了希望又充满了担忧，一言而蔽之，充满了不确定性。”[②]不过笔者认为，这种担心仅仅是其论述中的一个插曲。在强调报纸的作用，强调报纸建设现代社会的威力，认为报纸“既在公众中扩散信念，又在公众成员中产生共享某些信念的意识”[③]的同时，他也强调指出，报纸的影响只有在与人的直接影响协调时才能发挥作用。“如果没有人交谈，报纸就没有用武之地——我们很难想象会出版报纸——因为如果没有报纸，我们的交谈就不会对任何人的头脑产生影响。如果是这样，报纸就像是没有鸣板的琴弦，徒劳振动而已。”[④]而交谈无疑是要在读者的社会圈子中完成，在受众与媒介的天平上，塔尔德最终还是倾向于受众一方。更重要的是，在受众与传媒关系的论述中，在有关交谈的分析中，塔尔德流露出“互动”的观点，这种对传媒作用、传媒与受众关系、交谈作用的分析，与杜威的民主观点颇为相似，塔尔德与杜威又共同影响了帕克。

此外，塔尔德还有很多关于受众的精彩论述，几十年以后美国很多经典的传播研究中都可以找到塔尔德的影子，比如“意见领袖”“两级传播”，还有“涵化”理论等等。塔尔德还特别强调了“舆论”的作用，认为公众的最重要特征就是公众产生的舆论。

---

① 塔尔德. 传播与社会影响[M]. 何道宽，译. 北京：中国人民大学出版社，2009：218.

② 胡翼青. 再度发言：论社会学芝加哥学派传播思想[M]. 北京：中国大百科全书出版社，2007：81.

③ 塔尔德. 传播与社会影响[M]. 何道宽，译. 北京：中国人民大学出版社，2009：绪论，38.

④ 塔尔德. 传播与社会影响[M]. 何道宽，译. 北京：中国人民大学出版社，2009：238.

三、早期大众社会理论[①]

孔豪瑟(William Kornhauser，又译科恩豪萨、科恩豪泽等)在《大众社会的政治》一书中认为，大众社会理论有两种学术来源：一种是对大众社会的贵族式批判，即19世纪对以法国大革命为代表的欧洲革命的反应；一种是对大众社会的民主式批判，即20世纪对德国等国家极权主义兴起的反应。前者从精英价值观角度反对大众参与，担心精英被大众无限接近并影响；后者则集中在从民主价值观防御精英完全支配大众的情况，忧虑精英对大众的控制与利用。前者如托克维尔、勒庞等人；后者的代表如埃米尔·莱德勒(Emil Lederer)、阿伦特(Hannah Arendt)等。[②]

本书更赞同将大众社会理论分为三个阶段：其一为早期的贵族主义观点，这一阶段与孔豪瑟提到的第一种理论来源类似，以托克维尔与勒庞、奥尔特加·加塞特为代表；其二为对法西斯极权主义的批判，以曼海姆与阿伦特为代表；其三为战后美国的大众社会理论，以米尔斯、理斯曼与上面提到的孔豪瑟为代表。[③] 需要指出，这里的“大众”指向意义是不同的。早期贵族主义的大众理论更多指向的是“群集”(crowd)，此后大众社会理论的研究对象逐渐转向“大众”(mass)。

一方面，大众社会理论很大程度上影响了受众研究与受众思想的发展，成为评论受众主动还是被动的一个重要理论来源。早期大众社会理论对“魔弹论”思潮的兴起颇有影响，孔豪瑟的乐观观点也促进了当时受众研究的多元发展。另一方面，大众社会理论非常关注媒介这个中介因素对大众的影响，因此大众社会理论本身有很多内容实际上也可以看作受众研究的一个面向。

大众社会理论最早开始于早期贵族主义的观点，他们关心的是多数(大众)对少数(精英)的控制，尽管遮遮掩掩，但还是显露了其精英与贵族阶层的观点。他们的观点被后世所继承，成为日后“皮下注射论”的一个理论渊源，同时勒庞

---

① 早期大众社会理论的“大众”与后面布鲁默等人提出的“大众”概念不同，有更多的政治含义，更接近于群集概念。

② KORNHAUSER W. The politics of mass society[M]. New York：The Free Press，London：Collier—Macmillan Limited，1959：21.

③ 郭庆光. 传播学教程：第二版[M]. 北京：中国人民大学出版社，2010：151-154.

的某些观点，也为芝加哥学派，尤其是帕克的公众与群集观点提供了某种参考。

(一)"群集"(Crowd)一词的发展

今天，"群集"一词作为更加中性的词汇，是指无所不在的各种各样的人在公共空间聚集。"群集"一词经历了很多转变。起先在英国伊丽莎白时代，城市中的群集并不令人恐惧，尽管作为骚乱和暴力之源，是官方关心的，甚至监控的主体。17 世纪和 18 世纪的精英们对暴动的忍耐要大于 19 世纪末期和 20 世纪的美国。学者们概括了那时群集的两种形式：暴乱和狂欢。作为暴乱，一些杰出的史学家认为，从早期现代时代到工业化开始阶段，英国或者其他地方的弱势群体逐渐诉诸抗议和暴动，但是这些活动既不是非理性的，也不是暴力的，更多时候是为了权利，同时他们针对的是财产而不是人。作为狂欢，"群集"是历史悠久的狂欢节的一部分。狂欢节的特点就是无序，下级能够模仿长官，长官也能容忍下属对他的不敬。无论是暴乱还是狂欢，只要群集不威胁阶级关系和特权，就相安无事，因为精英们也认识到群集能够化解底层民众的不满。① 之所以精英们不会担心群集的"造次"，原因在于，在传统社会，人们的活动范围很小，互相之间比较熟悉，如果做出一些统治阶级不能容忍的事情，很容易被追究。然而 19 世纪以后，当工业革命兴起，城市不断扩张，大量农民涌进城市之后，传统社会面临着土崩瓦解，于是精英们开始担心那些此时分布更广、更匿名的"群集"的存在。

"乌合之众"(Mob)一词则来源于拉丁语汇"mobile vulgus"(意指"不稳定的平民")，自 19 世纪初期，其含义才开始特指一群桀骜不驯的群众，而不是处于一般状况的民众。② 19 世纪，"群集"这个词也变得更加负面，这个词继续用于弱势阶层，但此时已经被加入了感情色彩，这些阶层开始被认定为是危险的。也是在 19 世纪，"群集"和"乌合之众"经常连在一起书写，"群集"再次被定位为可怕的"乌合之众"，暗示着暴力，是非理性的、破坏性的野兽。正是基于这样的假设，精英们认为由弱势阶级组成的"群集"，对于建立秩序毫无兴趣。③

而导致这一观点转变的拐点就是那场令整个贵族阶级胆战心惊的法国大

①③ BUTSCH R. The citizen audience: crowd, publics, and individuals[M]. New York&London: Routledge Taylor&Francis Group, 2008: 9-10.

② 威廉斯. 关键词：文化与社会的词汇[M]. 刘建基，译. 北京：三联书店，2005：283.

革命。整个19世纪，法国的上流社会，那些受过教育的精英，充满了对法国大革命中“群集”的复杂情感，以及对那种革命热情与破坏力的恐惧。杜凯（Edmund Durke）在《法国革命论》中，以饱含激情而又酣畅淋漓的文字，猛烈地攻击了法国大革命的原则。而查尔斯·麦凯（Charles McKay）的《非凡流行妄想回忆录》（*Memoirs of Extraordinary Popular Delusions*，1841）则开创了19世纪末的一个新领域——群集心理学。① 从法国大革命后，强调人类的非理性的著作不时出现，主要研究对象指向了“群集”这一概念，后世有学者将这些研究作为大众社会理论的初级阶段。

（二）托克维尔眼中的“大众”

法国学者托克维尔对民主与大众的态度是矛盾的：一方面，他在美国看到了民主制度给美国带来的发展，也隐隐预测到民主与大众代表了历史发展的趋势；另一方面，他骨子里还残存有贵族主义的影子。正如雷蒙·阿隆所说：“托克维尔绝不是美国社会怡然自得的欣赏者。他在内心深处保留着一个从他所属的那个阶级——法国贵族处借来的价值等级观念。”②托克维尔对法国大革命感情复杂，他的父母在大革命中差点被推上断头台，而他的很多亲戚都在当时丧命。

对托克维尔而言，民主更应该是针对少数人或者个人的权力，他认为，贵族制度在治国和立法上具有优势，“贵族制度有自我控制的能力，不会被一时的冲动所驱动。它有长远的计划，并善于在有利的时机使其实现”③。而大众对平等的追求超过了对自由的追求，平等造成了个人主义。随着平等的日益发展，人们的相互依赖关系虽有所扩大，但不够密切了，个人主义有使公民逐渐拒绝参加社会生活的消极作用。从这个意义上讲，他将平等与自由这两个概念对立起来，“当公民全都一律平等以后，他们就难于团结起来反对当局侵犯他们的独立了。他们当中没有一个人会强大到足以单枪匹马地进行胜利的斗争，而只有把所有人的力量联合起来的团结才能保住他们的平等。但是，这样的团结并非总

① BUTSCH R. The citizen audience：crowd，publics，and individuals[M]. New York&London：Routledge Taylor&Francis Group，2008：10.

② 阿隆. 社会学主要思潮[M]. 葛智强，胡秉诚，王沪宁，译. 上海：上海译文出版社，2005：187.

③ 托克维尔. 论美国的民主[M]. 董果良，译. 北京：商务印书馆，2010：264.

是存在的”[①]。因为大众是这样的冲动易变、缺乏理性，更为严重的是，随着民主的发展，精英也失去了以往的独特地位，这使得大众可以轻易侵入精英领域，革命有随时到来的危险。

托克维尔对“多数”的大众充满忧虑，民主制度常常包含多数派行使暴政的危险，任何民主制度都假设多数派是对的，而忽视多数派对少数派的压迫。“多数”并不必然带来民主，而更可能产生“多数的暴政”，并且这种“多数”的暴政比专制更加有威力，“在独夫统治的专制政府下，专制以粗暴打击身体的办法压制灵魂，但灵魂却能逃脱专制打向它的拳头，使自己更加高尚。在民主共和国，暴政就不采用这种方法，它让身体任其自由，而直接压制灵魂”[②]。

托克维尔的观点不仅作为早期大众理论的一个重要代表，而且在“二战”以后，尤为受到重视。曼海姆与阿伦特的大众社会理论有很多是受到托克维尔的启发，特别是“多数人的暴政”的预言，为人们反思“二战”提供了一个不同视角。托克维尔所处的年代，美国的大众报纸刚刚诞生，因此托氏并没有给予媒介与受众过多重视，稍后的勒庞与塔尔德更加敏锐地发现了媒介与受众的重要之处。不过托克维尔对多数“大众”的看法，则给后辈学者们奠定了基础。

(三)勒庞与“乌合之众”

法国社会心理学家古斯塔夫・勒庞对个人聚集成群体时的心理变化进行了深刻剖析。作为群体心理学的创始人，勒庞有“群体社会的马基雅维利”之称，1895 年他出版了分析群体行为的著作《乌合之众：大众心理研究》(这里乌合之众，英译为 crowd)。勒庞对后世学者(无论来自欧洲还是美国)，都有着超凡的影响力，尽管帕克等芝加哥学派的社会学者在一些方面与勒庞还有分歧，但无疑他们受到了勒庞的影响，他们对“群集”的描述很大程度上还是在勒庞的框架之内。

勒庞生活的年代是法国历史上较为动荡的时期，刚刚结束的法国大革命给人的记忆还未散去，一系列的事件又接连上演，从“六月革命”到普法战争与巴黎公社运动，工人阶级的力量触动了勒庞们的神经。

勒庞的论述中对贵族与精英满怀深情，“在现代的文明社会中，精英的重要

---

① 托克维尔. 论美国的民主[M]. 董果良，译. 北京：商务印书馆，2010：60.

② 托克维尔. 论美国的民主[M]. 董果良，译. 北京：商务印书馆，2010：294.

角色似乎太过显而易见了，以至于无须过多强调。一个民族，无论是文明还是野蛮，其一般民众皆为平庸之辈，在这一点上，各民族之间相差无几；而前者的唯一的优势就在于它所拥有的那些优秀的大脑”①。同时他对底层民众却充满了敌意，认为民众是未开化的、自私的，“群众现在成立了各种联合会，使一个又一个政权在它们面前俯首称臣。他们还成立了工会，不顾一切经济规律，试图支配劳动和工资。他们来到了支配着政府的议会，议员们极为缺乏主动性与独立性，几乎总是堕落成不过是那些选出他们的委员会的传声筒”②。从中我们可以看到塔尔德和勒庞的不同，塔尔德更加乐观，他尽量分享了勒庞对群体的忧虑，但是也看到了工业化、城市化带来的繁荣。如前所述，塔尔德注重交流、交谈的作用，在群体之外将“公众”这一概念引入其论述框架内。

勒庞认为，聚集成群的人，首先是形成一种集体心理，成为心理上的群体，无论他们的生活方式、职业、性格、智力、个性有何不同。③ 勒庞将心理群体现象的原因解释为：首先是无意识现象的影响；其次是形成群体的个人会感受到“势不可当的力量”，这些力量会消除加在个人身上的约束与责任；最后是传染的现象与暗示的作用。他认为个人作为群体一员时，与他作为单独的个体时具有很大不同，他在无意识的领引下，丧失了自己的个性，成为在集体心理支配下的一个玩偶。因此，勒庞认为，“群集”是那些失去了自己的独立个性、理性与意志的人。帕克与布鲁默关于“群集”的论述借鉴了勒庞的某些观点，但与勒庞不同的是，他们没有单独阐述这一概念，而是将“群集”与“公众”放在一起进行对比分析。

勒庞在论述群体的意见和信念时，将其分为两个方面：一类是重要而持久的信仰，另一类是短暂而易变的意见。并且他认为在他所在的年代，报业的发展是导致易变意见增多的一个重要原因，“它们（指报业）不断地把完全对立的意见带到群众面前。每一种个别的意见所产生的暗示作用，很快就会受到对立意见的暗示作用的破坏。结果是任何意见都难以普及，它们全都成了过眼云烟。……它在公众思想的变化中随波逐流，出于竞争的必要，它也只能这样做，

① 勒庞．乌合之众——大众心理研究[M]．冯克利，译．桂林：广西师范大学出版社，2012：304.
② 勒庞．乌合之众——大众心理研究[M]．冯克利，译．桂林：广西师范大学出版社，2012：38.
③ 勒庞．乌合之众——大众心理研究[M]．冯克利，译．桂林：广西师范大学出版社，2012：45-46.

因为它害怕失去自己的读者"[①]。对报纸的态度，勒庞与塔尔德也是截然相反。勒庞看到的只有报纸的缺点，低估了受众的智慧，进而他认为受众是群集的一种。塔尔德尽管也分析了报纸的弊端，但他对报纸充满了热情，对公众也寄予希望，而这种态度被芝加哥学派所分享。

第三节　芝加哥学派的受众思想

芝加哥学派相比同时代的社会学者，对传播现象更加关注。杜威、库利、米德都有着丰富的关于传播的思想，自帕克以后的传播研究更是涉及传播的方方面面。芝加哥学派早期诸贤并没有从事过实实在在的受众研究，甚至也较少谈及"受众"一词，但是在他们卷帙浩繁的思想中，关于"人"的探讨，关于"群集""公众""大众"等概念的分析和比较，孕育着美国早期的受众思想，这些思想在芝加哥学派特有的乐观主义与进步精神感染下，站在了"魔弹论"思潮与精英主义思想的对立面，影响着后来受众研究者对受众的看法。他们思想中的一些火花，比如库利的"初级群体"概念，在几十年后被后人重新发现，促进了美国受众研究与传播研究的发展。

一、芝加哥学派与传播研究

芝加哥学派是美国第一个社会学学派，也是社会学在欧洲之外形成的第一个学派，其形成、发展与19世纪末20世纪初美国社会发展有着广泛而深刻的联系。芝加哥学派时代的美国正经历着从农业社会到工业社会转变的动荡。那时的美国与中国今日出现的问题有很多相似点，只不过由于自由政策的放任，来得更加猛烈。工业化、城市化、人口问题、移民问题以及由此诱发的一系列问题，困扰着美国社会。而作为美国中部的新型工业化超大城市，芝加哥成为这些问题的一个汇聚点，也成为进步运动开展的主要地区和"社会学研究最好的现场和基地"[②]。芝加哥学派的主要研究就是基于上述问题展开的，这可以

① 勒庞.乌合之众——大众心理研究[M].冯克利，译.桂林：广西师范大学出版社，2012：151.
② 于长江.从理想到实证——芝加哥学派的心路历程[M].天津：天津古籍出版社，2006：5.

说是芝加哥学派迅速发展起来的一个重要原因。

思想方面，其早期代表人物的浓厚宗教情节与道德意识，加之与当时美国在综合国力上升势头中形成的“进步主义”思想与自由主义传统，为芝加哥学派思想注入了乐观主义倾向。宗教道德、人道主义、进步主义、自由主义、实用主义、实证主义这些流行在美国社会的各种思想，在芝加哥学派这里汇合，发生了奇妙的化学反应，发展成为芝加哥学派的主流意识形态。

正是在芝加哥学派的倡导下，美国社会学研究走了一条与欧洲社会学不太一样的道路，它继承了欧洲社会学自孔德以来的实证主义基因，但却舍弃了欧洲学术界过于理性、偏重理论探索的老路，使得社会学进入了更加统一的范式之中。这里应该指出的是，芝加哥学派主张实际调查、主张经验研究的传统，与以后的固化的定量研究并不一致。主张实证与经验，并不意味着绝对的定量研究。相比芝加哥学派，哥伦比亚大学的吉丁斯(Giddings)对定量方法更加情有独钟。尽管帕克没有做过实证的受众研究，但是芝加哥学派的这一实证传统在布鲁默作为主要参与者之一的佩恩基金研究中得到了展现，成为该研究中的一个亮点。

在美国社会学诞生的最初日子里，芝加哥学派就已经关注大众传播在分析现代社会时的重要性。芝加哥大学的第一任社会学系主任阿尔比恩·W. 斯莫尔(Albion W. Small)与乔治·C. 文森特(George C. Vincent)合写的著作就涉及了传播的内容。他们认为传播系统穿透了社会有机体，给社会有机体之间带来了更多联系。威廉·菲尔丁·奥格本(1886—1959 年)，研究了新传播技术在社会和社会变革中的影响。[①] 最著名的莫过于帕克的《移民报刊及其控制》(1922)。在受众研究方面，布鲁默与豪瑟(Philip M. Hauser)在佩恩基金会研究中进行的研究是其代表。其他如帕克学生的作品，海伦·麦克吉尔·休斯(Helen MacGill Hughes)的《新闻和人们感兴趣的故事》(1940)。那个时代的芝加哥大学社会学系的博士论文，很多都与传播有关，比如论述报纸在犯罪增长或者其他反社会行为中的作用(1910)，报纸与日本政治发展的关系(1919)，

---

① BALL-ROKEACH S J，CANTOR M G. Media，audience，and social structure[M]. Newbury Park，Beverly Hills，London& New Delhi：SAGE Publications，The Publishers of professional Social Science，1986：23-24.

宗教新闻学(1920)，黑人媒体(1922)，以及新闻社会学研究(1931)等。①

20世纪50年代以后，这种偏爱传播研究的传统一直没有中断，比如：里奥·博加特(Leo Bogart)对电视的研究(1956)和对报纸读者的研究(1981)；埃利奥特·弗雷德森(Eliot Freidson)对受众的研究(1953)；莫利斯·詹诺维茨(Morris Janowitz)对社区报纸的研究(1952)；格拉迪斯·朗(Gladys Lang)和库尔特·朗(Kurt Lang)在20世纪50年代以及以后的电视和政治的研究(1968)；约翰·W. 约翰斯通(John W. Johnstone)、爱德华·J. 斯拉夫斯基(Edward J. Slawski)和威廉·W. 鲍曼(Willianm W. Bowman)的美国新闻记者的社会学"肖像"研究(1976)。芝加哥大学的全国民意研究中心(The National Opinion Research Center, NORC)也非常支持传播研究，包括约翰斯通对美国人传播行为的野外调查，唐纳德·霍顿(Donald Horton)等对电视节目的内容分析(1951)，等等。②

可见，芝加哥学派一直对传播"情有独钟"，而这种钟情在芝加哥学派第一代旗手那里就已经奠定。杜威、库利、帕克等芝加哥学派的代表人物都有着丰富的关于受众、公众的思想。

二、杜威的公众思想

杜威(John Deway, 1859—1952)出生于佛蒙特的波灵顿，母亲是一位虔诚的新教徒。他是美国著名的哲学家、教育家、政论家，实用主义思想、功能心理学的代表，进步主义教育的先驱。他的思想涉及多个领域，在哲学、心理学、教育学、传播学等方面均有建树。杜威在普林斯顿攻读哲学博士期间，深受新黑格尔主义的影响，此间他还听了冯特的学生霍尔的试验心理学课程，后来在皮尔士的影响下，转向实用主义。博士毕业后，杜威曾在密歇根大学执教，在那里他遇到了库利与帕克，随后，杜威长期在芝加哥大学任教，形成了以他为代表的"芝加哥学派"这个学术共同体。杜威的思想深刻影响了帕克等其他芝加哥学派的领袖。他对传播功能的强调，对个人自由的推崇，促成了帕克和库利对传

① FARIS R E L. Chicago School 1920—1932[M]. San Francisco: Chandler Publishing Company, 1967.

② BALL-ROKEACH S J, CANTOR M G. Media, audience, and social structure[M]. Newbury Park, Beverly Hills, London& New Delhi: SAGE Publications, The Publishers of Professional Social Science, 1986: 25.

播的关注。而帕克对公众的研究，也影响了杜威对这一问题的思考。1905 年以后，杜威转到哥伦比亚大学，开始了一系列国外讲学旅行，成为实用主义思想的主要传播者。

杜威认为，人的生存归根到底是个人的行为，他强调尊重每一个人的行动和思想的自由及其民主权利，不应以个人的自由损害他人的自由，个人的自由应受到社会的调节，个人主义应当和集体主义相互协调，以权利维护权利，以权利限制权利。在《哲学的改造》中，杜威将在自然科学中行之有效的工具主义方法移用于政治生活领域，摒弃他之前在人与社会关系问题上个人至上主义或者社会至上主义的抽象处理，代之以具体指导，将其变为行为方法的探索。因此，杜威主张历史多元论，社会并无一般固定意义；摒弃各种形式的历史决定论，社会历史可以并存多重解释，重要的是按照人们所处的特殊境遇、具体环境，制定具体的应对方法；主张社会逐渐进化的改良主义道路。杜威坚持自由与民主的意义，反对各种反自由、反民主情形，同时，他也对自由民主观念加以改造，反对绝对的个体自由，使之服从一定的社会控制。杜威将政治领域的自由民主与社会领域的自由民主结合，将民主思想植根于人的本性之中，使自由民主成为大众的生活方式。“除非民主的思想与行为的习惯变成了人民素质的一部分，否则，政治上的民主是不可靠的。它不能孤立地存在。”①

杜威的政治思想、人性观、教育观自然与他的传播思想有所关联。杜威的意图在于，为社会控制与个体自由之间寻找一个平衡点，这种平衡要求大家遵守共同的游戏规则。然而，对于如何使公众遵循这种共同规则，他认为沟通与传播起着重要作用。杜威尽管和李普曼一样，也注意到公众的一些缺点，但是与李普曼和民主现实主义者不同的是，杜威认为人类社会联系的特点不同于电子的集合，森林里的树木，或者一群羊，每个人都能思考，他们所思考的是“自己的行为对他人可能造成的影响以及他人的行为对自己的影响”②。他认为公众之间会通过参与、交流、共享经验进而形成共同体，维护民主制度与生活方式。“公众作为一个整体的共同体，而这个作为整体的共同体被设想为一个自我证明和自我解释的现象。但是这个作为整体的共同体不仅仅是通过多种方式使

---

① 杜威. 人的问题[M]. 傅统先，邱椿，译. 南京：凤凰出版传媒集团，江苏教育出版社，2006：46.

② DEWEY J. The public and its problems[M]. Denver：Alan Swallow，1927：23-24.

人整合在一起的团体关系，也是一个通过整合原则把所有元素整合在一起的组织。”①

杜威非常重视“公众”这一概念，他相信在传播的作用下，公众会更加自主，“社会不但凭借传递与沟通才能持续存在，而且可以说就存在于传递与沟通之中。英文中的共同(common)、社群(community)、沟通(communication)是同源的字。人们由于彼此有共同点而聚为社群；社群中的人因为能相互沟通而有共同之处”②。

随后的日子，杜威更加拓宽了传播中的共享含义，“在一切的事情中，沟通是最为奇特的了。……而沟通之果实会成为共同参与、共同享受，这是一个奇迹……”③这里哲学意义上的沟通即指传播，杜威的表述流露出日后凯瑞所演说的传播“传递观”与“仪式观”的最初表达。传播“是工具性的，因为它使我们从沉重的事务压力之下解放出来，使我们能够生活在一个有意义的世界之中。它是终极的，因为它是对于为整个社会所珍贵的对象和艺术的一种分享，由于这样的分享，意义从相互沟通上来讲，就被充实了、加深了和巩固了”。而当传播的工具性与终极性共同存在于经验之中，“便有了智慧，而智慧乃是共同生活的方法和结果，而且也就有了社会，而社会则是具有指导爱慕、景仰和忠诚的价值的”④。这种受众能够共享经验与平等参与的进步主义受众思想，既是其社会改良主义在传播学上的反映，也可以看作杜威的社会心理学研究对行为主义的摒弃与对人的有意识的思维的推崇，或者说，它更受到米德符号互动观念的影响。而李普曼则不同，他认为杜威眼中的理性公众只是一种幻影，是传统民主观念中的一个抽象概念。

同时杜威也非常强调社区的作用，强调行动而不是讨论，尤其向往“以农业与手工业为主要产业的小城镇”⑤，这与杜威的成长环境不无关系。杜威认为公众是一个为了应对社区所面对的问题而自发形成的群体，他们通过讨论达成针对这一问题的集体意见。“共同体必须保持面对面的交往……民主必须从家里

① DEWEY J. The public and its problems[M]. Denver：Alan Swallow，1927：38.
② 杜威. 民主与教育[M]. 薛绚，译. 南京：译林出版社，2012b：3-4.
③ 杜威. 经验与自然[M]. 傅统先，译. 北京：中国人民大学出版社，2012a：123.
④ 杜威. 经验与自然[M]. 傅统先，译. 北京：中国人民大学出版社，2012a：151-152.
⑤ DEWEY J. The public and its problems[M]. Denver：Alan Swallow，1927：111.

开始起步，而家就是邻里社区。”[1]他认为通过这些讨论，人们达成集体决议并开始行动。

到了晚年，杜威也越发质疑传媒的作用与大众的能力，新的传播技术没有被用来达成人们的共识，却造就了一批任由传媒摆布的大众，媒介的一些弊端也暴露出来，甚至破坏了杜威视之为生命的民主。不过他并未对民众全然失望，认为通过教育能够激起大众的智慧。“如果学校不创造一种有批判性的鉴别能力的大众智慧，那么将会无限制地产生偏见和燃烧的情绪。我们主要的保障就是由学校对各种社会力量给予一种明智的理解。”[2]

杜威关于传播的思想有很多缺憾，比如“天性中的乐观、带有小镇气息的浪漫、对技术致命的简单化思维等”。不过他确实有真知灼见，“我们应该发展他对大众传播所抱的实用主义观点”[3]。无论强调传播、社区还是教育，杜威都没有对公众完全失望，公众是可塑的、可教育的，并不是一成不变地任人宰割。受众不可能被传媒完全操纵，因为还有社区与教育的力量。杜威对公众、受众的这种乐观态度，奠定了芝加哥学派公众、受众思想的乐观主义的基调，这种基调在美国传播研究中从未中断。

三、库利与“初级群体”

库利出生在安阿伯的密歇根大学校园旁，父亲是密歇根大学法学院的教授。完成学业后，库利一直在密歇根大学任教，他一生中的大部分时间都是在密歇根度过的。尽管库利不是芝加哥大学的正式教师，但由于与米德等芝加哥学派成员的亲密关系与学术思想上的惺惺相惜，因此他是谈论芝加哥学派思想时一个绕不过去的人物。

库利早年非常关注斯宾塞的理论，在接受了杜威的“有机体”思想以后，认识到斯宾塞的进化观点只有动物性与个体性，而忽略了社会性。库利的三部专著《人类本性与社会秩序》(1902)、《社会组织》(1909)、《社会过程》(1918)，实际上就是在阐述个人与社会的关系。“我们发现个人是与人类整体不可分割的，

---

① DEWEY J. The public and its problems[M]. Denver：Alan Swallow，1927：211，213.

② 杜威. 人的问题[M]. 傅统先，邱椿，译. 南京：凤凰出版传媒集团，江苏教育出版社，2006：64-65.

③ 凯瑞. 作为文化的传播——“媒介与社会”论文集[M]. 丁未，译. 北京：华夏出版社，2005：61.

是其中的活生生的一分子。”“个人不能脱离整体，社会整体也在某种程度上依赖每个个人。”[①]他将人类社会作为一个整体，整体中的各个部分都是互相影响的。这些部分无论基于何种形式，或者是处于何种进程，都要互相影响，而非孤立。

库利强调社会的整体性，所以他提出了个人与社会联系的一种基本形式：初级群体。“所谓初级群体，是指成员间有面对面的交往与合作的群体。初级群体具有重要作用，其中最主要的是构成个体的社会性和理想的重大功能。从心理学角度讲，密切联系的结果就是一个共同体中各种个性的整合，因此，一个人的自我在很大程度上是群体的共同生活和目的。”[②]对初级群体的发现，虽然此后一段时间没有被人重视，但是到 20 世纪 40 年代，在拉扎斯菲尔德的相关研究中（反映在拉氏的一系列著作中，如《人民的选择》《选举》《个人影响》），这一概念被重新发现，受众的态度与行为深受初级群体的影响。而对人的看法，库利与杜威一样相信人性是可塑的、可教育的，有理由乐观地展望人类的未来。

四、帕克思想中的群集与公众

帕克出生于 1864 年，与库利同年，卒于 1944 年，是欧洲移民后代。帕克在明尼苏达州的 Red Wing 长大，这个小镇原来是由新英格兰的移民建立的，后来又有不少北欧的移民进入。由于此时美国中部尚处于开发之中，帕克 10 岁才开始读小学，与北欧移民的孩子一同长大。这或许为其后对移民问题的关注提供最初的灵感。

帕克与杜威、米德、库利一样，都出生在安静的小镇，在自由开明的新教环境中长大。除了库利以外，其他三人也都经历了从乡村小镇走到纽约、芝加哥等大城市的转换过程，注定他们要亲身感受城市化的进程。

帕克中学毕业后，进入明尼苏达大学，一年后，也就是 1883 年，转入密歇根大学，在那里他遇到了“一位善于启发人的教师”——约翰·杜威。“年轻

① 库利. 人类本性与社会秩序：第二版[M]. 包凡一，王源，译. 北京：华夏出版社，1999：26.
② 科塞. 社会思想名家[M]. 石人，译. 上海：上海世纪出版集团，上海人民出版社，2007：270-271.

的帕克的世界观必定是在杜威的帮助下形成的：他使帕克接触到进步的社会向善论、民主热情、实用主义哲学——所有这些形成了帕克后来思想的基础。”①毕业后，帕克从事了十多年的报社工作，帕克后来对传播研究的兴趣与他这段做新闻记者的经历有很大关系。随后他为了理解传播到哈佛大学学习哲学，在跟罗伊斯、詹姆斯等优秀哲学家学习的同时，还跟随明斯特伯格学习了心理学。1899年帕克获得硕士学位后决定去德国深造，他在柏林大学深受齐美尔的影响，后去海德堡在文德尔班的指导下完成了博士论文《群众与民众》。

帕克十分注重受众调查，他曾运用托马斯和兹纳涅茨基的《身处欧美的波兰农民》的深入调查结果，研究了公众的实际构成，以便弄清人们怎样使用信息。② 在《移民报刊及其控制》一书中，帕克虽然没有亲自对移民报刊的受众进行调查，但是他非常重视受众这一维度，不仅重视各个报刊的发行量数据，还援引其他对报刊受众所作问卷调查的结果，“据312份问卷显示，只有16人在俄国时经常阅读报刊；另外10人……间或读过报刊；有12人订阅周报。……在美国，他们每个人都订阅俄文报纸。他们中的200人是戏院常客，每个人都去看过电影……”③

而帕克关于受众的思想则主要体现在他的博士论文《群集与公众》对于群集与公众的论述。帕克像一个中转站，上承勒庞、塔尔德等欧洲思想家的思想，同时又被杜威、库利打上了乐观的烙印。这些思想混合后，被布鲁默等新一代代表人物所继承和发展。可见，学术思想并不是完全靠顿悟获得的，而是要受到各种环境的影响，这当然包括学术思潮和学术共同体的影响。

帕克对于群体的分析，一方面受以勒庞为主的早期大众社会理论的影响。正如莫斯科维奇所认为的，“从他在德国递交的，实际上也是探讨群体或者公众的博士论文，到他最近的作品，我们都能很容易地看到勒庞以及他的‘研究群体的划时代著作’的痕迹”④。帕克认为群集具有“或多或少的破坏性与革命性”，认为他们对社会秩序是有危险的。群集很少产生自稳定的与传统观念根深蒂

---

① 科塞.社会思想名家[M].石人，译.上海：上海世纪出版集团，上海人民出版社，2007：333.

② 麦格雷.传播理论史——一种社会学的视角[M].刘芳，译.北京：中国传媒大学出版社，2009：25.

③ 帕克.移民报刊及其控制[M].陈静静，展江，译.北京：中国人民大学出版社，2011：8.

④ 莫斯科维奇.群氓的时代[M].许列民，薛丹云，李继红，译.南京：凤凰出版传媒集团，江苏人民出版社，2006：78.

固的社会。越是老的秩序开始瓦解，群集运动越是容易发生。

另一方面，帕克更倾向于塔尔德的思想，同时他也受到杜威和库利的影响，在群集之外，提出了公众的存在。帕克认为，群集与公众存在某种程度上的相似，群集与公众不同于其他的群体。他们代表了另一类团体，把个人从古老的关系纽带中解脱出来，两个群体都是工业革命后，脱离了传统社会的产物。历史因素在其他团体中扮演着重要角色，而在群集与公众中则完全缺失。因为没有传统作为共同纽带，所以他们都没有把自己视为一个永久的集体。

帕克也提出了群集与公众的不同点：群集建立在情感和移情之上。而进入公众的条件则更加严格。不仅要求感情和移情能力，并且需要思想、推理、争辩和其他能力。另一个群集和公众的不同之处在于：公众表达了批评的观点。这提供了一个群集和公众的本质特点：群集服从集体的影响，顺从没有批评。相反，公众则被理性所指引，因为其由不同意见的个人所组成。这种洞察力是通过批评和“公共舆论”来实现的。① 然而，对于如何实现公共舆论的问题，帕克并不认为现代传媒有着巨大威力，与其说现代新闻业通过报道引导舆论，不如说它仅仅是一种控制“集体注意力”的机制。②这一观点的提出，既说明帕克在媒介与受众的相互作用过程中，并不认为媒介的决定影响力，而把其影响限定在告知上，给了受众足够的主动性；同时又说明帕克在一个世纪前就觉察到媒介的“议程设置”功能。20 年后，在《城市：对于开展城市环境中人类行为研究的几点意见》中，帕克的论述更加直白：“虽然报纸竭力搜集关于个人的消息和人们感兴趣的事实，但就这些事实的制裁力而言，报纸总赶不上村庄里的街谈巷议有力量。”一个重要原因就是“由于地方社区规模很小，居民们互相之间都认识，谁也不能例外，一个人的品格素养都为地方所深知，因此没有什么私人事件可以逃过公众的眼光和品评”。③ 帕克心中的公众、受众并不是群氓式的人物，而是理性的、有思想的、能与他人讨论的，是由这样的个体组成的群体，公众相对于媒介而言是有其主动性的。

①② PARK R E. The crowd and the public[M]//The crowd and the public and other essays. Chicago&London: The University of Chicago Press, 1972: 80-81.

③ 帕克，伯吉斯，麦肯齐. 城市社会学——芝加哥学派城市研究[M]. 宋俊岭，郑也夫，译. 北京：商务印书馆，2012: 40.

更重要的是，帕克对于公共舆论、民意控制等概念的兴趣，影响了杜威等人，或者说帕克与杜威在公众这一问题上是互相影响的。帕克的博士论文写于1904年，而杜威的名著《公众及其问题》则成书于1927年。杜威的民主自由观念首先传给了帕克，而后帕克对公众、公共舆论的关注，也引起了他的老师杜威对这一领域的兴趣。

芝加哥学派早期的代表人物杜威、库利等人并没有做过实证的受众研究（就像他们没有做过实证的社会学研究一样），他们的受众思想蕴含在其对于传播、民主、公众的思考中。这些观点影响了帕克，他非常注重经验研究，参与过很多实证的社会学研究，不过可惜的是，他并没有主持过实证的受众研究，他的受众思想主要体现在对群集、公众等概念的分析与比较之中。表面上看，早期芝加哥学派的受众研究似乎与其注重经验的传统背道而驰，但是这种实证受众研究的缺席只是一个时间或者时机的问题。[①] 作为芝加哥学派第三代旗手的布鲁默发展了前辈学人的观点，提出了与受众十分相似的大众概念，同时他也代替帕克参与了佩恩基金研究，用颇能体现芝加哥学派特点的实证研究方式与方法解读了电影对儿童的影响。[②] 甚至芝加哥学派注重“实用”与“实证”的传统还间接影响了拉扎斯菲尔德，这位效果导向受众研究时期最重要的受众研究者。

另一方面，在进步主义与实用主义的影响下，杜威、库利、帕克等人的受众观念是积极乐观的，另外一位代表人物米德的符号互动学说也将受众置于与传播者平等互动的地位。这种积极观点作为遗产传递给了新一代的受众研究者，对后学同样深有影响。不过，早期的受众思想并非都是乐观主义的，也出现了一些相反的声音，“魔弹论”思潮的流行便是其代表。

① 帕克本有机会参与佩恩基金研究，但是由于中国之行未能如愿。历史不能假设，帕克的到来，对于中国的社会学研究是一大幸事，影响了包括费孝通等一大批中国的社会学家，但是对于受众研究来说，是个损失，失去了更加深入了解帕克受众思想的机会，而这只能通过布鲁默在佩恩基金研究中的相关研究来窥探芝加哥学派的研究路径了。

② 佩恩基金研究将在下一章介绍。

第四节 “魔弹论”思想的出现

德弗勒曾给“魔弹论”做过一个界定，他认为：“魔弹论”声称效力强大的刺激会得到大众个体成员一致的注意力，这些刺激触发了内心欲望、冲动或个人很难自我控制的其他过程。媒介信息就像“子弹”一样，击中每只眼睛和耳朵，对人类的思想和行为产生直接、迅速、一致，因而也是巨大的影响。[①] 也就是说，受众不能抵抗媒介的操纵。在“魔弹论”者看来，受众是没有理性的，这与杜威、帕克的思想相矛盾，他们提出公众的主动性，公众互相之间能够进行讨论，并非没有理性，媒介的影响在于“注意力”而非其他效果。

其实视受众为孤立、被动的观念并没有得到多少实证研究的支持。很多学者都认为“魔弹论”并没有得到过证实，没有科学依据。有学者认为，“魔弹论”这个名称显然并未被早期研究大众传播效果的任何思想家所使用。[②] 还有人认为，“实际上，当时从没有哪一位传播学者将有关大众传播性质和效力的最初那套信念加以系统陈述，但后来在回顾时，有人把它称为‘魔弹论’”[③]。就连施拉姆也写道：“所谓魔弹论(Silver Bullet theory)只是记者的‘发明’(‘发明’的贬义)，而不是学者提出的理论。”并指出：“到20世纪20年代末，许多书籍的研究足以表明，所谓枪弹不可抗拒的看法是没有根据的。”[④]“魔弹论”更多是建立在当时人们对新型的大众媒介的观察与思考上，有点想当然的意味。而精英分子与一些进步人士则怀着改革或者推动社会进步的目的，呼吁关注强大的媒介给弱小受众带来的巨大影响。

不仅如此，当时也没有“魔弹论”这一名词。德波拉·卢布肯认为，首先将皮下注射概念用于描述大众传播效果的是伊莱休·卡茨。在1953年为电视执行委

---

① 德弗勒，鲍尔—洛基奇. 大众传播学诸论[M]. 杜立平，译. 北京：新华出版社，1990：184.
洛厄里，德弗勒. 大众传播效果研究的里程碑[M]. 刘海龙，译. 北京：中国人民大学出版社，2004：13.

② CHAFFEE S H, HOCHHEIMER J L. The beginnings of political communication research in the united states: origins of the “limited effects” model[M]//The media revolution in america and in western Europe. Norwood, New Jersey: Ablex, 1985: 267-296.

③ 德弗勒，鲍尔—洛基奇. 大众传播学诸论[M]. 杜立平，译. 北京：新华出版社，1990：183.

④ 施拉姆，波特. 传播学概论：第二版[M]. 北京：中国人民大学出版社，2010：189.

员会提交的报告中，卡茨写道：“我们或许可以不那么夸张地说，关于宣传运动说服过程的研究‘模式’，就好比一个巨大的皮下注射器，至少在一开始是如此。直到最近人们还认为媒介法力无边，能够抵达并影响每一双眼睛、每一只耳朵。”[①]卡茨是不是第一个“魔弹论”名词的提出者，并不重要，关键是卡茨等人已经为自己提倡的有限效果论的提出，树立了一个对手，这个对手原本并不清晰，仅仅是一种思潮或者普遍的观点。但是在卡茨等人的努力下，这种思想有了自己的特定名称。他们发明的这个词语非常形象，是对当时广泛持有观点的很好描述，因此很快成为那段历史的代名词，这是当时持有这些观点的人所不能想象的。

一、一个被遗忘的电影受众研究

当电影刚刚诞生时，人们对电影影响的看法是不一致的。一方面，“那个时代的作者把镍币影院描述成家庭和社会的中心，全然没有对无家长的儿童观众的担忧。刘易斯·帕尔默(Lewis Palmer)在 1909 年写道：‘某些影院已经成为名副其实的社交中心，在那里每晚都能发现街坊邻里的群体……在那里常来常往利用放映间歇上下走动，访亲问友。’”[②]另一方面，批评家们越来越集中到电影对移民、对劳工阶层、对女性，尤其是对儿童的负面影响上。

如前所述，19 世纪末、20 世纪初正是移民大量涌入美国的年代。移民们经常聚集在居住地附近的镍币影院，大量的外国移民声称他们对电影很感兴趣，使得精英们非常担心受众很容易被错误的电影信息所误导。对于无声电影效果的恐惧来自对电影将观念植入人脑的论述。这些移民劳工聚集在影院，观看以图像为基础的电影，而以群集心理学的观点，电影在唤醒情感与灌输暗示方面很有效果，与勒庞所言的群集颇有共同点。因此精英们从担心煽动者的言论，转到电影对于作为大众的移民劳工阶层可能带来的可怕后果上，并极力为这些观点披上科学外衣。这样的论断不时出现，然而，当时最著名的人物莫过于明斯特伯格。

---

① 高海波.魔弹论：层累地造成的学术史[J].国际新闻界，2010(4)：19.

② 布茨.美国受众成长记[M].王瀚东，译.北京：华夏出版社，2007：139.

作为哈佛大学的心理学教授，德国人于果·明斯特伯格[①]（Hugo Münsterberg）是第一位研究电影和电影观众的学者。在1916年出版的《电影：一次心理学研究》（*The Photoplay: a psychological study*）一书中，他按照认知心理学的范畴，把电影受众的感知过程分为深度感和运动感，注意力、记忆和想象、情感等方面，然而这本著作在受众研究领域却少有被人提及。

明斯特伯格一方面提出了受众在观影时的主动性，“导演只提供思维的活动素材，完成影片的是主体自己”。电影世界里的深度感与运动感，并不存在于实在的事物之中，是我们自己制造了深度和运动的印象。[②] 其他方面与深度感、运动感的结论有殊途同归之感，当我们将注意力集中到某一特征上时，就会把我们所不感兴趣的一切都排除掉，而对我们思想集中的那一点特别关照。[③] 这点可以看作日后提出的选择性注意的一个最初源头。

另一方面，明斯特伯格尽管并不认同群集心理学的传染说，但在论述“记忆与想象”时，他提到了一个群集心理学中的常见词汇“暗示”。他认为记忆与想象都受联想的支配，记忆和想象受我们自己的兴趣、态度以及经历的控制。但是，暗示是强加于我们的，“暗示这种联想不是自己创造的，而是我们必须服从的东西。……特别是在影院中被迷住了的观众必定处于一种极易受暗示影响

---

① 于果·明斯特伯格（1863—1916），德国著名心理学家、美学家，“应用心理学之父”。他出生于德国东部但泽的一个犹太家庭。父亲是商人，母亲是艺术家。明斯特伯格从小受到家庭浓厚的艺术氛围熏陶，对写作、大提琴、考古、希腊语和阿拉伯语都具有浓厚兴趣。在他不满20岁时，父母双亡，他的人生也发生了巨大转变。1883年，他由于被威廉·冯特的讲座所吸引，决定师从冯特，于1885年加入莱比锡实验室，在这里，明斯特伯格受到了正规的实验心理学训练。1887年获得医学博士学位后，由于与冯特在理论观点上存在分歧，他来到弗赖堡大学，先后担任讲师和助理教授，主讲医学和哲学，并建立了德国第二座心理学实验室，进行时间、知觉、注意力、学习记忆等方面的研究。1892年，明斯特伯格应詹姆斯之邀，到哈佛大学担任客座教授，期满后继续回德国任教。两年后，由于一再被邀请，明斯特伯格重返哈佛大学，任心理学教授，并接管了由詹姆斯创设的心理实验室。此后，明斯特伯格逐渐成为美国心理学界备受瞩目的人物。美国加入“一战”前夕，明斯特伯格因平时态度亲德（他一直保持德国国籍并主张美德亲善避免战争），被怀疑为间谍而遭到抨击。1916年在讲堂上，明斯特伯格因心脏病突发去世，逝世时美国心理学界无人对他悼念，不久美国即对德宣战。

1916年发表的《电影：一次心理学研究》是他一生中唯一一部电影理论著作，也是电影理论史上第一部有分量的理论著作。此外他还有两篇与电影有关的文章《为什么我们去看电影》（*Why We Go to the Movies*，1915）和《看电影孩童的危险》（*Peril to Childhood in the Movies*，1916），都是他在生命中最后两年完成的。

② 明斯特伯格. 电影心理学[M]//徐增敏，译. 李恒基，杨运婴. 外国电影理论文选. 修订本. 北京：三联书店，2006：5，12.

LANGDALE A. Hugo münsterberg on film: the photoplay: a psychological study and other writings [M]. New York&London: Routledge, 2002: 78.

③ 明斯特伯格. 电影心理学[M]//徐增敏，译. 李恒基，杨运婴. 外国电影理论文选. 修订本. 北京：三联书店，2006：16.

的状态，他们随时准备接受暗示”。他列举了裸体女郎的暗示性画面如何对受众起作用的例子，一个镜头的突然切换，如何激起受众对下一情景的想象力。①他尤其在《看电影儿童的危险》(*Peril to Children in the Movies*)一文中，论述了部分劣质影片的暗示作用对儿童造成的负面影响。

与华生强调的“后天论”不同，明斯特伯格始终坚持“先天”的基因影响，他很看重社会类别，比如种族、阶级、性别(或者这也反映在“一战”期间，他因对祖国德国的过于亲近而遭到抨击)。虽然没有明确指出，他也流露出以下观点：单纯的阶级更加容易受到暗示。

就当时来看，明斯特伯格的第一种看法并没有引人注意，关于受众主动性的论述直到几十年以后才被人从故纸堆里再次发现，而第二种观点却在当时大有市场。他反复强调电影的强大威力，对受众有较大影响，比如犯罪的画面能够使受众产生灾难后果的意识。这种论调也在日后成为媒介效果“皮下注射”论，也就是“魔弹论”的最初表达。②

尽管没有证据表明帕克受到明斯特伯格上述观点的影响，但是电影对受众具有强大威力的理念，却被其他进步主义者所接受。20 世纪初，许多有影响力的进步主义者继续讨伐电影对受众带来的危害，尤其是在 20 世纪 10 年代以后，随着移民潮渐渐退去，人们对儿童和青少年的担心占据了主要位置。儿童和青少年被认为更加敏感，更加容易被电影所影响。即使像简·亚当斯(Jane Addams)③这样的进步主义者也担心电影会植入坏观念，认为年轻的工人阶级

① 明斯特伯格. 电影心理学[M]//徐增敏，译. 李恒基，杨运婴. 外国电影理论文选. 修订本. 北京：三联书店，2006：21.

Langdale，a. Hugo Münsterberg on film：the Photoplay：a Psychological study and other writings. New York&London：Routledge，2002：97-98.

金虎. 试论雨果·明斯特伯格的电影理论[M]. 电影文学，2011(15)：6.

② 布茨. 美国受众成长记[M]. 王瀚东，译. 北京：华夏出版社，2007：144.

③ 劳拉·简·亚当斯(Laura Jane Addams，1860 年 9 月 6 日—1935 年 5 月 21 日)，出生于伊利诺伊州的席达威尔市，曾在美国和欧洲等地接受教育，毕业于伊利诺伊州洛克福市洛克福女子学校(今洛克福大学)。美国芝加哥赫尔宫协会的创始人。她因争取妇女、黑人移居的权利而获 1931 年诺贝尔和平奖，也是美国第一位获得诺贝尔和平奖的女性。1889 年，她在芝加哥一个工人贫民区建造了一所大住宅，并命名为赫尔宫，据此开展各种社会福利工作。后来这个机构叫作赫尔宫(又称赫尔馆)协会。亚当斯是芝加哥社会学派初期成员的朋友和同事，她在社会学应用中的工作影响到了他们的思想，并且在 1893 年，他们共同出版了 *Hull-House Maps and Papers*，用来描述其趣味和方法论。赫尔宫也可以说是女性的社会学派学院。亚当斯还曾与劳联组织、其他社会改良团结一起，制定美国第一个少年法庭法、妇女八小时工作日制等。1910 年她成为美国全国社会工作会的第一位妇女主席。从 1919 年至 1935 年，她一直担任妇女国际和平与自由联盟主席。她的主要著作有：《民主和社会伦理学》《和平的新理想》《赫尔宫二十年》和《赫尔宫第二个二十年》等。

被强大的镍币影院所影响。她尤其关注影院里那些无人看管的儿童。1909 年，她在《青年精神》等杂志上发表了一系列文章，表明对沉溺于电影的儿童的担忧。[①] 随着电影的影响越来越大，这种担忧成为很多上层社会人士和进步主义者的一种共识，它既可以作为“魔弹论”思想出现的一个诱因，其本身也可看作“魔弹论”思想在“一战”前的一个重要表现。

二、“魔弹论”思想出现的原因

除了人们对于电影影响儿童的担心外，德弗勒认为，之所以大众传媒具有巨大的影响力，受众在其面前毫无抵抗力，主要原因是“一战”战时宣传的巨大威力、“大众”的形成与本能心理学的影响。[②] 但是，除了第一个原因之外，后两个原因都值得商榷。

(一)群集心理学与行为主义

“魔弹论”作为一种观点与思潮，对它的存在时间的表述却莫衷一是，大部分人认为它流行于从第一次世界大战后到 20 世纪 40 年代初的几十年间。而“大众”概念第一次清晰明确地被布鲁默阐述，则是在 1939 年的《初级集体行为》一文中，因此“魔弹论”思想出现的依据不可能是布鲁默对大众的概述。“魔弹论”思想的出现应该是对当时社会上出现的“大众”现象的一种直观感受，而并不是依据这一现象进行的严密的学理总结。相比之下，群集心理学的论述在 20 世纪初更为流行，并且从“魔弹论”的本意来说，媒介能够影响每一个受众，他们有着一样的反应，这样的描述更像勒庞描述的“群集”，而非布鲁默笔下的“大众”。从另外一层意思讲，既然“大众”是原子状、分散的，就带有多元的含义，对于媒介的反应应该是不同的，而非一致接受(20 世纪 50 年代，孔豪瑟正是以此提出了大众社会的多元化)。

其次，本能论尽管曾经风行一时，但是到 20 世纪 20 年代以后，“麦独孤连同整个本能论都开始遭到社会心理学的抛弃”[③]。并且麦独孤所言的本能 S—

---

① 布茨. 美国受众成长记[M]. 王瀚东，译. 北京：华夏出版社，2007：143.

② 德弗勒，鲍尔-洛基奇. 大众传播学诸论[M]. 杜立平，译. 北京：新华出版社，1990：163-185.

③ 周晓虹. 现代社会心理学史[M]. 北京：中国人民大学出版社，1993：88.

R，指的是“本能是一种遗传的或先天的心理倾向，它决定着有此倾向者感知和注意某一种类的客体，在感知时体验着某种特殊情绪的激动，并对它作出某种特殊样式的动作或至少体验着这种动作的冲动”[①]。“魔弹论”所说的是受众受到媒介影响，并非是这种生理上的反应，而是态度和行动上的变化。

因此，笔者更同意巴兰与戴维斯的看法，“20 世纪 20 年代，弗洛伊德学说[②]和行为主义理论被结合起来，形成一种过于简单化的宣传理论。这种理论把媒介对人的刺激看作是魔弹渗入受众的大脑，并迅速使受众将特定的概念与强烈的情感之间建立起联系的过程”[③]。即“魔弹论”思想的出现与勒庞、弗洛伊德等人的群集心理学以及行为主义的流行有很大关系。

（二）对幻影般公众的担忧

李普曼是美国 20 世纪最著名的新闻评论家和作家，但是正如斯蒂尔所说，还有另外一个作为公共哲学家的李普曼，“在他的‘沉默的深渊’中思考，为‘更为久远的过去和更为遥远的未来’冥思苦想”[④]。李普曼从小家境殷实，在哈佛求学期间，他修过很多名师的课程，这里面包括前面提到的明斯特伯格，甚至和詹姆斯成为忘年交。詹姆斯的实用主义、多元主义与乐观主义对年轻时的李普曼有很大影响。他在一次火灾的自愿救助活动中，看到了贫民窟难民的真实生活，年轻的李普曼甚至一度倾向社会主义，尽管他不同意马克思的阶级斗争理论。然而，李普曼并不赞成自下而上的革命，他对无产阶级的积极性并不看好，而是希望自上而下的革命来改变当时糟糕的社会管理。在经历了一次短暂的与政治有关的工作后，22 岁的李普曼就开始思考“公众偏见”的问题。因此他更接近于当时的进步党人而非社会党人，尤其不认同社会党对群众的吹捧与对领导的亵渎。不久后，他成为《新共和》杂志的一分子，从“一个不坚定的社会主义者变成了左翼进步党人”。[⑤]

这时的李普曼同样受杜威的影响，然而几年之后，他便与杜威在对待公众

① 周晓虹．现代社会心理学史[M]．北京：中国人民大学出版社，1993：85.

② 弗洛伊德强调人的非理性，他的观点被莫斯科维奇等人看作是群集心理学的重要部分。

③ 巴兰，戴维斯．大众传播理论：基础、争鸣与未来：第三版[M]．曹书乐，译．北京：清华大学出版社，2004：79.

④ 斯蒂尔．李普曼传[M]．于滨，陈小平，谈锋，译．北京：中信出版社，2008：XV.

⑤ 斯蒂尔．李普曼传[M]．于滨，陈小平，谈锋，译．北京：中信出版社，2008：60.

问题上产生了分歧。一个重要的转折点在于，李普曼在“一战”期间，开始为美国政府和陆军部工作，尤其是在“一战”即将结束的时候，他去欧洲前线参加陆军情报机构的宣传工作。他直接参与了战时宣传工作，也看到了当时主导美国战时宣传主要工作的克里尔委员会的一些龌龊做法。美国政府借助克里尔委员会等机构控制媒体，大力宣传其主张与意图，这让李普曼认识到，公众舆论并不能真正反映民意，舆论很多时候是被制造出来的。

这一经历为李普曼在几年后写出关于舆论、公众、民主的两部著作提供了丰富的材料与思想来源。战时的宣传工作和生活使他意识到“舆论可以轻而易举地为人所左右，而且，报界歪曲报道新闻是家常便饭”①。他在《公众舆论》一书的开篇就应用了柏拉图的洞穴之喻来进行类比，大部分人是通过刻板印象与拟态环境来感知社会而不是通过现实接触来感知世界的。一方面，“我们并不注意我们的研究不习惯注意的事物。……我们的准则在很大程度上决定着我们应当了解什么以及如何了解”②。另一方面，公众一般缺少把握众多表象信息的能力，他必须得到一种“暗示”、帮助他理解相关事实的价值判断，而这种暗示常常是报纸“社论”给予的(尽管新闻媒体很可能没有这方面的能力和义务)。正因如此，公众有仅仅将事实概括为“是”或者“不是”的心理趋向，一些社会组织、领袖才得以利用这个来制造“公众舆论”，并利用众人之“公意”。

不久后，李普曼在《幻影公众》一书中发展了《公众舆论》的一些观点。他认为，西方民主理论塑造的理性的公众只不过是一个幻影。“当他保持冷静清醒，便看出了自己在公共事务中扮演的角色是如此虚妄，至少是无足轻重的。你不能再用为社会服务、尽公民义务来说服他，也不能在他面前挥舞一面旗帜，更不能派一个男孩跟着他，监督他去投票。……他被戏弄了太多次，面对着身边光怪陆离的事情、耳边恶意的嘲讽，眼睁睁地看着它们泡沫翻腾、香气散逸……”③美国式的选举也并不能表达大众对公共事务的看法，仅仅是“从两个或者三个、四个选项中，勾出一个名字”。他认为公众“被赋予了不可能完成的使命”，他“没有时间去探究到底在发生什么，没有时间为自治社会面临的每一个问题给出有价值的答案”。公众之所以如此“无能”，正是亚里士多德在《政治学》中提

① 斯蒂尔. 李普曼传[M]. 于滨，陈小平，谈锋，译. 北京：中信出版社，2008：152.

② 李普曼. 公众舆论[M]. 阎克文，江红，译. 上海：上海人民出版社，2006：90-91.

③ 李普曼. 幻影公众[M]. 林牧茵，译. 上海：复旦大学出版社，2013：5.

出的问题“环境如此复杂，而人的政治判断力却十分有限”[①]。

大众的意见往往被认为是多数人意见而具有合法性和合理性，但是李普曼则认为多数原则“不过是君权神授的一种新面目”。他将基于多数原则的选举比作内战，是“没有流血的书面动员”。他主张精英治国，区分了局内人和局外人（即代理者、旁观者）的根本差别，并且认为“局内人能够做决定，并不是因为他更有天赋，而是因为他被置于能够清楚地了解事件并采取行动的位置上。局外人总是无知的、不相干的、爱管闲事的，他们企图在陆地上驾船航行”[②]。

他的观念遭到了很多人的反对，杜威首当其冲。李普曼与杜威的出发点有着某种相似性，他们都支持进步党和进步主义，并且李普曼运用的很多理论基础也更倾向于詹姆斯和杜威的观点。杜威也注意到了公众的一些缺点，他认为“机器时代大大扩展、增加、强化和恶化了间接结果的范围，形成了如此庞大稳固的行动联合体”，而这个联合体并不是在社会基础上形成的，是一种非人际的联合体，“结果是公众不能识别和区分自身”[③]。但是他们却得出不同的结论。李普曼以及民主现实主义者认为，“与其把民主看作是由积极的公众所组成的共和国，不如将民主视为由负责的精英所构成的体制……”[④]作为对于李普曼等民主现实主义者对其民主理想和公众观点挑战的回应，1927年，杜威出版了《公众及其问题》一书。杜威并不认为公众会一直停留在原子状的结构，尽管他也担忧机械时代公众的联系会有所倒退，但是他依然坚持从社会有机体视角来看待公众。公众并非李普曼所认为的是毫无主动性与自我观点的个体，只有公众才最了解自身的需求和利益，多数人有“判断由他人提供的涉及公共事务的知识的意义”的能力。[⑤] 同时也有人提出，李普曼并没有回答如何制约专家或者局内人，如何保证他们不为自己或者自身阶层谋私利，抑或者如何保证他们能够了解广阔的外部世界。

李普曼的幻影公众的观念将受众放在了一个被动的位置，其非理性的形象备受精英控制下的媒介的操纵，而毫无还手之力。他的公众观与受众观促进了“魔弹论”思想的扩散与流行，幻影般的公众在魔弹一样的媒介面前会中弹即

---

① 李普曼.幻影公众[M].林牧茵，译.上海：复旦大学出版社，2013：9，36，52.

② 李普曼.幻影公众[M].林牧茵，译.上海：复旦大学出版社，2013：108.

③ DEWEY J. The public and its problems[M]. Denver：Alan Swallow，1927：126.

④ 威斯布鲁克.杜威与美国民主[M].王红欣，译.北京：北京大学出版社，2010：303.

⑤ DEWEY J. The public and its problems[M]. Denver：Alan Swallow，1927：209.

倒。这种悲观主义论调或许也是李普曼自己理想幻灭的写照，在放弃社会主义之后，旧的进步运动此时也已经烟消云散。当然曾经是社会主义者的李普曼，并没有完全抛弃从詹姆斯、杜威那里学到的乐观主义与理想主义，在《公众舆论》的最后，他还是流露出对公众的一丝希望："但是你不能对人类已经表现出的品德所带来的前景感到绝望。如果你在以往10年的全部罪恶中看不到男男女女众所周知、你也希望多多益善的那些时刻，那么上帝本人也无力帮你了。"[①] 然而，"魔弹论"影响下的受众观念却连李普曼最后残存的一点乐观主义与进步主义理想也荡然无存了。

三、"魔弹论"影响下的受众观念

(一)对宣传的恐慌

"宣传"这一概念最初是一个中性的词，指"散布或传播一个思想"，来自拉丁词"to sow"。"一战"后，宣传开始变成一个否定词汇，被赋予了不诚实的、操纵性的、洗脑的含义。[②] 由于第一次世界大战中宣传战的巨大威力，当时人们对于宣传的作用是毋庸置疑的，认为在宣传的攻势下，任何人都会受到影响。

战后，克里尔委员会的组织者克里尔撰写了有关委员会成就的著作《我们如何大肆宣传美国——第一次讲述公共信息委员会的惊人故事，它将美国方式的福音带到全球每个角落》。特别是克里尔将宣传比作子弹的手法，对以后"魔弹论"这一名字的提出颇有借鉴意义，"泥浆喷射机落下的'纸弹'，飞机携带着的传单，轰击着德军的前沿阵地……"他认为各类宣传机构在美国投放的传单，"每一张都是印刷而成的子弹"。[③] 克里尔的这些观点与著作未免有点言过其实(1920)，不过正是这种略带夸张的口吻，让美国人相信了宣传的强大力量与受众的毫无反抗之力，认为宣传如果不受阻止的话，便是一种潜移默化的力量，成

---

① 李普曼. 公众舆论[M]. 阎克文，江红，译. 上海：上海人民出版社，2006：296.

② 转引自：罗杰斯. 传播学史——一种传记式的方法[M]. 殷晓蓉，译. 上海：上海译文出版社，2005：184.

③ CREEL G. How we advertised America: the first telling of the amazing story of the committee on public information that carried the Gospel of americanism to every corner of the globe[M]. New York: Harper&Brothers, 1920: 11, 114. 转引自：高海波. 魔弹论：层累地造成的学术史[J]. 国际新闻界，2010(4)：18.

为危害美国民主的动因。

这种担心还表现在当时对宣传的分析主题中。20世纪20—30年代的典型宣传分析聚焦于对宣传内容的分析，集中在“对社会机构操控传播的强调与担忧”这一主题。[①] 宣传分析者的侧重点在于对诸如政府、媒介等机构利用其优势操纵“民意”、传播自身意识形态的鞭挞，而他们的进步主义观点和乐观主义精神与“魔弹论”的假设则方枘圆凿，他们相信公众是具有理性的载体。

不过，另外一些批评者则提醒人们要对宣传和媒介的强大作用，尤其是受众的渺小加以重视。他们开始从勒庞、弗洛伊德以及其他群集心理学家那里找来各种依据，认为大众是无根的、非理性的。不仅这些批评者，甚至作为宣传分析者“代表”、把受众列为“5W”之一的拉斯韦尔，也隐隐流露出这样的受众观念。他对弗洛伊德理论有着浓厚的兴趣[②]，而弗洛伊德在描述群体时，则使用了勒庞的《乌合之众》所提供的“调色板和颜料”。[③]

（二）公关与广告领域的受众观念

更多机会主义者，比如公共关系先驱艾维李、伯内斯等人，则看到了媒介作为操纵人们的手段在谋利方面的用途。艾维李认为“宣传是一种大众心理学”。伯内斯反对宣传与广告的差别，认为宣传被中伤是不公平的。宣传、公关、广告还有电影娱乐，不过都是通过媒介来影响大众。伯内斯的著作《宣传》（*Propaganda*），提到了宣传的社会价值是“有意识的、睿智的，对大众的习惯与观点进行操纵，是民主社会的重要因素”。[④] 伯内斯曾经服务于克里尔委员会，他的受众观与克里尔一致，尽管是在追求民主的外衣下，但他还是暴露了他对受众非理性、易受媒介影响这一观点的认同。

不仅公共关系，第一批专业的广告人也已经在“一战”时期为美国政府服务了。“一战”期间，“广告第一次被作为指导社会行动的工具。广告公司的工作中心纷纷从推销消费品转向唤起民众的爱国情感、销售国家债券、鼓励节约以及其他的与战争有关的活动。很快政府便设立一个隶属于公共信息委员会的

---

① 周葆华.大众传播效果研究的历史考察[D].复旦大学，2005：33.

② 罗杰斯.传播学史——一种传记式的方法[M].殷晓蓉，译.上海：上海译文出版社，2005：182.

③ 莫斯科维奇.群氓的时代[M].许列民，薛丹云，李继红，译.南京：凤凰出版传媒集团，江苏人民出版社，2006：318.

④ BERNAYS E L. Propaganda[M]. New York：Horace Liveright，1928：9.

广告部门，来统一领导广告公司的宣传活动”[1]。战后，广告作为一种有力的传播形式已经深入人心，广告商们为美国各种消费品厂商提供服务，他们对受众的看法与伯内斯十分相同，广告业此时就是要说服大众受众。

无论广告、公关还是政府宣传，人们都认为要依赖受众的易受暗示性。历史学家罗兰·马奇(Roland Marchand)写道：自从斯科特(Walter Dill Scott)1903年的《广告心理学》之后，学术心理学家们都以作为广告中心的情感为侧重点。新形式的广告就是要以暗示、想象、感性为重点，而不是说理。暗示，在群集心理学意义上，变成了广告人的系统实践。[2]

就像伯内斯所说的，民主需要对大众进行暗示与操纵。如果生活在一个运行良好的社会里，大部分人是需要合作的，民主社会是要有组织的。事实上，人们不可能对政治、经济、伦理等等每一个问题都进行缜密研究，如果那样的话，将得不到任何结论，因此就需要借助媒介和精英的力量。[3]

像勒庞一样，公关与广告的先驱们都认为精英对暗示具有免疫能力。伯内斯认为大众的特点是冲动、感性，按照习惯行动，缺少理性，他们有一种群集本能，倾向跟随领导。20世纪20年代新生的广告业的领军人物也将大众受众与精英区别开来，认为他们不同于受过高等教育，文化的、理性的、富有的、居于前面5%的那类人。广告精英们总是将大众看作同质化的群体，把他们归为同时期的电影受众、群集、次级群体，而把精英从中分出来。广告人认为“大众”占据了人口的绝大多数，他们对情感吸引的反馈更多，因为他们缺乏理智。

在广告与公关行业中，大部分成功的先驱，比如伯内斯，像李普曼一样，相信精英能够管理大众，所谓“精英治国”。当宣传像对大众一样涉及他自己时，伯内斯则认为他是精英中的一员。他认为广告和宣传对民主是必需的，它们能够为大众的选择提供信息渠道，能够为大众缩小选择范围，如果不这样做就会令大众无所适从，进而引起混乱。

---

① 杨海军. 中外广告史[M]. 武汉：武汉大学出版社，2006：338.

② BUTSCH R. The citizen audience: crowd, publics, and individuals[M]. New York&London: Routledge Taylor&Francis Group, 2008: 55.

③ BERNAYS E L. Propaganda[M]. New York: Horace Liveright, 1928: 9.

小　结

“20 世纪上半叶的传媒研究一直是直接效果(即传媒操纵个体)的说法占主导,导致个人心理和社会关系的动力被漫画式处理,但实际上 20 世纪初的理论资源是相当丰富的,原本可以成就更为细致的传媒和公众分析。”[①]本章就是试图展示这段丰富的受众思想画卷。

在实用主义与进步主义的牵引下,芝加哥学派代表人物相信公众与受众的力量,更看重受众的“能动性”。而此时由于“一战”的影响、大量移民的涌入、以电影为代表的大众媒介的繁荣,以及群集心理学与行为主义学说的兴起、李普曼等人对于幻影般公众的担忧,人们认为媒介能够轻而易举地俘获受众,操作受众态度和行为的“魔弹论”思想也开始出现,并在很长一段时间内占据重要位置。

当时欧洲的一些思想家对于美国早期受众思想的走向同样影响深刻。洛克的自由主义与塔尔德对于公众、受众的乐观主义倾向,深深地影响了芝加哥学派,而早期贵族主义大众社会理论不经意间为持受众易被操纵观念的人提供了依据。

然而,到底媒介与受众的关系为何?受众是自由的主人,还是媒介或者大众传播者的奴隶?人们应该秉承芝加哥学派流露出的更加乐观的受众思想,还是坚信“魔弹论”者所认为的受众在接触媒介后会“中弹即倒”?研究者们开始求助于科学的研究方法。于是在受众研究领域,学者们对于受众的哲学思考或者主观臆断开始转向经验主义分析,尤其求助于看似科学的量化方法,这也拉开了效果导向的序幕。

---

① 麦格雷.传播理论史——一种社会学的视角[M].刘芳,译.北京:中国传媒大学出版社,2009:13.

第三章

效果导向凸显：聚焦态度与行为

从20世纪30年代开始，在政治家与企业家的共同期待下，受众研究的研究重心转到“效果”，尤其集中在测量受众态度与行为的短期效果方面。坎特里尔(Hadley Cantril)、盖洛普(George H. Gallup)、拉扎斯菲尔德、斯坦顿(Frank Stanton)、霍夫兰等传播学经典教材中一个个耳熟能详的名字，都在这一时期将研究重点转向传播对于受众的影响。与此同时，统计学有了新的发展。在逻辑实证主义的影响下，美国的社会科学日益倾向于经验主义分析，美国受众研究侧重定量方法的传统开始形成。

第一节　效果导向受众研究的生成语境

从20世纪30年代开始，人们对于希特勒宣传的恐惧与对美国所谓“民主”的忧虑日益加深，因此美国各方，尤其是知识分子阶层对传播效果愈加关注；同时随着市场研究日益受到重视，新的广播媒介出现并逐渐普及，广告主与媒介为了自身利益，开始通过各种方法了解受众与媒介效果。于是在各种条件的共同作用下，美国受众研究开始向效果转向。20世纪40年代末到50年代，由于战后美国的繁荣以及冷战的开始，效果导向受众研究的主导地位并未动摇。

另一方面，逻辑实证主义、结构功能主义成为这一时期美国哲学和社会学的主流学说；布鲁默对“大众”概念的阐释与分析，曼海姆等人在批判法西斯极权主义的基础上所阐述的自身的大众观念，呈现了不同于早期贵族立场的大众社会理论；加之心理学的新发展与推断统计学的诞生，这些学术语境的变化都从不同方面促进了效果导向受众研究的发展。

一、效果导向受众研究诞生及发展的社会历史背景

(一)“二战”的爆发与民主的危机

20世纪30年代的美国，外部情况是德国法西斯上台，“二战”爆发，内部则遭遇了1929－1933年那场充满巨大破坏力的经济危机，随后由于孤立主义盛行，在参战这一问题上，国家几乎分裂为两派。这一系列的事件接踵而来，对美国和世界的历史走向产生了如何形容都不过分的影响。同样美国受众研究和传播研究也是在这些事件的综合作用下不断发展演变，逐渐将效果问题作为传播研究与受众研究的重要面向。

1. 知识分子对传播与效果的日趋关注以及基金会赞助下“无形传播学院”的形成

为防范法西斯的宣传，以及战时对国民进行动员的需要，美国各方，尤其是知识分子阶层开始对传播效果日趋关注。

德国法西斯的宣传，对其夺取政权与动员民众起着重要作用。尽管就宣传对前者的作用，有研究者持不同意见，但是对后者(即在夺取政权后对民众的宣传动员)的效果则是明显的。不仅外部情况如此，美国在1929－1933年间爆发了史上最严重的经济危机，自由主义经济体制备受挑战。在内外部各种因素的牵引下，美国本土也出现了法西斯势力的抬头(比如库格林神父)。更令美国一些有识之士担忧的则是“面临政府为对抗法西斯决策过程中对民主可能的威胁”。[①] 在参战以后，为了消除此前孤立主义的影响，同时对国民进行战争动员，这些都需要提高传播效果。因此，政府与民众的沟通问题、政府如何利用大众媒介来影响民众等问题显得尤为重要。

当世界性的危机到来之时，鉴于对法西斯、战争以及美国民主等问题的关

① 周葆华. 大众传播效果研究的历史考察[D]. 上海：复旦大学，2005：38-39.
BRYSON L, FREE L A, GORER G, LASSWELL H D, LAZARSFELD P F, LYND R S, MARSHALL J, SIEPMANN C A, SLESINGER D, WAPLES D. Needed research in communication, 1940 [M]//Mass communication and American social thought: key texts, 1919－1968. Lanham, Boulder, New York, Toronto & Oxford: Rowman & Littlefield Publishers, 2004: 136-138.

心，一些基金会资助与组织了有关传播问题的研究与探讨，当时对传播问题颇有兴趣的学者们不约而同地加入其中，洛克菲勒基金会大众传播研讨班就是在这样的背景下成立的。该研讨班从1939年9月到1940年6月，每月聚集一次，形成了“无形的传播学院”。成员可谓众星云集，拉斯韦尔、拉扎斯菲尔德、林德、坎特里尔等都在其中。针对联邦在呼之欲来的战争状态下如何使用大众传播的问题，研讨班拟定了一个颇有说服力的计划。他们最后形成了一个备忘录。备忘录指出，在当时的环境下，美国人要适应变化中的世界，需要在公众一致赞同的情况下才能完成这一计划。为了确保这种一致，就要了解公众意识是如何被影响的这一问题，也就是效果问题。备忘录在“大众传播研究”这一部分提出，测量“传播效果”是这个新生领域的中心问题。“简而言之，这项工作就是了解大众传播对我们的社会做了什么……它们做了什么的问题就变成了一个大众传播作为整体，或任何单一的传播，具有什么效果（what effect）的问题。……简言之，大众传播的工作就是决定谁（who），怀着什么目的（with what intentions），说了什么（said what），对谁说（to whom），以及有什么效果（with what effects）”①。研讨班的重要成员拉斯韦尔在1948年的《传播在社会中的结构与功能》一文中，将这四个重要问题（效果、对谁说、说了什么、谁说及其意图）扩展为五个［谁（who）、说什么（says what）、通过什么渠道（in which channel）、对谁（to whom）、取得什么效果（with what effects）］。随后“五W”模式成为传播学的经典模式。

备忘录将传播限于上述四个问题，一方面为传播研究的发展奠定了基础，指明了发展方向，同时将受众研究作为传播研究的一个重要方面，受众成为研究传播问题一个绕不过去的领域；另一方面，这四个方向归根结底是要了解传播的效果，效果导向成为美国传播研究各个领域的主要问题与研究范围，实际上就是把受众研究等其他传播研究领域也限制在了效果方面。为了所谓“民主”精神和国家利益，当时的受众研究的重点主要集中在受众的态度和行为方面，也就是了解传播的效果。

在这一背景下，社会科学家们的批判能力似乎显得不合时宜，他们中的大部分人都抱着与政府合作共渡难关的心态。战后，这种以国家利益为宗旨的思

① GARY B. The nervous liberals: propaganda anxieties from World War Ⅰ to the cold war[M]. New York: Columbia University Press, 1999: 100.

想替换了早先的进步主义被保留下来。杜威和芝加哥学派的影响一时黯然失色，冷战的到来，麦肯锡主义的流行，加剧了这一形势，批判思维变得曲高和寡。

战争环境加剧了研究者们对于效果的关注，而对于“为什么”这一问题的省略，尽管在当时的语境下，战争日益逼近，民主面临危机，美国国内还在为参战与否乱作一团之时，尚可理解；而在战后，对这一问题的忽视，实际上将传播脱离于更广的社会文化环境，缺失了对“权力”这一重要概念的探讨。

2.“二战”促使美国政府打破惯例，将众多学者（包括大量传播研究者）聚集起来进行战时研究

战前，罗斯福政府就开始不断加强备战活动，“珍珠港事件”后，美国实行全民动员，这不仅表现在军备运动方面，也表现在科学研究的动员上。正如林克和卡顿所说：第二次世界大战“不独是在战场上打赢的，而且也是在实验室和试验场打赢的”[①]。当然，这些科学研究不仅仅有自然科学、技术方面的，也包括社会学、心理学以及传播研究等社会科学方面的。只有在战争环境下，才能打破体制的阻隔，把社会科学家们聚集在一起。由洛克菲勒基金会大众传播研讨班的传播学者组成的“无形的传播学院”在战时全部转向了华盛顿，在“二战”中发挥了重要作用。[②] 拉斯韦尔在“二战”爆发后就开始担任美国国会图书馆的战时传播研究实验部主任，此外，他在战争期间是美国许多重要机构的核心顾问，比如战况与数据统计办公室（Office of Facts and Figures），也就是后来的战时新闻处（Office of War Information，OWI）、美国司法部、战略情报局（Office of Strategic Services，OSS，中央情报局的前身）、联邦通信委员会对外新闻处、美国陆军心理战分部，以及美国国务院；拉扎斯菲尔德在此期间担任了美国陆军部的顾问；霍夫兰被任命为美国陆军部信息与教育局研究处的首席心理学家、实验研究主任；施拉姆担任了战时新闻处的教育主任；坎特里尔也成为诸如战时新闻处这样部门的高级专家。这些学者在捍卫“民主”与国家利益的口号下为美国政府和军方服务，他们将在研讨班备忘录中达成的将效果作为传播问题中心的共识带入了战时研究，一定程度上促成了效果导向受众研究在战时得到飞速发展。同时，美国政府和军方也为他们提供了绝好的研究与实验条件，比

---

① 林克，卡顿. 1900年以来的美国史（中）[M]. 刘绪贻，译. 北京：中国社会科学出版社，1983：191.

② 罗杰斯. 传播学史——一种传记式的方法[M]. 殷晓蓉，译. 上海：上海译文出版社，2005：191-192，194.

如霍夫兰的态度研究，只有通过与军方合作，才能够获得理想的研究实验对象。①

3.“二战”客观上促成大批欧洲学者流亡美国

“二战”的爆发，希特勒对犹太人实行了种族灭绝政策，德国占领的欧洲地区内，共有犹太人1100万，被杀害的人数达571万（这是纽伦堡起诉书上的数字和世界犹太人大会的估计数字）。② 包括拉扎斯菲尔德、法兰克福学派在内的大批欧洲犹太学者流亡到美国，这里充满了犹太学者的种种辛酸血泪，但确实在客观上丰富了美国的学术研究，尤其是为传播学和受众研究的发展带来了智力储备。他们中的很多人，都成为受众研究与传播研究历史上的关键人物。

（二）战后的繁荣与冷战的对立

“二战”后初期，一方面，德、意、日法西斯主义崩溃，英、法等资本主义国家严重衰弱，美国成为资本主义世界头号强国，建立起以其为首的资本主义世界体系。另一方面，罗斯福新政给美国带来了巨大发展，美国的经济、军事实力得到巨大提升。以经济方面为例，美国当时占有资本主义世界工业生产量的2/3，外贸出口额的1/3。③

尽管此后美国也面临部队复员、军事订单大批减少等诸多问题，特别是20世纪50年代初朝鲜战争带来的各种危机，但到艾森豪威尔时期，美国社会又进入了一个相对稳定的时期。美国经济在20世纪50年代虽然不是一帆风顺的，但是基本上保持持续增长，国民生产总值从1950年的3181亿美元，上升到1960年的4392亿美元④，并赢得了“丰裕社会”的美称。因此在这一阶段，美国整体上处于平稳与均衡的态势，反映在社会学上是帕森斯结构功能主义主导地位的确立。在受众研究领域，“二战”期间确立的注重短期态度与行为研究的效果导向研究并未突破，无论在学术界还是在市场调查领域都占据主要位置。

1947年，杜鲁门主义的提出，标志着美苏在“二战”时期的联盟公开破裂，美

① 罗杰斯. 传播学史——一种传记式的方法[M]. 殷晓蓉，译. 上海：上海译文出版社，2005：12-14，197，319.
毕研韬，马康明. 传播学先驱们的军情背景[J]. 科技智囊，2011(8)：64-65.

② 胡其鼎. 希特勒：冷血的纳粹狂魔[M]. 台北：百观出版社，1994：255.

③ 刘绪贻，杨生茂. 美国通史（第六卷）：战后美国史1945－2000[M]. 北京：人民出版社，2008：12.

④ 刘绪贻，杨生茂. 美国通史（第六卷）：战后美国史1945－2000[M]. 北京：人民出版社，2008：135.

国公开宣布将“冷战”作为其国策，预示着长达将近半个世纪的冷战拉开序幕。冷战背景下，美国掀起反共反民主的高潮，麦卡锡主义正是在此种政治气候下兴起的。20 世纪 50 年代初，美国这种与共产党与共产主义的对立达到顶峰，对之讨伐达到一种近似恐怖的氛围，一些民主人士因此丢掉工作，图书馆中一些与美国主流价值观相左的图书被迫下架。当然，这种反共主义有时候也成为一些个人和团体从事与保卫美国安全毫无关系之事的借口，比如发展自身利益。“白人至上主义利用反共主义来反对黑人争取民权，商业界用此来反对工会，传统的性道德和性别等级的卫道士们用此来反对女权主义和同性恋，两者都被指责为对美国的战斗精神造成了腐蚀和破坏。”①（根据艾森豪威尔的“安全计划”，同性恋者不能担任联邦政府雇员）在这样的背景下，一方面受众不可能得到真正的解放，另一方面学术研究也受到严重影响。右翼极端分子将社会科学与社会主义混为一谈，“行为科学”作为无争议的光环成为挡箭牌。② 对 20 世纪 50 年代美国受众研究的批判并不多见，当然这不是说所有社会科学家的批判精神消失殆尽，他们中很多人的研究也能找到批判的影响，只不过芝加哥学派那种对社会问题的充分揭露难觅踪迹了，而这种批判能力的丧失则影响了美国受众研究以后的走向，受众研究在理论与方法方面基本上还延续的是 20 世纪 40 年代战时协助政府进行传播研究的效果导向路径。

20 世纪 50 年代美国的平稳和反共与冷战政策多少有些关系，因为可以辩论的范围空间变小了，不过美国的各种矛盾与危机只是被暂时压抑，这种平静下暗涌着变革。到 60 年代，被压制住的各种矛盾一并释放出来，大规模的群众运动兴起，受众获得了更大范围的解放，于是受众研究开始了多元化发展。

（三）市场研究的崛起

在美国的工业化初期，市场需求旺盛，整个社会处于一种供小于求的状态。这时企业遵循的是“生产观念”，企业只需关心生产，增加产量，降低成本，而不需要了解消费者。就像福特汽车在 20 世纪 20 年代所宣称的，“不管顾客需要什么颜色的汽车，我只提供黑色的”。同时，也有不少企业主信奉“产品观念”，认为只要提高产品质量，生产出优质产品，就会打开销路。这两种观念在这一

---

① 方纳. 给我自由！一部美国的历史[M]. 王希，译. 北京：商务印书馆，2010：1182.

② 罗杰斯. 传播学史——一种传记式的方法[M]. 殷晓蓉，译. 上海：上海译文出版社，2005：273.

时期非常流行，生产者都是从自身出发，以产定销，而忽视了消费者的需求。

大萧条时期，生产严重过剩，产品销售困难。此后，由于科技进步，大规模生产的推广，导致市场竞争愈加激烈。从这开始，企业不再仅仅关心生产问题，扩大产量，而将主要问题转移到了如何了解消费者的需求，进而把商品卖掉方面。到50年代，一种新的以消费者为中心的市场营销观念逐渐形成。在这种观念下，了解消费者、进行市场研究成为企业的必修课。

另一方面，自从1833年，本杰明·戴创办的《太阳报》诞生，大众报纸作为大众传播媒介的先导者登上了历史舞台。大众报纸和更早出现的政党报纸不同，它并不依靠政党的资助，而是靠广告收入来维持运作。于是报业经营者和需要推广产品的企业主一拍即合，自此广告成为大众媒体不可或缺的组成部分。企业主非常关心广告究竟到达了哪些人，广告的效果如何，其广告费到底有无价值。媒介方面也非常想了解其受众，以改善自身，吸引更多受众。这样不仅能提高自身发行量或者票房，获得更大收益；对于报纸、杂志来说，受众增加，还能够成为其提高广告费，吸引更多广告商、广告主投入的砝码。广播媒体没有发行量与票房这些直观数据作为依据，因此其更希望了解他们的受众。于是市场研究除了关注消费者对于商品本身的评价与需求外，还开始关注消费者对各种媒介广告的反映。广告主、广告公司与媒介共同成为推动市场研究的主要动力，他们更加关注受众，或者说这时已经将受众等同于消费者。而最关键的无非是广告主最想了解的广告效果，于是市场研究开始锁定各种媒体广告对消费者态度与行为的影响。正如查菲所说，“市场研究与许多传播研究紧密地结合在一起……媒体‘效果’研究起源于商品生产者通过广告、生产、包装、价格等出售其产品的动机”①。同时，市场研究中的受众研究与学术的受众研究是密切相关的，拉扎斯菲尔德的应用社会研究局就做了不少有关广告效果的研究。我们从应用社会研究局的位置就可以看出端倪，它距离美国广告业中心——麦迪逊大街只有几个街区。② 拉扎斯菲尔德的“迪凯特”调查也很可能最初源于一

① CHAFFEE S H，HOCHHEIMER J L. The beginnings of political communication research in the United states：origins of the “limited effects” model[M]//The media revolution in America and in western Europe（Volume Ⅱ in the Paris-Stanford Series）. Norwood，New Jersey：Ablex，1985：267-296.

② 罗杰斯. 传播学史——一种传记式的方法[M]. 殷晓蓉，译. 上海：上海译文出版社，2005：276.

家出版公司想要招揽广告的考虑。[①] 市场研究与学术研究的互动则促进了效果导向的进一步发展。

二、效果导向受众研究诞生及发展的媒介背景

这一时期广播兴起，并成为美国的主流媒体。美国商营广播体制确立以后，激发了各方对广播受众研究的兴趣。广播受众人数的增加，一些偶然事件的发生，则令精英人士对广播充满顾虑。

作为威斯汀豪斯公司工程师的弗兰克·康拉德博士，发现广播似乎有广阔的市场，于是他申请了第一个纯商业的标准广播执照。他的 KDKA 电台于 1920 年 11 月 2 日开始运营，当时仅有几千人收听了这个长达 18 小时的节目。[②]

20 世纪 20 年代是美国广播业的新生期，经过 10 年的迅速发展，20 世纪 30 年代美国广播业便进入成年期。“1931 年，超过一半的家庭有了收音机。”在大萧条时期，广播的覆盖率依然上升，对于成千上万食不果腹、无家可归或者处于贫困边缘的美国人来说，出门娱乐变得过于奢侈。但是烦闷的心情却需要排解，广播成了他们的主要解脱途径。随着收音机价格的下降，1935 年美国有三分之二的家庭拥有了收音机。不少研究显示，到 20 世纪 30 年代末期，低收入群体收听更多的广播，听广播已经超过阅读书报。[③]

在广播诞生的最初几年，广播节目仅仅作为推销收音机的一个附属品，起初的电台也没有采用出售时间、刊登广告的商业模式。当收音机走进寻常人家，广播的信息传播作用吸引了众多制造商的关注。同时电台也发现，广告主的资助，特别是全国性广告主对联播网的资助，使得他们可以制作更高花费、更成功的节目，进而吸引更多的受众，形成良性循环。因此，在 WEAF 电台(美国电话电报公司 AT&T 在纽约建立的电台)引入广告经济之后，美国商业部长胡

① 洛厄里，德弗勒. 大众传播效果研究的里程碑[M]. 刘海龙，译. 北京：中国人民大学出版社，2004：178.
切特罗姆. 传播媒介与美国人的思想——从莫尔斯到麦克卢汉[M]. 曹静生，黄艾禾，译. 北京：中国广播电视出版社，1991：115.

② 希利亚德，基思. 美国广播电视史：第 5 版[M]. 秦珊，邱一江，译. 北京：清华大学出版社，2012：21-22.

③ 布茨. 美国受众成长记[M]. 王瀚东，译. 北京：华夏出版社，2007：174，200.
希利亚德，基思. 美国广播电视史：第 5 版[M]. 秦珊，邱一江，译. 北京：清华大学出版社，2012：65.

佛鼓励了这一做法。这种商营模式不仅彰显了美国社会浓厚的商业氛围，也迎合了美国的自由主义思想，自由主义者们担心公营的广播体制会导致广播最终落入政府或者某个特殊利益集团之手（但是却漠视在资本主义社会底层，民众由于财产不平等而导致的无法表达自己意见与观点这一不平等事实）。于是，在20世纪30年代，经历了一些教育广播者对广播进行的失败的非商营改革之后，商营广播体制在美国便巩固下来，并影响了美国的电视体制。这种商营体制将广播经营等同于一般的市场行为，广播产业需要遵循其他工商产业的共有规则，以经营和赢利情况来定义媒介表现，而较少强调媒介的文化属性。

这种商营体制成为美国广播电视的主流之后，也使得美国受众研究在很大程度上不同于欧洲的受众研究，商业因素在美国受众研究中起了更大的作用。由于电台数量增多，面对竞争，电台在说服广告主投放广告的同时往往要给出充分理由。最重要的是了解广播的收听人数和传播效果。其一，广播不同于报刊与电影，能够有发行量与票房这样的明确数据，因此对于广播受众的市场研究逐渐展开，收听率研究日益完善和成熟。其二，促使诸如拉扎斯菲尔德这样的学者加入了效果导向受众研究的阵营。

美国的广播业在20世纪30年代达到一个发展的高峰期，电台为了获得更多的广告费，采用各种办法来争取更多的听众。广播受众数量的增多，使得不仅企业家甚至政治家也开始利用广播进行宣传。希特勒和墨索里尼以爱国主义为名笼络人心。罗斯福总统也成为世界上懂得利用电台的潜能来实现全国团结的领导人之一；在大萧条最严重的时期和第二次世界大战期间，他发表了28次“炉边谈话”，有力地鼓舞了美国当时的民众，对安抚社会情绪起到了巨大作用。人民被罗斯福总统和蔼可亲的态度所打动，“华盛顿与他们的距离，不比起居室里的收音机远”。这一期间，广播对于受众的影响有目共睹。

鉴于广播发展，广播受众数量急剧增加，以及广播对听众产生的巨大影响，一些精英分子再次产生了在电影流行时期对电影的那种忧虑。诸如希特勒的广播宣传以及后面提到的“火星人入侵”这样的事件，加剧了人们对广播的恐惧。因此20世纪30年代，人们在上一个十年对电影影响工人阶级儿童的担忧开始慢慢转移，广播受众研究成为这一时期受众研究的主角。

三、效果导向受众研究的学术语境

（一）实证主义与逻辑实证主义

实证主义的产生与发展与近代资本主义的发展关系密切，同时也在思想上维护了资本主义的统治。宗教革命后，教会等级和权力趋于解体，思想不再像中世纪那样备受禁锢；教会与国家的分离，则为学者提供了一个自由进行科学研究的空间；另外，“人为”观念也缓慢发展成为“公共舆论”，成为“大众”的思维方式；文艺复兴后的博爱精神提供了一个更加冷静、更加客观进行研究的时代精神。这些都是实证主义产生的社会影响因素。① 然而，更重要的是城市资产阶级的兴起与资本主义社会取代封建社会后的社会激荡。实证主义起源于与精英阶层截然不同的一类人，即伴随着工业革命成长起来的资产阶级和工人阶级。资本家为了使资本增值，就要提高效率，就要重视科学技术的发展，而形而上学的“非生产性”与这种社会基础格格不入。② 他们或者具有从事实际工作的各种经验，或者对自由充满了渴望，在征服自然界的过程中成为主导。

因此，初期的实证主义应该说是革命的与批判的。实证主义作为启蒙运动的急先锋，它以科学为武器，以统计学的发展为契机，将统计分析应用到社会研究中去，对形而上学与思辨哲学发起进攻。资本主义以及随之而来的频繁的阶级斗争使得当时人们的经验中心从宗教与精神的桎梏中解脱出来，回到现实的社会经济领域，“也使得技术和科学思想成为唯一被认可的思想原型”③。

此外，尽管英法资产阶级在科学技术上要求革命，但是在政治上却相对保守，因此人们需要一种总结自然科学成就并为自然科学发展提供进一步指导的哲学传统。这种传统要排除宗教的干扰，也不能代表唯物主义与无神论，还不能是纯粹思辨的唯心主义，因此实证主义应运而生。④

19 世纪，前期实证主义的代表人物孔德继承并发展了休谟等人的经验主义传统。他认为科学应该是对经验事实的记录与描写，而对于经验之外的事物的

---

① 舍勒. 知识社会学问题[M]. 艾彦，译. 南京：译林出版社，2012：133-159.

② 舍勒. 知识社会学问题[M]. 艾彦，译. 南京：译林出版社，2012：116-125.

③ 曼海姆. 卡尔·曼海姆精粹：第二版[M]. 徐彬，译. 南京：南京大学出版社，2005：18.

④ 刘放桐. 现代西方哲学（上册）[M]. 修订本. 北京：人民出版社，1990：34.

本质与规律，则既不会被科学所反映，也没有必要去认识。[①]

如果说孔德开创了社会学（不过这种开创是混沌的，既没有明确的研究对象，也没有设立专门系统的方法），那么涂尔干则对社会学制度化做了重要贡献，他倡导的方法论获得了美国社会学研究者的青睐，美国主流社会学研究实际上继续着涂尔干的实证主义路径。涂尔干强调社会现象的客观性与社会性，对社会现象的观察应该排除主观意识的干扰，即"社会学研究方法的最基本规则是，要将社会现象当作客观事物来看待"[②]。而在对社会现象的解释方面，他提出了两大原则：一方面，社会现象不能用主观，也不能用常识去理解，只能通过社会去解释，必须把社会现象放在整个社会生活的背景中去考察；另一方面，"当我们解释社会现象时，必须分别研究产生社会现象的真实原因和社会现象所实现的功能"[③]。这种对"功能"的强调与重视，则为后来帕森斯与默顿的学说提供了养料。

实证主义对西方社会科学研究领域，尤其是美国的社会科学有着深远的影响，促进了欧美社会学的发展。美国受到欧洲形而上学的影响并不深刻，实证主义在当时为美国学术界与知识界注入了更加追求"务实""面向实际"的精神，而不是"想当然"地做学问。芝加哥学派注重实际调查的风格，美国传播研究与受众研究自佩恩基金研究甚至更早的实证传统，都源自实证主义的影响。尽管这一传统有种种弊端，但它却迎合了美国在资本主义上升期的种种要求，因此实证主义在美国更容易生根发芽。实证主义使得经验研究成为主流，美国社会学正是在"实证"与"经验"的引领下，成为其"欧洲老师"学习的楷模。

实证主义与社会学的建立关系密切，如果说实证主义更多是通过社会学来对美国受众研究起作用的话，那么逻辑实证主义更倾向于作为哲学基础来影响美国受众研究。逻辑实证主义的形成，一方面继承了自孔德以来的实证主义思想，另一方面，相对论与量子物理学的创立与发展也是影响其诞生的重要因素。德语国家奥地利，其哲学虽然深受德国哲学传统的影响，"但是同时也存在一种与之对立的经验实在论和反形而上学的思潮"。在这种特定的学术情境下，"马

① 科拉科夫斯基. 理性的异化——实证主义思想史[M]. 张彤，译. 魏志军，校. 哈尔滨：黑龙江大学出版社，2011：3.

② 迪尔凯姆. 社会学方法的规则[M]. 胡伟，译. 北京：华夏出版社，1999：13.

③ 迪尔凯姆. 社会学方法的规则[M]. 胡伟，译. 北京：华夏出版社，1999：序 4-5，77.

赫才能建立他的现象主义或者一般所说的实证主义，从而维也纳学派也才能在马赫哲学的基础上借助现代物理学、数学和逻辑学的发展创立新的实证主义，逻辑实证主义(或逻辑经验主义)”①。更为重要的是，正是为了发展马赫的实证主义研究传统，维也纳大学的一些青年学者，如 H. 汉恩、P. 弗朗克、R. 米塞斯和 O. 纽拉特成立了一个研究小组。1922 年后，在这个研究小组的基础上，以石里克(Moritz Schlick)为首，有魏斯曼(Friedrich Waismann)、卡尔纳普(Rudolf Carnap)、费格尔(Herbert Feigl)、哥尔德(K. Godel)等人参加的“维也纳小组”(石里克小组)成立，这个小组是维也纳学派的中心。② 他们以科学为旗帜，以新逻辑为武器，以传统思辨哲学为敌手，以弗雷格、罗素和维特根斯坦为精神先导。

石里克在《哲学的转变》一文中说道：“除了观察和经验科学以外，没有其他检验和证实真理的方法。每一门科学(我们用这个词是指它的内容，而不是指人们为取得这个内容而做的实际活动)都是一个知识体系，即真的经验命题的体系；而全部科学，包括日常生活中的命题在内，都是知识的体系。在这以外，再没有一个‘哲学的’真理的领域。”③在经验主义方面，逻辑实证主义认为科学知识的基础不是个人经验与感觉，而是公认的实验证实。在反对形而上学方面，逻辑实证主义认为形而上学不是事实问题，而是语言问题；随着现代数理逻辑的出现，它开始通过对语言的逻辑分析对形而上学命题进行判断，认为形而上学命题并不是错误的，而是无意义的。逻辑实证主义者强调科学的精确性与真实性，反对空洞的思辨。再者，逻辑实证主义更加重视对语言的分析，特别是注重对数学、逻辑工具的运用。虽然与实证主义相比，逻辑实证主义意识到了“概念化”“模式”这样的理论概念的重要性，但是它依然绝对地认为理论需要通过实验程序才能证伪，这也成为后来其饱受批评的关键点。

1936 年，石里克被一个精神错乱的学生刺杀。随着希特勒的上台，大部分逻辑实证主义学者移居美国，从 20 世纪 40 年代起美国成为逻辑实证主义的新的中心。在 20 世纪 40 年代和 50 年代，逻辑实证主义取代实用主义，成为美国最有影响的哲学流派。在逻辑实证主义的引导下，包括受众研究在内的美国社会科学整体都开始推崇经验实证原则与经验事实的归纳主义研究方式。

---

① 洪谦. 论逻辑经验主义[M]. 北京：商务印书馆，2010：79-80，93.

② 洪谦. 论逻辑经验主义[M]. 北京：商务印书馆，2010：94-95.

③ 石里克. 哲学的转变[M]. 洪谦. 逻辑经验主义. 李德齐，译. 北京：商务印书馆，1989：8-9.

受众研究的很多学者受到了逻辑实证主义的影响，对调查方案的设计与方法的研究情有独钟。尽管没有证据表明拉扎斯菲尔德接受了逻辑实证主义的哲学思想、他和这个学派的成员有直接的联系，但是汉斯·蔡塞尔曾提及他与拉扎斯菲尔德同在维也纳的日子，拉扎斯菲尔德提到了逻辑实证主义哲学的诸多代表人物，如石里克、魏斯曼、卡尔纳普、费格尔、哥尔德和社会学家奥图·纽拉特(Otto Neurath)，甚至维特根斯坦。拉扎斯菲尔德说到卡尔纳姆对哲学的介绍演说是难以忘怀的学术冒险，演讲厅被学生们挤满了，他们在这里接触到了分析哲学。① 由此至少可以推断拉扎斯菲尔德曾经受到维也纳圈的逻辑实证主义的影响，这与拉氏日后重视实证调查有着重要关联。

不过逻辑实证主义对实用主义的取代是相对的，或者是互相取长补短的。20世纪现代哲学的语言转向不仅是实用主义哲学所独具的，其他哲学流派大都也将哲学研究重心转向语言问题，通过语言分析进入传统哲学的各个领域。分析哲学在抛弃形而上学、反心理主义、澄清语言表达的意义等方面拥有共识，这同实用主义的努力是一致的。实用主义与分析哲学的结合，意味着实用主义已经作为美国的背景文化逐渐沉淀下来。然而，在美国，实用主义的思想并未真正消退，只不过换了以语言分析的面目展现出来，不久之后，这种融合以新实用主义的面目再次出现。

(二)结构功能主义与中层理论

这一阶段，帕森斯的结构功能主义逐渐成为美国乃至西方社会学理论的主导理论，并在“二战”后达到顶峰。此前，作为美国社会学领域翘楚的芝加哥学派更偏重实际的经验，较少有理论的总结，更侧重从心理、个人的微观视角，而不是从宏观的社会结构入手。然而，宏观理论正是帕森斯结构功能主义的长处。

功能推理在孔德的著作中初见端倪，功能解释在斯宾塞的研究中也具有重要作用。不过，有关社会学功能推理的系统方法是由涂尔干提出的。涂尔干认为：“当我们解释社会现象时，必须分别研究产生社会现象的真实原因和社会现

---

① ZEISEL H. The vienna year[M]//Qualitative and quantitative social research: papers in honor of paul F. Lazarsfeld . New York: Free Press, 1979.

象所实现的功能。……要想完整地解释社会现象，同样必须解释清楚它的功能。”①在帕森斯、默顿的影响下，涂尔干的思想成为美国社会学的一个重要来源。而对功能效果的注重，经由帕森斯等人的发展，也间接地进一步促进了当时美国学者们对传播效果的关注。

帕森斯是一位杰出的理论家，他的成就主要表现在对社会学理论的继承和创新，特别是他对功能主义观点的综合与应用。他不仅继承了孔德、斯宾塞、涂尔干等人对功能分析的重视，也继承了孔德对社会结构现象的兴趣，建立了庞大的结构功能主义。20 世纪 40 年代末，帕森斯的社会学思想发展到一个新的阶段，以《社会系统》为代表，形成了他以系统论为特征的功能主义理论。在这本书中，帕森斯以高度抽象的概念体系说明了行动系统的结构和过程。其基本假设是社会作为一个系统，由许多相互依赖、制约和影响的单元所组成。系统内部存在不同的结构分工，每个单元都发挥着特定的功能，并且把这个社会系统整合进更大的行动系统之中。结构功能主义提倡社会系统的平衡与和谐，这与美国战后进入了一个相对繁荣与稳定的时期有关。

在结构功能主义如日中天的时候，作为帕森斯学生的默顿看到帕森斯所建立的宏大理论和进行微观经验研究的各自局限，提出了中层理论的概念。“中层理论既非日常研究中广泛涉及的微观但必要的工作假设，也不是尽一切系统化努力而发展出来的用以解释所能观察到的社会行为、社会组织和社会变迁的一致性的统一理论，而是指介于这两者之间的理论。”②中层理论就是要将宏观的理论建构和微观的经验研究结合起来。只有通过专门的经验研究，在有限的能够操作的范围内，进行专门的理论研究，才能得出一个清晰的概念框架。过于庞大的计划往往不是因为力不从心而无功而返，就是成为放之四海而皆准的笼统概括而变得毫无意义。当然社会学要想发展，也不能仅仅停留在对于特定理论的研究中，而忽略了对理论的整体性概括。因此社会学要想获得有意义的进步，“就必须在这两个互相联系的层次上发展：(1)创立可以推导出能够接受经验研究的假设的特殊理论；(2)逐步地而非一蹴而就地发展概括化的概念体系，即能够综合各种具体理论的概念体系”③。

① 迪尔凯姆. 社会学方法的规则[M]. 胡伟，译. 北京：华夏出版社，1999：77-79.
② 默顿. 社会理论和社会结构[M]. 唐少杰，等译. 南京：凤凰出版传媒集团，译林出版社，2006：59.
③ 默顿. 社会理论和社会结构[M]. 唐少杰，等译. 南京：凤凰出版传媒集团，译林出版社，2006：75.

中层理论为当时包括传播研究在内的社会科学研究注入了一股清流，拉扎斯菲尔德在默顿的影响下，试图将琐碎的微观经验主义研究理论化、系统化。更有一些学者综合当时的经验研究，总结出后来的“有限效果论”“社会关系论”[①]等理论。不过默顿毕竟师承于帕森斯，虽然他不同意帕森斯理论的“宏大”体系，却继承了其理论中的“结构”与“功能”因素。在拉扎斯菲尔德与默顿合作进行的若干次研究中（如“社会关系论”“群体的再发现”），我们都能找到社会结构的影子。以“价值中立”为特征的功能分析，更为默顿所推崇。在功能分析影响下的一些传播理论，比如有限效果论，其结论往往成为将现状合理化的依据，维护了美国媒介制度的既有现状。

但是理论与经验的结合并不容易，开始的时候这种结合还能创造出“传播学的想象力”，后来这种想象力越来越枯竭，最近十几年鲜有受众研究的理论或者假说问世。从一定意义上说，这与中层理论的提出不无关系，虽然一定时间内能够找到理论与经验研究的结合点，但是假以时日，这种结合点越来越少，很可能造成理论的枯竭，以至于德弗勒发出“传播研究里程碑在哪儿”的疑问。

（三）“大众”概念的提出

当19世纪的暴动从记忆中慢慢褪去，在20世纪初期的美国，新的社会转型问题渐渐袭来，以芝加哥为代表的社会学家将关注点落在了那些在城市贫民窟生活的移民、弱势群体与工人阶级身上。不过深受塔尔德、勒庞，尤其是塔尔德影响的帕克，并未突破群集与公众的二元对立，对这些新群体的概括和阐释落在了芝加哥学派的新一代旗手布鲁默身上。布鲁默在前辈的基础上，根据20世纪20年代和30年代的新情况（比如大众媒体，尤其是电影、广播媒介的飞速发展，再比如此时主导话语中关心的对象开始从危险的街头群集转向了“毫无个性”的民众），论述与发展了“大众”的概念。他在讨论集合行为时，分析了群集（crowd）、公众（public）与大众（mass）的各自特点与相互关系。

受众与“群集”“公众”“大众”这三个概念的关系看似有隔阂，实则非常紧密。一方面，受众具有其他三个概念的某些特征；另一方面，当人们运用与界定

---

① 大部分国内传播学教科书将受众理论总结为：个人差异论、社会关系论、社会分化论、“使用与满足”理论等，并认为个人差异论、社会关系论、社会分化论等理论是由德弗勒等人在其著作《大众传播诸论》中总结提炼出的。

这三个概念时，有时也会设想它们作为受众的情况（这点在前面介绍群集等概念时有所体现）。不过，“大众”这一概念则被麦奎尔认为更具受众特征。

1. 群集

布鲁默把群集分为四种：偶合群集（casual crowd）、常规群集（conventionalized crowd）、行动群集（acting crowd）、表意群集（expressive crowd 或者“dancing” crowd）四类。布鲁默主要分析的是后两种群集，尤其是行动群集。行动群集，又可以叫作革命群集或者勒庞所称的“乌合之众”，这一类型是当时所有研究关注的焦点。① 布鲁默所言的行动群集（crowd）与勒庞所言的乌合之众（mob）、帕克所说的群集相类似，是从社会心理学的角度来分析集合行为中的群体行为的。

从时间维度上讲，群集是一个自发形成的、暂时的、少有重聚的群体。从性质上来看，群集不是社会或者文化上的群体，不受传统习俗管制。群集没有习惯，没有组织，没有规章制度，他们的行为更多是基于冲动。群集是易受暗示的，易变的，没有规则的。

2. 公众

布鲁默认为，公众是另外一种集合的群体。公众是指这样一群人：他们遇到了一个问题或者争议，因为对这个问题或者争议的不同看法而产生分歧，于是他们开始对这一问题进行讨论。围绕问题或者争议的提出、讨论，形成一个集体意见，是公众的标志。② 这一点与塔尔德的观点不同。塔尔德认为，公众更加一致，当然这种同质性很大程度上源于塔尔德的模仿理论。布鲁默发展了塔尔德关于公众的看法，只有彼此不同，才能进行讨论，也因此确立了公众之所以为公众的基础。

公众的特点就在于意见的分歧和因之而来的讨论，这与帕克的观点是相同的，它蕴含了很多含义。此间颇有《论语·子路》中所言“君子和而不同，小人同而不和”的味道。当然，布鲁默在这里并未认为公众就是君子，而群集就是小人。另一方面，群集意味着谣言和大范围的暗示占主导，而公众则意味着挑战，

① BLUMER H. Collective behavior[M]//Principles of sociology. New York：Barnes&Noble，INC.，1946：178-179.

② BLUMER H. Collective behavior[M]//Principles of sociology. New York：Barnes&Noble，INC.，1946：189.

意味着提出批评。

布鲁默认为，公众需要达成一个集体决定，或者要形成一个集体意见，这就牵扯到公众舆论(public opinion)的问题。根据布鲁默对于公众的定义，可以看出公众舆论并不是一致的舆论，它应该是一种意见的集合，应该不同于公众中任何一组的意见。甚至在形成集体意见的过程中，一些少数意见可能比多数意见产生更大的影响。

布鲁默认为，要形成公共舆论，就要进行讨论，必须进行"广泛的交流"(universe of discourse)。交流的观点既得益于由帕克带来的塔尔德的观点，这一思想正是塔尔德在论述公众、舆论时反复强调的一个概念；也得益于芝加哥学派对互动的关注，彰显了作为符号互动论创立者之一的布鲁默的相关思想——互相之间不理解，讨论不仅毫无结果，甚至根本不能进行。①

3.大众

"大众"(mass)这个概念并不是布鲁默新造出的一个词语。威廉斯认为，

"mass"一词从15世纪就一直被广泛使用，最接近的词源为法文"masse"与拉丁文"massa"，意指可以被用来铸造的一堆材料(其词源意涵也许是指捏面团)，并进而扩大指涉一大堆的材料。最迟到19世纪30年代，"the masses"变成了一个普遍通用的词汇，威廉斯认为与工业革命不无关系。② 在18世纪末，美国的开国元勋汉密尔顿也曾用过这一词汇，他认为所有的社会都分为两类：少数派和多数派。一类是富有的、出身好的阶层，一类则是大众(mass)。③

布鲁默的"大众"概念与上述概念的含义不同，与前面提到的早期大众社会理论中的大众亦不相同。勒庞等人所言的"大众"更接近于布鲁默群集(crowd)概念中的行动群集(acting crowd)。布鲁默的"大众"更倾向于形容工人阶级、弱势群体与当时的外国移民。

布鲁默身处美国工业化、城市化、现代化的洪流之中，产业工人在资本主义的压榨下不断异化，城镇人口与移民迅速增长，原有的社会习俗与规则日渐消

① BLUMER H. Collective behavior[M]//Principles of sociology. New York: Barnes&Noble, INC., 1946:191-192.

② 威廉斯.关键词：文化与社会的词汇[M].刘建基，译.北京：三联书店，2005:283-284.

③ BUTSCH R. The citizen audience: crowd, publics, and individuals[M]. New York&London: Routledge Taylor&Francis Group, 2008:16.

散；新兴媒介，尤其是电影、广播，加速了这一新群体的形成。布鲁默对这些社会现象有着亲身经历，在芝加哥这个社会学广大的实验室里，他对这些问题进行了深入研究。

除了上述社会因素外，布鲁默还受到了孔德、滕尼斯和涂尔干等理论家的影响，他们的著作反映了资本主义扩张时代的社会面貌。孔德在《实证哲学教程》中提出了“社会有机体”的概念，社会是一个特殊有机体，即“集体有机体”，一个社会有不同结构，有着不同的目的与分工，即“专业化”。孔德特别看到了过度专业化、过分扩大分工的危险，他认为个人在社会系统中的地位越是不同，彼此之间就越不可能完全相互了解。这一观点在以后理论家的著作中不断出现，成为讨论“大众”的一个逻辑起点。滕尼斯的《共同体与社会》也表达了类似观点，他对照了两种不同的社会组织，认为共同体是工业化以前的产物，其理论出发点是“人的意志完善的统一体，并把它作为一种原始的或者天然的状态”。而社会则主要是工业革命以后的产物，“在这里，人人为己，人人都处于同一切其他人的紧张状况之中。他们的活动和权力的领域相互之间有严格的界限，任何人都抗拒着他人的触动和进入，触动和进入立即被视为敌意”①。涂尔干的机械团结与有机团结同样反映了类似观点，在社会分工的基础上产生了集团，增加了社会中的个性，“个体相对于群体而言，逐渐具有了自己的独立地位，群体允许他们自由地产生变化”②。这些论述都说明工业化导致的专业化，实际上在发展人们个性的同时，使他们在心理上变得孤立，即产生了一种与群集不同的群体，也就是“大众”的出现。

到20世纪中叶，大众(mass)概念被扩展成作为一个形容词使用，如大众文化、大众媒体、大众传播、大众社会、大众人。同时，除了工人阶级之外，大众开始包括中产阶层，就像米尔斯在《白领》里、威廉·怀特(William H. Whyte)在《组织人》中所描述的一样。

布鲁默的“大众”具有如下特点：首先，大众来自不同的阶级和社会阶层，有着不同的职业、不同的文化习俗，并且贫富悬殊。其次，大众都是匿名的。再次，成员之间彼此陌生，没有交流与互动，不能像群集成员那样互相影响。最后，他们没有任何规范与准则的约束。

---

① 滕尼斯.共同体与社会：纯粹社会学的基本概念[M].林荣远，译.北京：北京大学出版社，2010：48，77.

② 涂尔干.社会分工论[M].渠东，译.北京：三联书店，2000：243.

从中我们可以看到大众与群集的异同点。与群集相比，大众都没有组织，没有传统与道德的约束，都是自发形成的。不同点首先在于"大众"的分散性；其次，群集会彼此影响，而大众则不会；最后，群集有共同目的，而大众则没有。大众行为不是一致的行动，而是个人行动的集合，个人行动有不同的选择，并且大众的选择很难摸索。① 不过当大众媒体出现后，这一情况有了变化。批评者认为，大众媒介提供了煽动刺激的内容，形成了"共同的想法"：分散的、异质的大众个体通过媒介消费同样的产品和媒介信息，因此大众在某种程度上就像群集心理学里的群集一样，有着共同观点。

大众与公众的共同点是大众与公众都需要媒介的联系，媒介是公众与大众的一个必要元素。不同点在于，大众相较于公众缺乏讨论。大众社会的批评家们认为，那种人与人之间面对面的互动与深入了解、不通过媒介的关系网，那些公众交流的公共场所早就消失了。例如附近的小酒吧、发廊和杂货店，由于城镇化、大众媒介、大型购物中心的出现都关门了。

麦奎尔认为，大众这一概念抓住了受众的某些基本特征。受众人数众多、分布广泛；成员彼此陌生；具有分散性与异质性；没有共同目标，缺乏自我认同意识；没有统一的规范约束。②

布鲁默在论述大众时，着眼点在于论述集合行为中的不同群体，并非在于对受众的探讨，但却"无心插柳柳成荫"，不过，这也看出受众概念的提出实际上是伴随着思想家们对于公众、群集等概念的研究展开的，要想了解受众，就必须对这些研究进行梳理。

布鲁默还认为，在现代社会，公众更倾向于消失于大众之中。人们不再居住于固定地方，而是分散居住，公共问题的大量涌现，大众传播媒介的扩张……使得人们更加关注个人选择而不是公共讨论。公众与大众经常会混在一起，这增加了分析集合行为的难度。③ 因此，布鲁默的这些论断宣布了新的大众社会观念的逐渐形成——一种不同于早期托克维尔、勒庞的涉及"群集"概念的大众社会（虽然加塞特的理论诞生于 20 世纪 30 年代，但是他更倾向于勒庞而非美

---

① BLUMER H. Collective behavior［M］//Principles of sociology. New York：Barnes&Noble，INC.，1946：185-186.

② 麦奎尔. 受众分析［M］. 刘燕南，李颖，杨振荣，译. 北京：中国人民大学出版社，2006：9.

③ BLUMER H. Collective behavior［M］//Principles of sociology. New York：Barnes&Noble，INC.，1946：195-196.

国的布鲁默)。即虽然成员越来越自由,但分散的个人却越来越呈原子状,在心理上,日渐与他人隔绝的大众社会逐渐形成。

丹尼尔·贝尔曾批评布鲁默没有看到社会关系的复杂性,他认为电影受众并不像布鲁默所说的是“孤立的、超然的、没有人格特征的”,他们其实属于不同的社会团体,反应并不相同。[①] 不过,作为符号互动论提出者的布鲁默并不是大众社会与“魔弹论”的支持者,在下文介绍的佩恩基金研究中,布鲁默的结论并没有证明存在一个“中弹即倒”的大众群体。他曾经批评那些夸大电影影响的揣测,“坦率地说,大多数观点并不是对电影影响所做的直接研究,只是人们关于电影影响的推测和看法的概括”[②]。芝加哥学派的大部分学者,不仅看到了受众的“大众性”,而且看到了受众的“公众性”,特别是在杜威、帕克的论著中。在布鲁姆身上体现了对这一问题的矛盾看法,他既受到上述芝加哥学派第一代学者的进步精神与乐观思想的指引,对“广泛交流”的公众充满期待,也注意到了当时社会上的另一种声音,看到了他所在时代美国社会中的新现象。布鲁默首先对“大众”这一概念进行了详细论述。他没有简单地将大众划入坠落的一方,没有片面认定受众的“大众性”。但恰恰是通过他的实证研究,让我们看到了受众的主动一面。不过可惜,人们并没有很好地解读布鲁默的受众思想,而是对其“大众”概念做了表面解读,并将受众简单地等同于“大众”,在此基础上得出受众易受媒介操纵的结论。而即使按照布鲁默的描述,原子状、分散式的大众也同样可以预示大众社会的多元化趋势。20 年后,孔豪瑟发展了这一观点,多元化社会可以作为推翻受众被动性假设的一个重要依据,因为多元社会的受众不可能对媒介的传播反映一致。

(四)对法西斯极权主义批判的大众社会理论

这一时期,大众社会理论的批判矛头主要指向法西斯极权主义制度,代表人物是卡尔·曼海姆与汉娜·阿伦特。他们都是犹太人,一个避走英伦,一个流亡美国,这样的身份使他们更能觉察当时的社会变化。

曼海姆有关大众社会的思想大部分体现在《重建时代的人与社会:现代社

① 贝尔.意识形态的终结——五十年代政治观念衰微之考察[M].张国清,译.南京:江苏人民出版社,2001:10.

② BLUMER H. The movies and conduct[M]. New York:Macmillan,1933:2.

会结构研究》一书中，值得注意的是，“大众社会”一词在该书的英译本中已经被译为了“mass society”。与勒庞等早期大众理论者一样，曼海姆亦将大众社会产生的原因归结为工业革命与资产阶级革命，现代工业社会带来的民主化，使得“越来越多的群体在极力参与社会和政治控制，要求体现其自己的利益”。一旦智力上与政治上都有缺陷的大众通过种种方式参与政治的话，这对以前统治大众的精英与权贵来说并不是个好消息。① 在亲眼看到“二战”中德国的情况后，曼海姆对大众的非理性行为心有余悸，“大众在行动上野蛮的、冲动的和情感的爆发，对整个社会，甚至全世界都意味着大灾大难”，②从对大众的恐惧上与对大众非理性特征的评价上看，曼海姆与勒庞的观点是相通的。

不过曼海姆与早期贵族大众理论的落脚点是不同的，他认为工业化的发展，预示着人的活动的功能合理性的增强，即“根据客观的目标组织社会成员的活动”有了很大程度的提高，但这就意味着降低了普通人的“实质合理性”，即“依据某人自己对事件的相互关系的洞察在给定的情境中明智地行动的能力”③。也就是说，普通人把仔细思考的工作交给了少数精英来处理，这不仅扩大了大众与精英之间的距离，也增加了大众非理性行为的概率。尽管大众的非理性并非完全有害，但是一旦爆发，这种情感的冲动就会产生巨大的力量。精英权贵们学会利用“报刊、无线电广播和所有其他民主社会为操纵大众心理而任意支配的技术”④以后，就会根据自己的意愿来塑造人，引发大众非理性中的巨大破坏力，德、意、日法西斯的兴起就很好地说明了这一点。

由此，曼海姆认为需要在“计划思维”的指导下，彻底地重建社会与人。但是，曼海姆并没有明确“谁来计划那些制订计划人”，这实际上又陷入了类似于他在知识社会学里的悖论，当时他提出了一个“自由漂浮的知识分子”概念。这里他仅含糊地指出“计划者只能从已经存在的群体中补充自己”，并没有提出解决问题的实质。此时的曼海姆开始转向杜威与实用主义，与杜威一样，他也把

---

① 曼海姆. 重建时代的人与社会：现代社会结构研究[M]. 张旅平，译. 南京：凤凰出版传媒集团，译林出版社，2011：6-7.

② 曼海姆. 重建时代的人与社会：现代社会结构研究[M]. 张旅平，译. 南京：凤凰出版传媒集团，译林出版社，2011：12.

③ 曼海姆. 重建时代的人与社会：现代社会结构研究[M]. 张旅平，译. 南京：凤凰出版传媒集团，译林出版社，2011：20.

④ 曼海姆. 重建时代的人与社会：现代社会结构研究[M]. 张旅平，译. 南京：凤凰出版传媒集团，译林出版社，2011：34.

教育看作建立民主社会的一个重要方面。“因为民主意味着对人民的逐步教育以及对判断和精炼的培养，所以初步的整合应被逐步地转让给其他教育手段，并应该仔细地设计其各个层级：不是为了在不同程度上反复灌输同样的教条，而是旨在教育个人摆脱其对大众情绪的依赖。”[①]但是，曼海姆始终把大众看作任精英塑造的对象，这点与杜威并不相同。

阿伦特的大众观念是建立在对极权主义的分析基础上的。她将极权运动定义为大众运动，“领袖处于运动中心，是使整个运动运行不息的发动机”[②]。极权领袖利用宣传，巧言取悦公众，不断维系群众的忠诚，激发他们在运动中的献身精神。大众暴露在精英面前，他们是毫无自我保护能力的。她认为极权主义起源于大众，若无群众，领袖就是无足轻重之人。她眼中的大众社会是孤立、隔绝的个人组成的松散集合，极权主义正是利用了大众社会的这一弱点。与贵族主义学者相反，阿伦特认为大众集体的无意识会导致精英的控制。

大众被精英控制的原因在于他们是分散的，没有被整合入任何团体。他们缺乏对基于共同利益产生的组织的依赖性，没有共同的目标，因此没有力量与精英抗衡，任由其摆布。尤其在政治方面，“他们潜在地生存于每一个国家，由大量中立的、政治上无动于衷的、从不参加政党、几乎不参加民意测验的大多数人构成”[③]。

这些理论家的观点大致可以归纳为，大众崛起可能导致法西斯主义的产生。大众的无防护决定了他们极易受到精英领袖的号召与操控，从而造成法西斯独裁。在他们看来，大众社会是少数（精英）对多数（大众）控制的泛滥成灾。法西斯破坏了大众的初级群体，使他们更加孤单，并通过暴力和宣传等手段，使大众变为法西斯的狂热支持者。尽管他们与早期大众理论的落脚点不同，一个在为贵族唱挽歌，一个担心民众被操纵，但他们对于大众的观点却是相通的，即都认为大众是消极、被动的。这些观点实际上反映了“二战”时期，人们对于大众的一个基本看法，并且这些观点与“魔弹论”思想颇为相似。在“魔弹论”衰落后，这些观点并未消失，依然是战后看待大众的一种重要面向。拉扎斯菲尔德

---

① 曼海姆. 重建时代的人与社会：现代社会结构研究[M]. 张旅平，译. 南京：凤凰出版传媒集团，译林出版社，2011：36，298.

② 阿伦特. 极权主义的起源[M]. 林骧华，译. 北京：生活·读书·新知三联书店，2008：477.

③ 阿伦特. 极权主义的起源[M]. 林骧华，译. 北京：生活·读书·新知三联书店，2008：407.

等人进行受众研究的一个动因就是要以科学方法来审视“大众受众”，不过他们的研究并未支持大众理论，“初级群体”依然作用很大。曼海姆等人没有留意美国的这些受众研究，更多从自身经历去思考这一问题，表达了与拉氏不同的受众观念。

(五)心理学和社会心理学的发展

20 世纪 20 年代以后，心理学发生了很多变化，华生的行为主义受到广泛诟病，新的行为主义者修正了华生的某些观点继续前行。奥尔波特则创立了实验社会心理学，社会心理学研究的重点逐渐集中在态度研究与小群体研究两个方面。而心理学，尤其是社会心理学的变化，促进了注重态度与行为的短期效果的受众研究的出现，某些传播学的奠基人本身就是社会心理学家，比如霍夫兰与勒温。

20 世纪 30 年代，新的一代行为主义者接受了逻辑实证主义的思想，如前所述，逻辑实证主义更加注重对逻辑工具的运用，这为新的行为主义者冲破早期行为主义只研究能够被直接观察的行为与活动这一金科玉律提供了哲学层面的支持。因此新行为主义者们开始关注以前没能涉足的心理现象，比如动机、情感、认知等。然而，新行为主义毕竟还是行为主义，对行为依然重视，不过它将认知等因素引入研究领域，则为新的新行为主义和“认知革命”的到来，演奏了前奏。

从 20 世纪 20 年代起，社会心理学完成了在其整个历史上最具革命意义的转折，大踏步地走向科学，这对传播研究的影响同样显著。1924 年奥尔波特《社会心理学》的出版标志着实验社会心理学的诞生。具体特征为：社会心理学从描述转向实证，从定性转向定量，从理论转向应用，从大群体分析转向个体和小群体研究，并从普遍论转向特殊论。在《社会心理学》一书中，他提出群体谬误的心理学形式主要有这样几种：一是“群众心理”，二是“集群或阶级心理”，三是“群体心理”。奥尔波特认为，根本不存在什么能够脱离组成群体的个体的心理而存在的群体心理。[1] 这一论断将群集心理学排除在社会心理学之外，而这正是“魔弹论”思想最为重要的一个理论支撑。奥尔波特本人深受行为主义的影

---

① 转引自：周晓虹. 现代社会心理学史[M]. 北京：中国人民大学出版社，1993：104.

响，此外他对个体主义、实验主义颇为倾心，这些传统很快也在美国的社会心理学家中获得赞同。实验方法的引入，与对社会心理学研究对象的界定，激起了小群体研究的热潮，比如谢里夫有关社会规范形成的研究，勒温的“场论”学说等。小群体研究无疑也对拉扎斯菲尔德等人再次发现群体的力量有所启示。

态度研究被更多人重视，为了测量态度，瑟斯顿（Thurstone）、李凯尔特等人分别提出了不同的测量态度的量表（前者参加了佩恩基金研究）。其实，“态度”这一概念早在托马斯与兹纳涅茨基的《身处欧美的波兰农民》一书中就被提出。20 世纪 20 年代，麦独孤与他的本能论遭到社会心理学家的抛弃，“态度”取代“本能”，逐渐成为社会心理学的一个核心概念。态度“强调人们通过学习所获得的差异，而不是生理构造所具有的类似点。”这一概念被社会心理学家们用来解释“人们的爱憎、好恶及其取舍的不同方向和不同强度”。[①] 到 30 年代，用 G. 奥尔波特的话说，“态度”在当时的美国社会心理学中，“也许是最富特色而又不可或缺的概念。没有其他术语比它更经常地出现在实验和理论的文献之中了”[②]。作为知名社会心理学家，也是传播研究与受众研究重要奠基人之一的霍夫兰，便专注于受众的态度研究。

除了实验室研究外，社会心理学还进行了现场实验研究，最著名的就是霍桑实验。霍桑实验表明，人并不是孤立的、原子状的、只知挣钱的经济人，而是处于一定社会关系中的群体成员，是社会意义上的人。物质利益在调动工人的工作积极性上并非是决定性的，群体间良好的人际关系才起重要作用。因此，梅奥的理论也被称为“人际关系理论”或“社会人理论”。梅奥评论道：“广大的公众、商业的领袖和政治活动家，存在着一种含意：人类是一堆无组织的乌合之众，对于这些人，秩序必须是从外面加上去的。就是这个谬见鼓励了希特勒的狂妄的梦想。”他的实验就是要证明“经济理论在它涉及人的因素这一方面是非常不够的，简直是荒谬的”。人类不能被“不切当地描写成为一群个人，每个人都被自私的利益所驱使着……”[③]这个发现与拉扎斯菲尔德等人的发现在时间上与内容上都惊人地相似，只不过霍桑实验略早于伊利调查。

---

① 德弗勒，鲍尔-洛基奇. 大众传播学诸论[M]. 杜立平，译. 北京：新华出版社，1990：198.

② 奥尔波特. 社会心理学的历史背景[M]//周晓虹. 现代社会心理学名著菁华. 北京：社会科学文献出版社，2007：467.

③ 梅欧. 工业文明的社会问题[M]. 费孝通，译. 北京：商务印书馆，1964：64，71.

(六)统计学的发展

20 世纪 20 年代以前，统计学在描述统计学方面已经有了很大发展。在生物统计学方面，英国的生物学家高尔顿(Francis Galton，1822—1911)研究了平均值的偏差问题以及回归问题，首次提出了“相关”和“相关系数”两个概念，使得概率论向前迈进了一步。作为达尔文的表弟，他热爱数学，研究广泛，对地理学、遗传学、心理学、人体测定学、生物计量学等等都有涉猎。另一位这一时期的统计学家是皮尔逊(Karl Pearson，1857—1936)，他出身王室顾问家庭，是高尔顿的学生，深受其影响与启发，发展了他的思想。我们今天描述的统计学中的大部分内容都是由皮尔逊整理的。①

在 1920 年左右，统计学有了重大的转机，这就是推断统计学的诞生。其中的关键人物是戈塞特(William Sealy Gosset，1876—1937)和费希尔(Ronald Aylmer Fisher，1890—1962)。戈塞特在柏林一家啤酒厂从事统计和实验分析工作，后来到伦敦进修，曾和皮尔逊学习现代统计方法。他在检验啤酒质量时遇到难题(比如检测啤酒中的酵母菌含量等)，这些研究对象很难获得大样本数据。“大样本理论”不能满足，这迫使他要寻找另外的道路，即取得小样本来解决问题。于是他建立起“小样本理论”，也就是所谓的“t 分布”。这一理论被费希尔证明(1923 年)之后，通过费希尔的《研究人员用统计方法》(1925)一书，得到了广泛传播和认可，统计学也由“描述”走向“推断”，一个新的统计学诞生了。②

推断统计学的诞生与发展，“小样本理论”的提出，使得社会科学中“小样本”调查有了理论依据，抽样调查成为社会科学研究的一种重要研究方法，这在社会科学领域引起了巨大的激荡。这种数理技术的发展，加速了以定性研究和个案研究为主要方法的芝加哥学派垄断地位的衰落。而盖洛普的民意调查，则在科学的抽样调查“小样本理论”的指引下，取得了巨大成功。

---

① 高庆丰. 欧美统计学史[M]. 北京：中国统计出版社，1982：151-152.
柯惠新，沈浩. 调查研究中的统计分析法. 第 2 版[M]. 北京：中国传媒大学出版社，2005：5.

② 高庆丰. 欧美统计学史[M]. 北京：中国统计出版社，1982：162-168.
柯惠新，沈浩. 调查研究中的统计分析法. 第 2 版[M]. 北京：中国传媒大学出版社，2005：5.

第二节 效果导向的序幕：佩恩基金会电影儿童受众研究

在早期对于大众传播研究的努力中，最有代表性的无疑是佩恩基金会支持的“电影与青年”项目，又被称为佩恩基金研究(Payne Fund Studies，PFS)。其主要研究成果由麦克米兰公司(Macmillan)在1933－1935年间陆续出版。在早期传播研究的那个年代，被称为大众传播媒介的只有报纸、杂志、唱片、电影与广播。正如前面介绍的，电影是20世纪最初二三十年改革者与教育学家最关心的大众媒介，因为它对儿童的吸引力实在是太大了［当然佩恩基金会也没有忽略其他大众媒介的影响，罗伯特·W.麦切斯尼(Robert W. McChesney)等曾专门记叙了佩恩基金会的广播研究］。[1] 这项研究从1929年开始，到1932年，进行了三年。

该项研究本来想证实“魔弹论”的存在，进而向政府提出限制电影的建议。研究应用了多种方法，涉及各项内容，但归根结底还是要了解受众接触媒介后的影响，即效果，实际上，这拉开了效果导向受众研究的序幕。然而，其所得出的结论却并非都显示电影对于儿童有着强大影响，儿童的家庭情况等社会关系也起到重要作用。

一、“魔弹论”思想的延续

这一时期，“魔弹论”思想虽然不断被挑战，但是依然盛行。在美国大萧条时期、第二次世界大战前夕以及战争期间，“魔弹论”虽然不断被挑战，但是依然倍受重视。很多人都担心希特勒以及共产主义的宣传，因为他们看到了希特勒利用广播、电影进行宣传的巨大威力。这种宣传“呈现了压倒性的公众支持的外观”。宣传成功地阻止了反对观点，并且“产生的顺从压力也导致公民们逐渐

---

① JOWETT G S，JARVIE I C，FULLER K H. Children and the movies：media influence and the payne fund controversy[M]. New York：Cambridge University Press，1996：303.

转变他们的内心观点，从而与他们的公开行为保持一致”①。

特别是20世纪30年代，广播逐渐成为美国的主导媒体，所以美国人尤其担心右翼亲纳粹的政客借助大众传媒的力量，对普通民众展开宣传攻势，争取民众的支持，以获得美国的政权。在《宣传的艺术——对考夫林神父演讲的研究》一书中，就有对考夫林神父(Charles E. Coughlin，也有译成库格林)的分析。这位天主教神父，是当时著名的“电台牧师”，每周日其听众达3000万，因亲纳粹言论，被认为是在宣传法西斯哲学。作者聚焦在对考夫林神父的宣传内容进行剖析，总结出了七种宣传技巧，表现出他们对操纵民众的担心。② 当然这种担心不仅仅限于作者，而是反映了当时社会上一种普遍的忧虑。

当时另一个使人们对“魔弹论”，特别是广播媒体的强大作用深信不疑的例子就是“火星人入侵”。1938年10月30日晚上，哥伦比亚广播公司(CBS)的“空中水银剧场”(Mercury Theatre on the Air)播出了一部广播剧《世界大战》(*War of Worlds*)。这部广播剧改编自威尔斯(H. G. Wells)的同名科幻小说，由当时初出茅庐的奥逊·威勒斯(Orson Welles)广播。让这部广播剧的制作人员没想到的是，这个节目产生了巨大影响。节目还没结束，就产生了恐慌，很多人以为火星人入侵地球，估计约有100万人受到了惊吓。③ 这一事件让人们对“魔弹论”的质疑烟消云散，信息一旦到达受众，便会对每一个人产生强大甚至相同的影响。

然而，不久之后进行的实证研究，比如坎特里尔对“火星人入侵”这一事件的研究中，并没有得出媒介强大威力的明确证据，开始扭转人们对受众与媒介的看法。拉扎斯菲尔德也曾无意间流露出对广播宣传在德国纳粹上台中所起作用的质疑，“假如一个政府垄断广播，那么靠单纯的重复并排斥相互冲突的意见，它就可以决定民众的意见。我们不知道这种垄断效应是如何起作用的，但是注意这个特点有重大意义，关于广播的这种效应，不应该去进行任何推论。人们常常忘记，希特勒实现控制靠的并不是电台：情况几乎恰恰相反，因为他在

① 彼特沃克. 弯曲的脊梁：纳粹德国与民主德国时期的宣传活动[M]. 张洪，译. 上海：上海三联书店，2013：216.

② 赛佛林，坦卡德. 传播理论：起源、方法与应用[M]. 北京：中国传媒大学出版社，2006：97.
LEE A M，LEE E B. The fine art of propaganda：a study of father Coughlin's speeches. New York：Harcourt，Brace and Company，1939.

③ CANTRIL H，GAUDET H，HERZOGH. The invasion from MARS：a study in the psychology of panic[M]. Princeton：Princeton University Press，1952.

发迹掌权时，电台已经被他的敌人控制了。电台垄断效应的社会意义，大概比一般的设想要小一些”[①]。一些历史学家也认为，纳粹势力上升和广播发展之间没有因果关系[见拉尔森、哈格特维和麦克伯斯特主编的著作以及奥伯谢尔（A. Oberschall）的研究成果]——他们总结了纳粹所得选票的特点：最支持希特勒的群体既不是工人，也不是基督徒，甚至不是城市居民，而是信奉新教的乡村居民，因为他们觉得别的政党都不代表他们的利益。[②] 这些人当时并不是广播的主要受众。不过，这些对于媒介对受众有巨大影响的质疑，或者出现时间较晚，或者被人选择性遗忘，导致这一时期“魔弹论”思潮依然延续。

正是由于“魔弹论”思潮的影响，上一节提到的这一时期电影的飞速发展，电影受众特别是儿童电影受众的激增，科学研究对于这一观点论述的缺失，使得一些研究者以及精英分子开始寻求用科学的方法来检验媒介强大的作用，佩恩基金研究，乃至坎特里尔、拉扎斯菲尔德等人的研究都是如此。

二、佩恩基金研究中的不同受众观念碰撞

1928 年，电影调查委员会（Motion Picture Research Council，简称 MPRC）的理事威廉姆·H. 肖特（William H. Short）邀请了一批心理学家、社会学家和教育学家来研究电影对儿童的影响，并且得到了佩恩基金会的支持，这便是著名的“佩恩基金研究”。

佩恩基金会由克里夫兰的进步主义者——弗朗西斯·佩恩·波尔顿（Frances Payne Bolton）创办，她非常关心媒介对青少年的影响。她的父亲查尔斯·威廉姆·宾格汉姆（Charles William Bingham）是一位富有的企业家。在她的努力下，佩恩研究项目（Payne Study）以及实验基金项目（Experiment Fund）在 1927 年成立，而“佩恩”一词则是为了纪念她的外祖父亨利·B. 佩恩（Henry B. Payne）。[③]

---

① 转引自：麦克卢汉. 理解媒介——论人的延伸[M]. 何道宽，译. 北京：商务印书馆，2000：366-367.

② 麦格雷. 传播理论史——一种社会学的视角[M]. 刘芳，译. 北京：中国传媒大学出版社，2009：31.

③ 柯泽. 社会学芝加哥学派对佩恩基金“电影影响”研究的贡献[J]. 华中科技大学学报（社会科学版），2013：107.
JOWETT G S，JARVIE I C，FULLER K H. Children and the movies：media influence and the payne fund controversy[M]. New York：Cambridge University Press，1996：18-20.

项目的召集人与负责人肖特有很深的新教背景，他1897年在耶鲁神学院(Yale Theological School)获得神学学位，随后开始在教堂做了十几年牧师。他热衷于参与各种基金会和协会组织。20世纪20年代，他开始在“20世纪基金”(Twentieth Country Fund)、“全国非党派联盟”(League of Nations Non-Partisan Association)等机构任职。肖特虽然不是严格意义上的社会科学家，但他对社会科学的研究方法和原则却非常了解。1927年肖特创办了“青年与电影”研究项目，管理着“电影调查委员会”这一机构，佩恩基金研究这时就是由肖特推动的。①

16世纪逐渐形成的新教对美国有着特殊意义，主导着美国的价值观与道德观，这点也反映在美国总统的宗教信仰上，他们中的绝大多数人都是新教徒。一方面，美国独特的历史境遇，造就了自由观念影响下的宗教精神，激发了美国新教教义对人的关注，间接影响了芝加哥学派以及以后的受众研究；另一方面，宗教的道德属性使得新教徒们对媒介影响非常关注，对媒介的一些负面影响颇为恼火与不满，因此促成了不少有关传播与媒介的知名研究。

在上个世纪之交，当传统的社会纽带——家庭、学校、交通——被强有力的信息源，如报纸、廉价文化、杂志、广播电视所挑战，新教霸权感到自身也受到攻击，这些媒体并不在教堂的监督控制之下。② 然而，媒介的影响到底如何，受众与媒介到底是一个怎样的关系，是像“魔弹论”观点所认为的原子状的受众面对媒介宣传“中弹即倒”，还是像芝加哥学派的很多学者所怀有的乐观主义，电影对移民、女性与儿童的影响仅仅停留在思想的框架中，并没有一个严格的科学研究能够证明。肖特的新教背景使得他更同意前者，成立“电影研究委员会”(MPRC)的初衷就是“通过研究电影对美国青年的负面影响去游说美国国会进行相关立法，加强对美国电影业的审查和控制”③。

然而，佩恩基金研究没有完全证明“魔弹论”或者“皮下注射论”这些现在已经被认为是不可信的理论。尽管有一些研究者认为他们发现了电影对儿童有

① 柯泽. 社会学芝加哥学派对佩恩基金“电影影响”研究的贡献[J]. 华中科技大学学报(社会科学版)，2013:106.

② JOWETT G S, JARVIE I C, FULLER K H. Children and the movies: media influence and the payne fund controversy[M]. New York: Cambridge University Press, 1996: 23.

③ 柯泽. 社会学芝加哥学派对佩恩基金“电影影响”研究的贡献[J]. 华中科技大学学报(社会科学版)，2013:106.

害的证据，但是另一些专家则认为无法得出这一结论。①

这其实关系到不同的受众观念，“肖特们”相信“魔弹论”确实存在，认为受众在与媒介的较量中显得过于渺小，这种想法在像肖特一样深受新教思想影响、对大众颇为“关心”的精英人士中非常普遍。受众，尤其是儿童、妇女和以移民为代表的中下阶层受众，很可能被媒介所影响。在强大的“魔弹论”预设下，复杂而多面的佩恩基金研究被他们简化成一个浅显的并在当时令人深信不疑的结论：电影从各个方面深刻地影响了儿童。

当我们更加仔细地审视这个研究时，我们发现有些研究强调了有限、间接的媒介影响模式，有些研究表明不同受众会有不同解读，有些研究则指出社会与环境的不同减缓了电影对青年人的影响。

比如布鲁默的“电影与行为”这一研究发现，不用担心青少年会把电影中的行为放在现实生活中，因为这并不适用，青少年往往会产生幻想破灭的感觉。“第一步，通过自身的知识和经验，模仿电影里表现的个体感到最好的行为方式；第二步，通过与小团体的互动，发现自己认为好的方式是天真的，因此这种方式渐渐贬值；第三步，发现在现实社会中使用这种方式会遇到很多问题。于是幻想破灭。”这说明受众会受到社会关系的影响。此外布鲁默还发现，受众并不是一个整体，而是千差万别的，“电影的影响并不单纯建立在其内容之上，而且它还建立在观众的感觉与气质上。……有时观众读解同一影片获得的意义完全相反”②。

布鲁默在另一项针对电影如何引发少年犯罪的研究中，认为：“电影可以施加截然相反的影响，它既可以导致青少年犯罪，也可能强化某些传统行为。电影在影响犯罪方面既可能使他们振奋和快乐，也可能使他们忧伤和绝望，既有促成维系现有价值和程序的功能，也有可能导致错罪行为，既可以鼓舞罪犯们改过自新，也可以令罪犯们更加敌视社会。”这就是说，在媒介与受众的关系中，媒介是否会左右受众的态度和行为，受众是否受媒介的影响，媒介本身并不是

① JOWETT G S，JARVIE I C，FULLER K H. Children and the movies：media influence and the payne fund controversy[M]. New York：Cambridge University Press，1996：81-82.

② BLUMER H. The movies and conduct[M]. New York：Macmillan，1933：131；BLUMER H，HAUSER P M. Movies，delinquency，and crime[M]. New York：Arno Press and the New York Times，1970：180. 转引自：胡翼青. 再度发言：论社会学芝加哥学派传播思想[M]. 北京：中国大百科全书出版社，2007：272-273.

唯一原因，还需要加入其他因素。比如社会关系，“电影在那些社会失序地区生长的儿童生活中扮演着特别重要的角色。电影的(不利)影响似乎总是与家庭、学校、教堂以及社区邻里基础的薄弱成正比例，在那些传统秩序和体制发生转变的地方，传统的社会态度以及行为方式土崩瓦解，电影因而更容易成为人们生活中的思想和观念来源”[①]。既然每个受众的情况不同，所处社会关系各异，他们对于媒介的反应是不一样的，这就打破了“魔弹论”认为所有受众在接触媒介后，都会产生一样的“中弹即倒”效果的论断。因此，如果认真研读佩恩基金研究中的每一项内容，我们会发现初衷是要找到“魔弹论”证据的佩恩基金研究最后得出的结果却不一定让发起者“肖特们”满意，也和最后看似毫无疑问的总结论有所出入。

三、研究内容与方法的不同选择

佩恩基金研究可以看作美国早期规模最大、方法最全、专家最多、影响最大的一项传播研究。在这项研究中，研究内容与研究方法同样存在着不同的选择。

从研究内容与范围上讲，该研究可分为两大类，“第一类的目的是评估影片的内容并确定观众的数量和构成。第二类的目的是试图评估电影主题和信息对其观众的影响”[②]。不过，由于研究者各自的研究兴趣不同，佩恩基金研究涉及受众的各个方面，既有受众的态度和行为，又有受众观看的频次，还有受众的认知与情感等内容，因此它在很多方面具有开创性意义。

(一)态度的研究

鲁斯·C. 彼得森和 L. L. 瑟斯顿(Ruth C. Peterson & L. L. Thurstone)主要测量态度的形成过程。这里的态度，是指儿童对有关人种、民族和社会问题的倾向。他们采用实验法，在观看商业影片前，先对儿童态度测量一次；看完影片后，再测量一次，借以发现儿童态度的改变情况。

---

① BLUMER H，HAUSER P M. Movies，delinquency，and crime[M]. New York：Arno Press and the New York Times，1970：201，207. 转引自：柯泽. 社会学芝加哥学派对佩恩基金“电影影响”研究的贡献[J]. 华中科技大学学报(社会科学版)，2013：110.

② 洛厄里，德弗勒. 大众传播效果研究的里程碑[M]. 刘海龙，译. 北京：中国人民大学出版社，2004：21.

(二)行为的研究

比如富兰克·R. 夏特沃斯和马克·A. 梅(Frank R. Shuttleworth & Mark A. May)通过问卷调查进行的"电影迷"儿童(经常看电影的孩子)的研究。研究者将"电影迷"和对照组儿童相比较,研究他们的行为以及同学群体对他们的评价。研究发现,"电影迷"的名声不佳,功课较差,老师和同学都不喜欢。

布鲁默的两个研究也是行为研究。一个研究电影对青少年日常行为的影响,最后成书《电影与行为》(*Movies and Conduct*)。另一个研究是由其与菲利普·豪瑟(Philip Hauser)共同完成的,研究电影对青少年犯罪的影响,最后成书《电影、少年犯以及犯罪行为》(*Movies, Delinquency, and Crime*)。

(三)观众构成与观看频次的研究

受众观看频次调查,其目的与今天的收视率调查颇为相似。为了解各年龄段电影观众的构成情况与观看电影的频次,埃德加·戴尔使用了不同的策略,考察了若干资料。

比如,为了正确推算年轻观众的规模和构成,戴尔首先对俄亥俄州的 50 多个社区的儿童实际观看电影情况做了详细调查,再将这些数据作为全国调查的基础。他发现,5—8 岁的儿童也经常去影院,上学的孩子反而去得更多。儿童比成人去的次数多,男孩比女孩去的次数多。在 1929 年和 1930 年间,每个儿童平均每周要看一次电影。①

(四)其他方面研究

在信息获取方面,P. W. 霍兰德和乔治·D. 斯托德(P. W. Holaday & George D. Stoddard)测试了受众对电影剧情的细节和各种信息的记忆情况。在情感刺激方面,W. S. 戴森格和克里斯蒂安·A. 拉克米克(W. S. Dysinger & Christian A. Ruckmick)通过实验法和个人自述的个案研究测量了电影对情感的影响。萨缪尔·任肖、梵伦·L. 米勒和多罗西·P. 玛奎斯(Samuel Renshaw, Vernon L. Miller & Dorothy P. Marquis)以实验法观测了电影对儿童睡

① 洛厄里,德弗勒. 大众传播效果研究的里程碑[M]. 刘海龙,译. 北京:中国人民大学出版社,2004:22.

眠的影响。查尔斯·C. 彼得斯(Charles C. Peters)研究了电影对道德水平的影响。[①]

从研究方法上看，作为一个新的研究领域，佩恩基金研究的专家们使用了各种方法，他们花费大量时间来磨合自己擅长的研究方法，尽管这种尝试的成本是巨大的，使肖特感到几乎不能负担。在研究之初，不同领域的专家们在方法上有不少分歧。一些研究者，特别是心理学家瑟斯顿和斯托德认为，通过收集统计数据，进而对其进行分析的方法更加科学。而芝加哥大学的社会学家帕克、布鲁默、思拉舍(Thrasher)、克雷西(Cressey)，以及耶鲁大学的心理学家梅(May)，则更青睐访谈(interviews)和"生活史"(life histories)等方法。[②]

瑟斯顿是编制态度量表方面的先驱，在佩恩基金研究中，彼得森与瑟斯顿就使用了刚刚诞生不久的态度量表。"定量研究的态度量表才刚刚产生；调查者们使用的程序主要是建立在从对比判断规则(Law of Comparative Judgment)引申出的相对先进的理论之上，这些推论现在仍是态度测量的基本理论。"[③]

戴森格等人的实验室研究，在当时也是十分新鲜的。他们给被测试的青年受众身上装上实验装备，这些设备上连接着电极，用来记录电影内容的刺激所引起的生理变化，比如皮肤电流的微弱变化和呼吸方式的改变等，这些都被看作情感是否唤起的标志。

布鲁默的研究方法则十分不同。在"电影与行为"研究中，他收集了1823份受访者的个人日记(autobiography)，其中有634份来自两所大学的学生，481份来自4所专科或者低等学院的学生，583份来自高中生，67份来自公司职员，58份来自蓝领工人。目的是找出"电影如何影响了他们儿童时代的游戏，如何影响他们对成年人行为的模仿，如何影响他们的白日梦、情感经验和生活方式"。这被德弗勒认为是佩恩基金研究中最有意思的部分之一。布鲁默还做了135份为期半年的访谈，这些都是质化方面的研究。此外，布鲁默对芝加哥地区

① 洛厄里，德弗勒. 大众传播效果研究的里程碑[M]. 刘海龙，译. 北京：中国人民大学出版社，2004：21-25.

② JOWETT G S，JARVIE I C，FULLER K H. Children and the movies：media influence and the payne fund controversy[M]. New York：Cambridge University Press，1996：60.

③ 洛厄里，德弗勒. 大众传播效果研究的里程碑[M]. 刘海龙，译. 北京：中国人民大学出版社，2004：30.

的1200位小学生进行了问卷调查，这可以认为是量化方面的研究。[①] 由此可以看出，布鲁默的研究延续了芝加哥学派一贯注重经验研究的传统。当然这种经验并不仅限于量化，也包括质化研究，而后者及其结论使布鲁默的研究在十几个佩恩基金研究中熠熠生辉、矫矫不群。

四、走向短期实证效果研究的传播研究

在“魔弹论”思潮的影响下，佩恩基金研究的指向非常明确——要了解电影对儿童的影响，而且项目负责人肖特头脑里一直存在着肯定的预设。从这个意义上说，佩恩基金研究一开始就带有追寻效果的目的。肖特曾列举了佩恩基金研究的六个目的：“(1)儿童电影观众数量；(2)电影影响儿童的量化分析；(3)对这些影响的评价；(4)产生这些影响的原因，比如性别、年龄、智力水平以及个人‘气质’(temperament)；(5)电影对儿童信息处理、态度、情绪、行动以及审美和道德标准的影响；(6)电影对一些‘重要问题’，如权威(authority)、婚姻、犯罪、健康、英雄崇拜以及国际理解等的影响。”[②]

从中可见这一研究的核心就是电影的效果和对儿童的影响。尽管由于研究专家的努力，这一大型调查的内容十分丰富，并不限于效果，但是在“魔弹论”思潮下，佩恩基金研究中关于电影对于儿童的影响并非总是想象中那么强大的发现却没有引起各方重视。在对受众与媒介关系的争论中，在对受众主动与被动的思考中，受众研究走向效果，似乎不可避免。因此佩恩基金项目研究主任、芝加哥大学教育系教授查特斯在《电影与青年：总论》(*Motion Pictures and Youth：a summary*)中总结道：“商业电影导致了大家所不愿看到的混乱。”[③]这一总论简化了佩恩基金研究的各项发现，却并没有全面反映研究的各项成果与结论。但是这一论断支持了“魔弹论”思潮下人们对于以电影为首的媒介的恐惧，也暗合了研究发起者的研究预设，因此被固化传承。

---

① BLUMER H. The movies and conduct[M]. New York：Macmillan，1933：3-12.
胡翼青. 再度发言：论社会学芝加哥学派传播思想[M]. 北京：中国大百科全书出版社，2007：264-265.
洛厄里，德弗勒. 大众传播效果研究的里程碑[M]. 刘海龙，译. 北京：中国人民大学出版社，2004：30.

② JOWETT G S，JARVIE I C，FULLER K H. Children and the movies：media influence and the payne fund controversy[M]. New York：Cambridge University Press，1996：64.

③ CHARTERS W W. Motion pictures and youth：a summary[M]. New York：Macmillan，1933：54.

当短期效果成为研究目的时，佩恩基金研究中对于受众更全面的考察在之后的研究中少有保留，布鲁默这种费时费力的通过自传、日记进行研究的方式便成为古董。当研究的内容与范围开始唯效果（尤其是能够迅速得出结论的短期效果）马首是瞻，研究所使用的方法越来越追求快速与实用，量化方法开始成为主流（尽管这在某种程度上是一种进步），聚焦于态度和行为这些短期效果的效果导向受众研究就此拉开了序幕。

在电影项目之后，鉴于广播媒体影响日盛，佩恩基金会资助了俄亥俄州立大学、芝加哥大学和哥伦比亚教师学院的广播研究。20 世纪 30 年代中期，基金会创立了广播听众研究，并把“效果研究”作为广播学术研究的核心。之后，佩恩基金会减少投入，另一家大的基金——洛克菲勒基金会开始进入。洛克菲勒基金会的人文部副主任马歇尔（John Marshall）本来打算招募坎特里尔加入洛克菲勒计划，不过由于他忙于其他项目，在林德的建议下，马歇尔任命了刚刚从欧洲流亡来的拉扎斯菲尔德。[①] 于是，由拉扎斯菲尔德、霍夫兰等人主导的效果导向受众研究时代开始了。

第三节　个人差异的发现与受众态度研究

坎特里尔的“火星人入侵”研究首先提出了“个人差异”概念，媒介对受众的影响效果并非想象中那么强大，媒介并不能对每个受众都起到同样作用。这一著名研究使得当时的很多研究者对于受众与媒介的看法发生了转变，有限效果的设想开始进入更多研究者的视野。在此研究前后进行的关于受众在接触、注意、记忆媒介信息时的“选择性”研究，则进一步证实了“个人差异”的存在。霍夫兰以实验法为主的受众态度研究，同样得出个人差异在受众解读媒介信息时会起到重要作用的结论。这些研究都聚焦于受众的态度与行为，对受众与媒介效果的理解也逐步深入。

---

① 布茨. 美国受众成长记[M]. 王瀚东，译. 北京：华夏出版社，2007：241-242.

一、个人差异的发现

(一)“火星人入侵”研究及其研究方法

广播剧《世界大战》(*War of Worlds*)产生了巨大影响，约有 100 万人受到了惊吓，很多人认为这一事件为“魔弹论”提供了充足的论据。这一事件同样为社会学家研究大众行为提供了一个千载难逢的机会，并且这样的大众行为是由于大众传媒所引起的恐慌，因此对其研究，也就是进行一项受众研究。洛克菲勒基金会资助的普林斯顿广播研究所立刻对这一恐慌事件进行了研究。1938 年，坎特里尔①、哥迪特(Hazel Gaudet)和赫佐格(Herta Herzog)对“火星人入侵”这一广播剧给美国带来的“恐怖事件”进行了跟踪调查，最后成书《火星人入侵》(*The Invasion from MARS*：*A Study in the Psychology of Panic*)。

这一研究运用了多种研究方法，有个人访谈、调查法，还有对报纸的叙事分析与对邮件的分析。研究使用的最主要方法是个人深度访谈，共调查访问了 135 个人，其中 107 人是因为他们意识到被广播影响才被选择的，另外 28 个没有受到惊吓的受访者作为对照。访谈名单基本上是通过访员的调查或者受访者自己主动提出的，通过报纸上的名单获得的访谈人员少得可怜。这个访谈从广播剧播出一周后开始，持续了三个星期。

因为没有进行调查抽样，并且调查范围仅仅限定在普林斯顿地区②，所以样本的代表性并不高。正如坎特里尔所说：尽管我们使用每一种努力，以确保样本尽量具有代表性，但是并不能说这组样本能够代表总体人口。③

该研究还借鉴了其他调查公司的定量调查研究数据，并对其进行了分析。所借鉴的数据主要有由美国舆论研究所(American Institute of Public Opinion, AIPO)④在广播剧播出 6 周后对美国全国范围内听众做的几千人的调查。不过

① 坎特里尔在“火星人入侵”研究之前，就对广播研究非常关注，他曾与 G. 奥尔波特合作，出版了《广播心理学》(1935)一书，并参与了洛克菲勒基金会“广播项目”的早期筹划，后由于忙于他事，才让位给拉扎斯菲尔德。

② 原因在于：(1)资金的限制；(2)研究者要确保对调查过程进行监督。

③ CANTRIL H, GAUDET H, HERZOG H. The invasion from MARS: a study in the psychology of panic[M]. Princeton: Princeton University Press, 1952: ⅵ.

④ 美国舆论研究所由盖洛普创立，后面将对其简单介绍。

这个抽样是盖洛普按照选举调查中的选民特征来进行的，因此与实际广播收听情况相比，成人、白人居多，而年轻人、黑人则偏少。此外，还有CBS在事后一周对全国收听过这一节目的920人进行的专门调查。

坎特利尔等还参考了刚刚诞生不久的收听率调查数据，比如胡珀（C. E. Hooper）公司的收听率调查。[①] 收听率调查在当时来说是一种新的受众研究方法，是由专门公司对受众收听情况进行的大规模调查。不过那时的收听率调查刚刚起步，在调查方法上还有不少缺陷。以胡珀公司为例，该公司当时使用的是电话调查法，实际上把没有电话的家庭排除在外。到20世纪50年代日记卡法与测量仪法成为主要视听率调查方法时，视听率数据对于受众研究的价值才更加凸显。

（二）个人差异的提出

坎特里尔在接受采访时表示，这一研究的目标有两个："其一，确定广播影响的广泛程度和大众对广播的反应的性质；其二，不同种类的个人产生这样反应的社会心理原因。"[②]换言之，这个研究就是要了解传播效果，以及产生传播效果的深层次原因。

胡珀公司调查得知大约400万人当时收听了《空中水银剧场》这一节目，而AIPO的调查显示有900万成人、300万儿童。原因在于电话调查忽略了那些没有电话的家庭。坎特里尔等将两个数字综合以后，认为应该有600万人。[③]另根据AIPO的调查，有28%的受访者认为这个节目是一个真实新闻报道，而其中70%受到了惊吓，也就是说有将近120万人受到影响。[④]

上述数据意味着尽管受到广播剧影响的听众非常多，但并不是每个听众都产生恐慌，这与持"魔弹论"思想的那些人所宣称的所有人接触相关媒介信息后

---

① CANTRIL H, GAUDET H, HERZOG H. The invasion from MARS: a study in the psychology of panic[M]. Princeton: Princeton University Press, 1952: 55-63.

② 详见1939年1月13日，《普林斯顿校友周报》的文章《研究火星人恐慌的心理学家》（*Psychologists to Study Martian Hysteria*）。转引自：莫里森. 寻找方法：焦点小组和大众传播研究的发展[M]. 柯惠新，王宁，译. 北京：新华出版社，2004：119.

③ CANTRIL H, GAUDET H, HERZOG H. The invasion from MARS: a study in the psychology of panic[M]. Princeton: Princeton University Press, 1952: 55-56.

④ CANTRIL H, GAUDET H, HERZOG H. The invasion from MARS: a study in the psychology of panic[M]. Princeton: Princeton University Press, 1952: 57-58.

都会改变其态度与行为的论述并不一致。这就产生一个疑问：为什么同样听到广播剧，有人产生恐慌，有人却没有受到影响？这也是坎特里尔提出的第二个研究目的。坎特里尔等人对这一问题进行了深入研究，希望发现受众在收听该节目后产生不同反应的原因。

坎特里尔和同事们通过研究，根据听众反应将其分为四类：(1)对广播内容本身进行内在证据检查的人。他们一直没有受到惊吓。(2)将广播剧与其他信息互相参照，进而发现这是一个戏剧的人。他们也没受到惊吓。(3)曾经尝试与其他信息对照，但由于种种原因还坚持认为这是新闻。(4)没有对广播内容检查的人。① 从中发现，受众反应并不一致。即使反应类似，比如都没有受到惊吓，或者都认为该广播剧是一则新闻，也可以分为不同情况。

坎特里尔等人将这种不同做了如下解释。首先，"批判能力"的不同是区别是否受到惊吓的重要因素。具有批判能力的人会将广播剧中的情形与自身感知相比较，结果发现有太多地方与其自身感知不同。并且研究者认为，"批判能力"与受教育程度有关，尽管不是所有受教育程度高的人都会保持镇定。这与杜威晚年的观念颇为相似，那时的杜威将教育作为提高公众智慧的重要手段。② 其次，宗教信仰与人格因素也很重要。笃信宗教的人往往会认为火星人入侵是上帝的行为。而人格因素，坎特里尔将其称为个人敏感性(Personal Susceptibility)，包括精神上感到不安全(Insecurity)、有病态性恐惧(Phobias)、缺乏自信心(Lack of Self-confidence)和有宿命思想(Fatalism)，具有这些个人敏感性的听众也容易受到恐慌。③ 最后，收听情境也能影响个人的接受程度。④ 受众是自发收听，还是等其他朋友通知后收听，是在家一个人收听，还是自己一个人

① CANTRIL H, GAUDET H, HERZOG H. The invasion from MARS: a study in the psychology of panic[M]. Princeton: Princeton University Press, 1952: 89, 90, 92, 95.
洛厄里，德弗勒. 大众传播效果研究的里程碑[M]. 刘海龙，译. 北京：中国人民大学出版社，2004: 55-56.

② CANTRIL H, GAUDET H, HERZOG H. The invasion from MARS: a study in the psychology of panic[M]. Princeton: Princeton University Press, 1952: 111-112, 119.
洛厄里，德弗勒. 大众传播效果研究的里程碑[M]. 刘海龙，译. 北京：中国人民大学出版社，2004: 58.

③ CANTRIL H, GAUDET H, HERZOG H. The invasion from MARS: a study in the psychology of panic[M]. Princeton: Princeton University Press, 1952: 128-133.
洛厄里，德弗勒. 大众传播效果研究的里程碑[M]. 刘海龙，译. 北京：中国人民大学出版社，2004: 58.

④ CANTRIL H, GAUDET H, HERZOG H. The invasion from MARS: a study in the psychology of panic[M]. Princeton: Princeton University Press, 1952: 139-141.
洛厄里，德弗勒. 大众传播效果研究的里程碑[M]. 刘海龙，译. 北京：中国人民大学出版社，2004: 59.

收听，等等，都会影响听众的反应。

受众在批判能力、人格因素、收听情境等方面的不同，即是指受众的“个人差异”。坎特里尔等人进行的对由广播剧引起的恐慌(很多人将其作为“魔弹论”的一个重要支持)的研究表明：受众因“个人差异”在接受媒介信息时，会有不同反应。媒介没有能力让所有受众作出一致的反应，传播者也不能让所有受众都产生其想要传播的意义，媒介力量并非如想象中那么强大。

坎特里尔还发现除了个人差异外，历史环境也是一个重要的影响因素。他指出，1929 年经济危机以来，人们在经济方面没有安全感，而法西斯的上台以及对于共产主义的恐惧，各种因素融合在一起，使当时的美国人过于紧张。① 这实际上隐约显现了社会历史关系在媒介传播中的重要作用。不久之后，拉扎斯菲尔德更加明确地把“社会关系”引入他的研究。

(三)选择性机制

“个人差异”不仅限于坎特里尔等提到的人与人之间“批判能力”的不同、受教育程度等人口统计学意义上的区别。不同的受众对同样的信息基于其固有的特点与倾向，也可以有不同的选择方式，形成不同的态度，作出不同的行为，这便是“选择性机制”。

“选择性机制”的理论来源主要出自费斯汀格的认知不协调理论。认知不协调，又叫认知不和谐、认知失调理论，它基于这样一种观点：“人类有机体试图在其意见、态度、知识和价值观之间建立内在的和谐性和一致性。”②人所持有的认知非常多，在费斯汀格看来，这些认知之间既可能相关，也可能毫无关系。其次，在具有相关关系的各种认知之间，有的相互矛盾，有的相互一致，这就会产生协调或者失调的状态。如果某人出现失调的状态，他就会通过某种方式，来使得这些不同的认识变得一致。受众在面对各种媒介信息时，这些信息与其原有认知也存在相同或者矛盾的关系，受众为了避免失调状态，就会对这些信息进行选择。基于受众的固有特点与倾向，个体受众之间存在着很大差异，受众不会对媒介信息反应一致，因此受众对于信息的选择也是不同的。

---

① CANTRIL H，GAUDET H，HERZOG H. The invasion from MARS：a study in the psychology of panic[M]. Princeton：Princeton University Press，1952：153-164.

② 费斯汀格. 认知不协调理论[M]//现代社会心理学名著菁华. 北京：社会科学文献出版社，2007：241.

克拉珀在《大众传播效果》(1960)一书中最先对“选择性”机制进行了概括，他将“选择性”机制分为三个阶段：选择性接触(Selective Exposure，也有译作“选择性暴露”)、选择性理解(Selective Perception，也有译作“选择性认知”)和选择性记忆(Selective Retention)。[①] 克拉珀认为，大众媒介本身并不能产生强大效果，只有联合受众的固有倾向，以及选择性接触、选择性理解、选择性记忆等过程才能强化媒介的效果。选择性过程就是指，“大体上，人们倾向于使自己暴露于那些与其已有态度和兴趣相一致的大众传播之中。他们自觉不自觉地远离那些唱反调的传播。当他们已然暴露在无法共鸣的事物面前的时候，他们常常看似对它视若无睹，或者重新塑造并解释它以适应他们已有的观点，或者轻易地忘记它，远比忘记能与之共鸣的事物容易”[②]。

选择性机制，并不是由某一个研究得出的，实际上，它是对多个调查、实验研究的一种总结。选择性接触，是指受众倾向于接触那些与自己的已有态度、兴趣相一致的媒介信息，回避那些与已有态度、兴趣不一致的媒介信息。早在20世纪40年代，拉扎斯菲尔德等人在“伊利调查”这个经典研究中，就发现人们对于媒体的接触具有选择性，大部分人会选择那些与其既有倾向一致的媒介信息。虽然之后有研究指出，受众有时也会选择注意那些会使其产生不协调心理的信息。[③] 但是，这些研究同样显示受众并不是对所有信息照单全收，他们对信息的接触与注意具有选择性，而这种选择涉及受众本身的需求与既有倾向。

根据塞佛林和坦卡德(Werner J. Severin&James W. Tarkard, Jr)的总结，理解一般受到预存立场(Predispostion，也有译作“假定”)、文化期待(Cultural

---

① KLAPPER J T. The effects of mass communication[M]. New York：The Free Press，A Division of Mamillan Publishing Co.，Inc.，1960：19-26.

② KLAPPER J T. The effects of mass communication[M]. New York：The Free Press，A Division of Mamillan Publishing Co.，Inc.，1960：18-19.
巴兰，戴维斯. 大众传播理论：基础、争鸣与未来：第三版[M]. 曹书乐，译. 北京：清华大学出版社，2004：145.

③ FREEDMAN J L，SEARS D. Selective exposure[M]//Advances in Experimental Social Psychology. New York：Academic Press，1965：57-97. 转引自：赛佛林，坦卡德. 传播理论：起源、方法与应用[M]. 北京：中国传媒大学出版社，2006：127.
比如，如果某条消息带给受众的利益超过它将给其心理带来的不和谐，寻求新奇的受众也会接触和注意这些与其信仰、态度、行为不相符的材料。这些信息可能是新颖的、有趣的，或者是有助于解决受众在学习、工作中的某个问题。而如果受众具有坚定信念，不会回避那些与其认知矛盾的信息，因为他们认为其并不会被这些信息左右。

Expectations)、动机(Motivation)、情绪、态度(Attitude)的影响。[①] 这些因素同样会影响受众对于媒介信息的选择。在社会心理学和传播研究中，证明受众选择性理解的研究非常多，比如克拉珀举出的奥尔波特和波斯特曼(1945)对于谣言的研究[②]，库珀和贾霍达(Eunice Cooper and Marie Jahoda，1947)对反成见卡通画的研究[③]，以及海曼等人(Hyman&Sheatsley，1947)的研究[④]。

选择性记忆则指人们倾向于最清晰长久地记忆与其既有态度、需要以及其他心理因素一致的信息。克拉珀举出了莱文和墨菲(Levine&Murphy，1943)等人有关受众记忆的研究来支持这一总结。[⑤]

---

① 赛佛林，坦卡德. 传播理论：起源、方法与应用[M]. 北京：中国传媒大学出版社，2006：64-67.

② ALLPORT G W，POSTMAN L. The psychology of rumor[M]. New York：Henry Holt，1947. 转引自：KLAPPER J T. The effects of mass communication[M]. New York：The Free Press，A Division of Mamillan Publishing Co.，Inc.，1960：22.

巴兰，戴维斯. 大众传播理论：基础、争鸣与未来. 第三版[M]. 曹书乐，译. 北京：清华大学出版社，2004：146.

奥尔波特和波斯特曼两位心理学家向一些人展示了一幅在火车上打斗的图画。打斗双方分别是一名紧握剃刀的高加索男性和一名赤手空拳的非洲裔美国男子。看过这幅画的人被要求向另一个人描述这一幕，然后另一个也这么做，依次进行下去。那把小刀不可避免地转移到那名黑人手中。两位心理学家总结：什么由外在事物变为内心思想，什么就由客观变为主观。

③ COOPER E，JAHODA M. The evasion of propaganda：how prejudiced people respond to anti-prejudice propaganda[J]. Journal of Psychology，1947(23)：15-25. 转引自：KLAPPER J T. The effects of mass communication[M]. New York：The Free Press，A Division of Mamillan Publishing Co.，Inc.，1960：22-23.

赛佛林，坦卡德. 传播理论：起源、方法与应用[M]. 北京：中国传媒大学出版社，2006：68-69.

美国犹太人委员会曾资助库珀和贾霍达对反成见卡通画的效果进行研究。他们研究了卡通人物比考特先生(Mr. Biggott)，这是一个夸张的种族主义者形象，并且在卡通画中显得荒诞可笑。根据对160位非犹太裔白种男性工人测试，两位研究者发现有三分之二的受试者误解了这些卡通画。研究者认为，反成见宣传没有奏效的原因之一，是人们惧怕不被某个社会群体所认同。人们根据自身的固有态度来看待卡通画，无论人们有无成见都会通过卡通画来强化其既有态度。

④ HYMAN H，SHEATSLEY P. Some reasons why information campaigns fail[J]. Public opinion quarterly，1947(11)：412-423. 转引自：KLAPPER J T. The effects of mass communication[M]. New York：The Free Press，A Division of Mamillan Publishing Co.，Inc.，1960：22.

该研究先将受众按照其既有态度分为两组(一组认为“美苏关系恶劣”的罪魁祸首是苏联，另一组认为“主要责任在美国”或者“双方都有责任”)，然后让受众阅读同样的报纸文章，结果显示，后一组比前一组更倾向于认为报纸过分批评了苏联。

⑤ LEVINE J，MURPHY G. The learning and forgetting of controversial material[J]. Journal of abnormal and social psychology，1943(38)：507-517. 转引自：KLAPPER J T. The effects of mass communication[M]. New York：The Free Press，A Division of Mamillan Publishing Co.，Inc.，1960：23-24.

莱文和墨菲给五个支持共产主义的学生与五个反对共产主义的学生提供不同立场倾向的文章，当这些被试者面对支持与反对共产主义的材料时，持支持立场的被试者比持反对立场的被试者能够记忆更多支持共产主义的信息，并且随着时间的增加，这种差距会愈加明显；而持反对立场的被试者则比持支持立场的被试者会更快地忘记支持共产主义的信息，并且这种差距随着时间的增加也会更明显。

赛佛林和坦卡德还认为，基模也是了解人们处理来自大众传播信息的一个重要概念，这一概念显示了受众头脑中的已有知识对选择与处理信息过程的影响。基模（Schemas，又译“图式”“概略”等），作为一种认知结构，它由组织有序的有关情境和个人的知识构成，这些知识是从过去的经验中抽象出来的。① 基模在认知过程中会影响人们对新信息的编码、对旧信息的记忆，以及推断缺失的信息。② 因此基模会导致受众有选择地接触、理解与记忆媒介信息。

选择性机制的研究自诞生以来一直受到各种质疑，选择性机制侧重的是短期态度与行为的变化。克拉珀认为，并没有研究涉及较长时间暴露在相关传播情境下选择性机制是否还会起作用（比如暴露在若干年的宣传之下）。③ 克拉珀在总结选择性机制时还指出，选择性接触、理解与记忆并不是发生在所有人的所有传播情形中。在伊利调查中，研究者就发现有部分受众实际上选择了与其党派立场不同的媒介信息接触。不过这正说明了受众选择的多样性、主动性与复杂性，显示了受众之间在“选择”信息时的个人差异。

特别是有研究者质疑在媒介信息严重同质化的今天，受众是否还会获取到不协调的信息而产生选择性机制。尤其是当这种同质化信息存在各种偏见时，更会产生危害。④ 这些观点更倾向于将媒介的影响力、信息本身看作一个重要变量，但弱化甚至忽视了受众的既有倾向在解读信息时的作用。既有倾向同样会影响传播效果。与此相反，也有一些研究者倾向于认为，后来的一些研究发现了更多支持这一选择性接触的证据。⑤ 科顿（Cotton，1985）通过总结 1967—1983 年的相关研究，得出结论：对选择性接触的后续研究一般都更小心地控制了条件，并产生了积极的结果。几乎每一项研究都发现了显著的选择性接触的效果。⑥

---

① GRABER D A. Processing the news：how people tame the information tide. 2nd ed[M]. New York：Longman，1988. 转引自：赛佛林，坦卡德. 传播理论：起源、方法与应用[M]. 北京：中国传媒大学出版社，2006：71.

② FISKE S T，TAYLOR S E. Social cognition.（ed.）2nd[M]. New York：McGraw-Hill，1991：121-139. 转引自：刘海龙. 大众传播理论：范式与流派[M]. 北京：中国人民大学出版社，2008：191-198.

③ KLAPPER J T. The effects of mass communication[M]. New York：The Free Press，A Division of Mamillan Publishing Co.，Inc.，1960：25.

④ 巴兰，戴维斯. 大众传播理论：基础、争鸣与未来. 第三版[M]. 曹书乐，译. 北京：清华大学出版社，2004：147.

⑤ 赛佛林，坦卡德. 传播理论：起源、方法与应用[M]. 北京：中国传媒大学出版社，2006：71.

⑥ COTTON J L. Cognitive dissonance in selective exposure[M]//Selective exposure to communication. Hillsdale，N. J.：Lawrence Erlbaum，1985：11-33. 转引自：赛佛林，坦卡德. 传播理论：起源、方法与应用[M]. 北京：中国传媒大学出版社，2006：71.

有关受众选择性的研究非常多，这里不再一一举例，我们需要解读的关键是在选择性研究中，实际上蕴含着研究对受众对于媒介信息究竟是“主动”还是“被动”的思考。承认受众的选择性，就意味着承认了受众的“主动性”，这成为克拉珀提出的“有限效果论”的一个有力证据。根据每个受众的各自情况与生长环境不同，即个人存在的差异，受众会形成不同的预存立场与既有倾向，会怀着不同的目的与动机接触、理解信息，接收同样信息后会产生不同的态度，进而会导致不同的选择性接触、理解和记忆情况。因此，即使他们接收了相同的媒介内容，其反应也不可能一致，更不会完全达成传播者所设想的效果。反过来，正如克拉珀所总结的，选择性过程也是受众预存立场的保护网。[①] 受众的选择性与其既有倾向相互影响，有很大关联，而既有倾向这一变量会涉及受众原有预设的形成问题。受众的原有态度和意见势必与其社会关系相联系，这便将“个人差异论”与“社会关系论”勾连起来。

二、受众态度研究

媒介到底对受众有无作用，通过哪些因素起作用？与拉扎斯菲尔德等社会学家关注于社会关系不同，以霍夫兰为首的心理学家们，在美国开创了有关个人态度变化微观层次研究的学术传统。

“态度”自 20 世纪 20 年代以来，成为社会心理学的一个重要概念。如前所述，“二战”期间，为了捍卫美国的价值观，揭穿纳粹宣传的谎言，同时也为了凝聚美国人的精神，摆脱当时弥漫在美国上空的孤立主义与和平主义情绪，更是为了让来自全美各地各种背景的士兵能够在理智上与情感上团结起来一致对外，态度研究显得尤为重要。战后对受众态度改变研究的热度并未随战争的结束而消退。

行为主义与学习理论的背景使得霍夫兰“善于识别态度改变的本质要素和设计使用受控变量的简单直接的实验”[②]。在战时特殊情境的影响下，霍夫兰开

① KLAPPER J T. The effects of mass communication[M]. New York: The Free Press, A Division of Mamillan Publishing Co. , Inc. , 1960: 25-26.

② 巴兰，戴维斯. 大众传播理论：基础、争鸣与未来：第三版[M]. 曹书乐，译. 北京：清华大学出版社，2004: 149.

始转向对于受众态度的探讨，研究媒介在各种情况下对受众的不同传播效果。他和他团队的研究集中于说服与态度的关系、态度的形成与转变、说服的方式、技巧与能力等方面。在霍夫兰以及其他研究者的推动下，“态度”成为效果导向受众研究的重要概念，态度研究成为效果导向受众研究的重要方面。他的研究发现有助于人们更了解说服的过程，特别是研究中提出的一些概念与假说，如可信度、对宣传的免疫力、恐惧诉求、睡眠效果等等，都成为引导后来研究的起点。

(一)霍夫兰战时“电影实验”系列研究

霍夫兰师承新行为主义者赫尔(C. L. Hull)，“二战”前，他主要以迷宫中的小白鼠为实验对象，从事学习理论研究。“二战”期间，他的研究发生了很大转变，这一转变源于“二战”中他为美国军方所做的研究。当时霍夫兰领导陆军信息与教育部(Information and Education Division)调查分部的一个实验小组，他们的研究主题非常多样，对士兵接触各种媒介(包括电影、广播、幻灯片)后的态度变化进行研究。尽管“很难发表一个单独的报告来连贯一致地说明所有的研究”，[①]但是霍夫兰及其同事还是找到了存在于不同实验中的共同点，对这些测量受众的实验进行了系统化论述，汇成《大众传播实验》(*Experiments on Mass Communication*)一书。[②]

霍夫兰主要使用的是实验法，尤其在测量中引入了实验组和控制组的设计，并且使用了“带控制组的前/后测实验设计”和“带控制组的后测实验设计”两种方式。前者是在实验组看电影前后，都要对实验组与控制组进行问卷调查，后者则没有前测环节，只在实验组看完电影后对两个组进行对比，这在传播研究中是个很新的调查程序。

除了使用实验法外，霍夫兰还邀请默顿以及其哥伦比亚“应用社会研究局”的同事参与，使用焦点访谈方法对士兵的小型抽样组进行调查。与拉扎斯菲尔德从事的市场研究相似，他们先通过“拉扎斯菲尔德—斯坦顿节目分析仪”让被

---

① HOVLAND C I，LUMSDAINE A A，SHEFFIELD F D. Experiments on mass communication[M]. Princeton，New Jersey：Princeton University Press，1949：ⅶ.

② 以下部分参照：HOVLAND C I，LUMSDAINE A A，SHEFFIELD F D. Experiments on mass communication[M]. Princeton，New Jersey：Princeton University Press，1949；洛厄里，德弗勒. 大众传播效果研究的里程碑[M]. 刘海龙，译. 北京：中国人民大学出版社，2004：122-149.

调查对象表示对一部训练题材影片的喜欢与否(态度),然后进行焦点访谈。①

在霍夫兰的众多战时实验研究中,有很多是对新兵受众看过《我们为何二战》系列影片后所产生改变的研究。结果发现,电影确实能在短时间内让大部分人获得事实性知识,也有可能改变受众对这些事实的观点和解释,但是对于受众更宽泛的态度、动机(比如对英国的态度)的改变则没有显著效果。同时研究发现,电影并不比投放幻灯片对受众更有影响,因此诸如某种声貌并重的媒介比那些单一的、仅配以讲解的媒介天然地更具效果的论述并不能被证实。研究还发现,在受众观看电影前先做一个有关内容要点的评论,与在受众观看电影后对主要内容进行复习,都比单纯只播放电影的学习效果要好,然而,提前介绍与事后复习两组之间的效果差异并不大。另外,受众的智力水平与受教育程度对受众观看影片后的变化颇有影响。受教育程度高的受众从电影中学习到的事实性知识更多;受教育程度高的受众往往更会因问题复杂、事实性信息的支持而改变观点,受教育程度低的受众则会因为缺少事实支持的信息而改变观点。

此外,霍夫兰战时还对传播的长期效果、短期效果以及传播的一些手段,如一面提示、两面提示等进行了研究。

(二)影响态度改变的变量及研究结果

“二战”后,霍夫兰和他的同事们返回耶鲁,依然从事与“态度改变”有关的研究。1946 年至 1961 年间,霍夫兰带领研究团队完成了超过 50 项旨在解释说服或者态度变化的因变量实验,并于 1953 年出版《传播与说服》一书,总结了受众“态度”研究的理论框架和结果。霍夫兰对态度的系列研究取得了详尽的实验结果,为了简化起见,洛厄里和德弗勒从中摘取了涉及传播学四个基本范畴的主要内容(即传播学、传播内容、受众和受众反应)进行探讨。②

1. 传播者的特征

主要指涉传播者的“可信度”(Credibility)。研究者假设,一个说服信息的

---

① 罗杰斯. 传播学史——一种传记式的方法[M]. 殷晓蓉,译. 上海:上海译文出版社,2005:327.

② 以下部分参照:HOVLAND C I,JANIS I L,KELLEY H H. Communication and Persuasion:Psychological studies of opinion change[M]. New Haven and London:Yale University Press,1953;洛厄里,德弗勒. 大众传播效果研究的里程碑[M]. 刘海龙,译. 北京:中国人民大学出版社,2004:155-169..

成败与否，在于传播者是什么样的人。他们将可信度区分为两个面向：一个是"权威性"（Expertness），指"传播者是否被视为可靠的来源"；另一个是"可信赖性"（Trustworthiness），指"受众对传播者能否提供可靠消息的信心"。

实验结果证明，即使内容相同，可信度低的信源与可信度高的信源相比，受众也会认为前者发出的消息内容"不公正"和"不合理"。可信度高的信源能够使态度马上改变，即时效果大；但是随着时间推移，经过几个星期后，影响会消失，也就是说，信源经过一段时间后，便不对信息本身起作用，这便是霍夫兰发现的"睡眠效应"。而信息对态度的即时影响，与受众的"注意"程度与理解力无关。从获得信息量的角度来说，无论信源的可信度高低，受众都能对消息内容本身学习，并且学习到的数量相同，可信度只关系到受众"接受不接受"所传播结论的动机。

2. 传播信息的内容和结构

有关内容的研究被区分为两个方面：激发性诉求（Motivating Appeal）和论点的结构。诉求是指"引发接受观点动机的刺激"。霍夫兰等人将内容的刺激形式分成三类：证实的论点；正面的情绪诉求；负面的情绪诉求。作为负面诉求的一种，研究集中探讨了引起恐惧的诉求内容。恐怖诉求的研究证实传播内容的威胁性会增加受众的不安（恐惧心）。另外研究者还发现，轻度恐怖诉求，反而在态度与行为改变上的效果更好；中度以上的恐惧诉求虽然会引起兴趣和激发紧张感，但在高度恐惧压力之下，会造成一些干扰，比如没有注意到传播内容，或者对传播者产生反感。

除了诉求方式外，论点呈现的先后顺序也影响着说服的效果。信息结构的问题主要涉及三个方面：结论是否呈现；正反面观点是否同时呈现；正反面观点呈现的先后顺序。研究的主要结论是：最有效的说服传播应该明确提出结论，并且通过正反两方面进行传播，至于论点出现的先后顺序则无关紧要。

3. 受众特征

对于受众这个变量，研究者首先研究了受众所属群体以及从众性对劝服效果的影响，其次又研究了受众本身的人格特质。

霍夫兰认为，群体归属（Group Membership）使得个体受众产生从众性，原因在于群体其他成员对个体受众的行为有期望，个体受众则有意愿达到这些期望。由于受众可能会为了顺从规范而抗拒态度的改变，因此态度的改变与重视群体的程度呈反比。研究结果证实，那些以身为团体一分子而骄傲的人，最能抗拒与团体规范相左的信息。

在人格特征方面，霍夫兰等人考虑到两个因素：智力和动机因素。相比之下，动机因素比智力因素更具有决定性。动机包括："占主导地位的人格需求、情绪波动、防御机制、对挫折的承受力以及产生兴奋的阈值等，这些因素都可以促进或干扰人对于不同类型的说服性传播的反应。"[①]通过研究发现，较易被说服的受试者具有不太适应社会、自尊心不强、害羞和没自信等特质；而不易被说服的受试者则表现出富有攻击性、不喜欢社交、深受精神性神经质疾病的影响。

单从受众特征这一范畴来看，霍夫兰的研究涉及的受众问题，不仅仅局限于受众的"个人差异"，以及由此产生的对媒介的不同反应，还把群体归属概念引入了这一受众研究领域，如果将群体看作社会关系的一部分，霍夫兰实际上与拉扎斯菲尔德的结论颇有相通之处。

4. 受众的反应模式

霍夫兰等人的研究从两个方面探讨受众的反应："受众主动参与是否影响态度的改变"以及"态度改变的持久性"。

在态度改变研究中，研究者尝试比较主动参与者与被动参与者在态度改变上的差异。在实验设计中，要求主动参与组的受众主动去说服别人，要求被动参与组的受众只阅读和收听信息。研究结果发现，积极参与者比被动参与者较易改变态度。

在霍夫兰等人的系列研究中，有很多涉及态度改变的持续时间，主要围绕以下两个问题：是什么因素影响受众学习和记忆传播的内容？是什么因素影响受众长时间接受信息论点？研究发现，受众可能一开始接受了传播者的论点，但是经过一段时间后会改变原先的态度；受众也可能起初拒绝传播者的论点，但是时间一久，转而支持传播者的论点。

(三)对霍夫兰态度研究的评价

"态度改变"是霍夫兰等人考察传播劝服效果的核心概念。他们视传播为

---

① 洛厄里，德弗勒. 大众传播效果研究的里程碑[M]. 刘海龙，译. 北京：中国人民大学出版社，2004：163.

"刺激促成及改变的过程"，更明确地说，传播是"一个人（传播者）传递刺激（通常是口头上的）去改变另一个人（受众）的过程"。[①] 霍夫兰直接将"传播"与受众的"态度改变"联系在一起，传播的目的就是劝服，传播的终点就是态度改变；不仅如此，霍夫兰相信"态度对行为的预测"，关注"态度改变"，背后还有着对"行为改变"的重视。

霍夫兰的研究涉及传播的各个环节，他将香农式的线形传播模式的组成部分[SMCR（S——传播者；M——信息；C——信道；R——受众）]设为自变量，对SMCR组成部分的不同方向（或变量）对于态度变化产生的影响进行实验测试。每项研究的实验设计大同小异，研究者设计某个特定的因素，然后测试该因素所产生的说服效果。传播是单向进行的，即使进行实验的受众也不允许交谈。

霍夫兰对传播研究与受众研究最突出的贡献，一是将心理实验方法引入传播学研究。霍夫兰领导的态度研究团队的研究者背景大多是实验心理学，他们熟悉实验法的操作，并认为既然要探寻"说服的定律"，就需要以实验法解释因果关系。二是通过研究揭示了传播劝服效果——受众态度形成与转变的条件性和复杂性，动摇了早期"魔弹论"受众观的基础，支持了"有限效果"假说。

不过，霍夫兰的研究也经常遭人质疑。一些批评者认为其主要方法——实验法，只关心短期效果，有割裂个人与社会的关系的可能。如果应用不当，结论往往会成为个人主义的表述。

霍夫兰的老师赫尔是华生的学生，也是新行为主义的代表。霍夫兰所在的耶鲁学派拥有众多知名心理学家，比如贾尼斯（Irving Janis）、奥斯古德（Charles Osgood）、谢里夫（Muzafer Sherif）、麦奎尔（William McGuire），等等，他们关心的是个体的微观心理世界。因此有学者认为"在霍夫兰那里，传播效果问题被行为主义心理学还原到具体的个体上，效果就是个人效果的综合，实验室总结出来的基于少数个人的法则可以适用于全人类，甚至包括人的社会心理"[②]。这一评论没有看到，尽管霍夫兰以实验法为主，行为主义与学习理论对其影响巨大，很多研究中都可以看到"刺激－反应"的影子，但是霍夫兰也在研究中引入焦点访谈的方法，从多种角度来审视受众。霍夫兰还曾在《传播与说服》一书中

---

① HOVLAND C I，JANIS I L，KELLEY H H. Communication and persuasion：psychological studies of opinion change[M]. New Haven and London：Yale University Press，1953：12.

② 胡翼青. 传播学科的奠定 1922－1949[M]. 北京：中国大百科全书出版社，2012：145.

提到要向不同学科借鉴，他希望在接下来的时间里，能够产生一个融合了人类学、社会学、政治学、精神分析、心理学的统一的传播理论，减少这些理论之间的各种嫌隙。①而且实验法并不等于个人主义，有些实验法同样在对受众的研究中引入了社会关系。②

还有研究者认为"他们的研究基本没有考虑受众主动的'选择性'，也没有考察受众所接受的来自他人的影响，所遵循的模式依然是比较简单的'刺激—反应'，（除少量研究考虑到'团体影响'外）受众是作为'刺激'的孤立的个体存在"③。不过，尽管霍夫兰和当时的大部分研究者一样，在战时为美国政府和军方服务，将媒介拥有强大效果作为其研究预设，但是霍夫兰的态度研究结果得出，媒介的力量并非绝对强大，受众个人的差异在受众解读媒介的过程中有重要作用，不同的受众个体会有不同的"选择"。他们不仅对受众的个性因素做了细致的分析，还考察了"群体"的影响，尽管主要涉及的是群体规范对其成员造成的心理压力，然而这种群体规范中也存在着"人际影响"的因素，为社会关系论提供了一种理论来源可能性。

---

① HOVLAND C I，JANIS I L，KELLEY H H. Communication and persuasion：psychological studies of opinion change[M]. New Haven and London：Yale University Press，1953：2.

② 1951年11月23日，达特茅斯和普林斯顿两所大学之间进行了一场橄榄球比赛。比赛火药味十足，甚至有点粗野，双方都有人受伤。最后，普林斯顿大学赢得了此次比赛，比赛中双方的犯规次数相当。赛后，双方都指责对方应该对这场糟糕的比赛负责，媒体也加入了这一论战。

这引起了哈斯托夫·阿尔伯特（Hastorf Albert）和坎特里尔的兴趣，二人于1954年做了一个经典实验。他们首先向163名达特茅斯学生和161名普林斯顿学生问了一些问题，其中有一道题是："从你观看的比赛现场或录像，或者你所阅读到的相关报道来看，你认为是哪支球队先挑起了争端？"（From what you saw in the game or the movies，or from what you have read，which team do you feel started the rough play？）两校学生的回答非常不一致。达特茅斯的同学中认为双方都有错的占53%，认为是达特茅斯队挑起事端的只有36%。而普林斯顿的同学中认为是对方先挑起了事端的占86%，认为双方互有过错的只有11%。

为了搞清回答如此不同的原因，两位心理学家又从两所大学分别找了两组学生，并播放那次比赛录像给他们观看，并要求记录犯规次数。达特茅斯同学记录两队的犯规行为差不多（达队4.3：普队4.4）。而普林斯顿的同学则认为，对方犯规行为是自己球队的两倍多（达队9.8：普队4.2）。

所以研究者认为受众是"互相影响的"。这就是选择性认知，是受人的社会性影响的。社会影响极为深刻，尽管通常我们没有意识到这一点，但是它确实塑造了我们关于世界的最根本的假设和信念。

③ 周葆华. 大众传播效果研究的历史考察[D]. 上海：复旦大学，2005：58.

第四节 社会关系的引入

市场研究的惯性使得拉扎斯菲尔德的研究一开始就存在着效果预设，认为大众传媒对受众必定产生这样或那样的效果，受众对于媒体是被动的；但另一方面，拉氏的研究却得出“受众并非个体存在，而是会受到其所属群体的影响，个体被镶嵌到邻里关系、社区关系和群体关系的网络之中”这样的结论，他将社会关系重新引入受众研究的视野，媒介对于受众的效果是有限的，从这一点来讲，受众相对于大众传媒具有主动性。

一、哥伦比亚学派与拉扎斯菲尔德

(一)哥伦比亚学派的传播研究

除了芝加哥学派外，哥伦比亚大学的社会学系在美国社会学史上同样地位显赫。吉丁斯(Franklin Henry Giddings)对哥伦比亚大学社会学的发展有重要作用，像芝加哥大学的斯摩尔(Small)一样，他也很热衷于把社会学建成为一个学科。

吉丁斯出生在康涅狄格州舍曼市，曾攻读工程学，这使他对统计学的知识并不陌生。但后来他却成了一名记者，记者生涯使其对传媒有了独特的感情。1894 年，他在哥伦比亚大学成了美国第一个专职社会学教授。吉丁斯糅合了斯宾塞的进化论和孔德的实证主义。与当时很多关注社会学研究的学者不同，他支持通过统计研究来进行经验研究，为新实证主义和定量分析的发展铺平了道路，而这为哥伦比亚社会学和传播研究的发展打下了基础，并酝酿了与芝加哥学派的不同传统。

此外还有罗伯特·S. 林德(Robert S. Lynd)和海伦·梅里尔·林德(Helen Merrell Lynd)的经典研究《米德尔敦：当代美国文化研究》(1929)。该书是美国社会学实证研究的经典之作，其中有一章专门讲述米德尔敦的“信息获得”问题。伴随着城镇的扩张，米德尔敦人信息传播的需求也在加大。虽然这一章节主要讲述了报纸情况，这些报纸是如何提供新闻的，但是文中也提到了对米德尔敦中学生的一次受众调查。[①] 这个经典研究为林德夫妇赢得了广泛声誉，罗伯特·S. 林德成为哥伦比亚大学的正式教授，获得社会学博士学位。作为经验主义者的林德，拓展了哥伦比亚社会学的应用问题的研究方向。[②] 吉丁斯与林德的研究传统影响了哥伦比亚大学社会学的走向，也为拉扎斯菲尔德的到来做了前期准备。这种准备不仅表现在学术传统的积淀，更表现在对拉氏的实质帮助上，或者确切地说，正是对拉扎斯菲尔德研究方法与理念的惺惺相惜，林德才不遗余力地帮助这位来自维也纳的流亡者。林德协助拉扎斯菲尔德得到了哥伦比亚大学的任命，促进应用社会研究局被哥伦比亚大学所接受，等等。

(二)拉扎斯菲尔德的早年经历

拉扎斯菲尔德(1901—1976)，自小就对数学、量化的方法论非常感兴趣，并在维也纳大学获得应用数学博士学位。年轻时的拉扎斯菲尔德还是一个社会主义者，他的家庭是维也纳“世纪之交的知识分子的避风港，是社会主义政治学的温床，弗洛伊德思想的中心”[③]。青年时代的兴趣与经历奠定了拉氏以后的研究道路与方向。

拉扎斯菲尔德后来在维也纳大学心理学系教授心理学和统计学。在维也纳大学时，拉扎斯菲尔德于 1925 年试着成立了维也纳经济心理学研究中心。这个研究所主要从事市场研究，同时还进行了“维也纳电台”的听众研究，而这被海曼称为世界上首批媒体受众研究之一。[④] 也是在这个时候，拉扎斯菲尔德与法兰克福学派有了研究上的来往。20 世纪 30 年代初，经济心理学研究中心有了一点资金，拉扎斯菲尔德与杨霍达(Jahoda)(拉扎斯菲尔德的第一任妻子)、蔡塞尔(Zeisel)进行了马林塔尔失业研究。“马林塔尔研究在社会志学历史上有一个很好的副产品，那就是详尽描述了研究的历史背景，而这也称为芝

---

① BALL-ROKEACH S J, CANTOR M G. Media, audience, and social structure[M]. Newbury Park, Beverly Hills, London& New Delhi: SAGE Publications, The Publishers of professional Social Science, 1986: 25；林德，林德. 米德尔敦：当代美国文化研究[M]. 盛学文，马春华，李筱鹏，译. 北京：商务印书馆，1999.

② 罗杰斯. 传播学史——一种传记式的方法[M]. 殷晓蓉，译. 上海：上海译文出版社，2005：230.

③ 罗杰斯. 传播学史——一种传记式的方法[M]. 殷晓蓉，译. 上海：上海译文出版社，2005：219.

④ 罗杰斯. 传播学史——一种传记式的方法[M]. 殷晓蓉，译. 上海：上海译文出版社，2005：223.

加哥学派相对于其他学派而言很突出的特点。”[①]可见，拉氏与芝加哥学派并非毫无关系，他最早的这个失业研究多少借鉴了芝加哥的传统，另外，这个研究对他日后能够移民美国起到了很大的帮助，很多美国学者通过这个研究认识了拉氏。

（三）拉扎斯菲尔德的广播受众研究

拉扎斯菲尔德真正开始传播研究和受众研究还是在洛克菲勒基金会资助的“广播研究项目”，由于这个项目的最初计划人坎特里尔和斯坦顿[②]都忙于他事，于是拉扎斯菲尔德成为这个项目的全职主任。拉氏抛弃了原来计划仅仅限于实验研究的做法（基于坎特里尔的心理学背景），他把项目变成了一项更大的事业，包括分析广播的内容和对广播听众的统计。拉氏受众研究的雏形从这一时期开始，开创了不同于实验研究的另外一种受众研究模式。不过我们也要注意到坎特里尔的贡献，他提出要进行一些深度访谈，以弥补大型样本调查的不足。

1940 年，拉扎斯菲尔德以“广播研究项目”的成果为基础，出版了《广播与印刷品》（1940）一书，他将这个项目已经完成的各种广播研究的结果综合起来，以人口统计、收入、受教育水平等范畴来划分听众的类型，将听众与读者加以比较。[③] 书中分析了各类受众的情况，并且涉及了广播对于受众的影响，或者也可以说效果，尤其是广播的商业效果。

“广播研究项目”还产生了一个副产品，一种受众测量仪的诞生：拉扎斯菲尔德－斯坦顿节目分析仪，即被爱称为“小安妮”的仪器。这个仪器被用来了解听众（后来是观众）对节目的喜爱程度和行为，测量节目的效果。在测量完后，再通过问卷和焦点小组了解受众喜欢与不喜欢的理由。从这些广播受众研究来看，拉氏的研究由于市场因素、经费压力等多方面的缘故，已经渐趋向效果导向靠拢，“小安妮”的使用就是测量受众对媒介效果反应的一个工具。

---

① 莫里森. 寻找方法：焦点小组和大众传播研究的发展[M]. 柯惠新，王宁，译. 北京：新华出版社，2004：26.

② 斯坦顿，俄亥俄州立大学产业心理学博士，就职于 CBS 研究部门，1938 年成为研究主任，1942 年升为副总经理，1946 年被任命为总经理。他为“广播研究项目”做了重要贡献，也为“火星人入侵”研究提供了基金支持，与拉氏有多项合作。

③ 切特罗姆. 传播媒介与美国人的思想——从莫尔斯到麦克卢汉[M]. 曹静生，黄艾禾，译. 北京：中国广播电视出版社，1991：140.

(四)哥伦比亚大学时期的拉氏及其研究

1939年，拉氏来到哥伦比亚大学，次年“广播研究项目”被随之一起转到哥伦比亚大学。1941年，他被任命为社会学副教授。同时来的还有另一位大师——默顿。这个故事颇为传奇，哥伦比亚社会学系内部无法就聘请一位高级人才达成一致，最后不得不将两个年轻人都请来，这便是拉扎斯菲尔德与默顿。更为奇怪的是，尽管当时力挺拉扎斯菲尔德的林德与支持默顿的罗伯特·麦基弗(Robert M. MacIver)关系微妙，但是拉氏与默顿却成了一对终生保持友谊的互补学术搭档。① 正如默顿在回忆录中写道：“我去吃饭，然后待了35年，这一切就是这么发生的。”②他们一个是欧洲犹太移民，一个是美国贫民出身；一个钟情于方法，一个是理论家，这样的搭配开创了受众研究一个新的时代。默顿完善了焦点小组访谈这一受众研究的重要方法，他以及他所倡导的“中层理论”使得拉氏松散的、有点漫无边际的受众研究得以整合，能够以严谨的、简练的姿态表述出来，连同同时代其他经验主义学者的相关传播研究与受众研究，形成诸如有限效果论这样的理论范式。

1944年，洛克菲勒基金会给这一项目的资助停止，于是“广播研究所”改名为“应用社会研究局”(Bureau of Applied Social Research)。无论是广播研究所阶段，还是应用社会研究局时期，拉氏进行了一系列的与受众、传播有关的研究，并且他的侧重受众短期态度行为的效果导向研究，成为那个时代的主导范式。就像吉特林在那篇影响巨大的文章《媒介社会学：主导范式》中所指出的：“二战以来，这个领域的主导范式显然就是与保罗·F. 拉扎斯菲尔德及其学派相关的一组思想、方法和研究成果：针对媒介内容产生的具体的、可测量的、短期的、个人态度和行为的‘效果’的研究以及媒介在公众舆论形成过程中并不十分重要的结论。”③

同时，拉扎斯菲尔德领导的哥伦比亚应用社会研究局(包括之前的“广播研究所”)还聚集了一大批优秀研究人员，除了默顿外，还有米尔斯、贝雷尔森、勒

---

① HUNT M. How Does it come to be so? [J]. New Yorker, 1961, 28(1): 59-61.

② 罗杰斯. 传播学史——一种传记式的方法[M]. 殷晓蓉，译. 上海：上海译文出版社，2005：216.

③ 吉特林. 媒介社会学：主导范式[M]//媒介研究的进路——经典文献读本. 汪凯，刘晓红，译. 北京：新华出版社，2004：27-41.

纳、赫佐格、克拉珀，另有不少像卡茨、科尔曼这样的研究生，这些人都成为美国传播研究和社会研究的中坚力量，尽管其使用方法与研究旨趣并不相同。①

当拉扎斯菲尔德辞去应用社会研究局局长，担任哥伦比亚大学社会学系主任时，他开始对传播研究失去兴趣，或许是因为此时他已不用发愁筹集资金的问题，他可以"向私人基金会和联邦政府机构申请大笔资助，以便直接进行本质的和方法论的问题研究"。② 也或许由于身份的变化，他需要放弃其他社会学者所不愿染指的市场研究，乃至应用社会学研究。

二、"初级群体"的重新发现与"魔弹论"的落幕

源于市场研究的惯性以及"魔弹论"思潮的影响，拉氏在伊利调查与迪凯特调查中对媒介效果尤为关注，依然有着强大效果的预设。媒介的市场研究关注的是大众媒介对受众的效果与影响，媒介和广告主对这一问题都十分重视。"二战"时期，纳粹宣传体现的威力使得"魔弹论"的影响并未消失。无论是伊利调查研究的最初设想，研究美国农业部关于宣传联邦农场政策的广播节目的影响，还是随后的目的，即想要证实"大众媒体在构成人们在总统选举中如何行事的意向上具有直接的与强有力的效果"③，拉氏都试图证实媒介的强大作用。不过结果却恰恰证明了媒介的有限效果，人们重新发现了"初级群体"的重要影响，"魔弹论"此后渐渐被抛弃。

(一)伊利调查与迪凯特调查

伊利调查的方法设计得非常巧妙，调查员对伊利县四分之一的家庭进行了

---

① 他们的传播研究在当时达到了一个顶峰，在传播学史上留下了浓重的一笔。尤其是拉扎斯菲尔德，成果斐然：有关广播的研究，大多被收录在《广播研究(1941)》《广播研究(1942－1943)》《传播研究(1948－1949)》等文集中，另外还有 *The People Look at Radio*，*Radio Listening in American*；当然更加为人所知的是"伊利调查"和"迪凯特调查"，前者成书《人民的选择》(*The People's Choice*)，后者成书《人际影响》(*Personal Influence*)。

此外，其他研究者的著作，比如贝雷尔森等人的《选举》(*Voting*)、默顿的《大众说服》(*Mass Persuasion*：*The social psychology of a war bond drive*)赫佐格的日间广播剧研究《我们真了解日间广播剧听众吗？》(*What do We Really Know about Daytime Serial Listeners*?)等，这些研究都可以算作是传播学的经典之作。

② 罗杰斯. 传播学史——一种传记式的方法[M]. 殷晓蓉，译. 上海：上海译文出版社，2005：266.

③ 罗杰斯. 传播学史——一种传记式的方法[M]. 殷晓蓉，译. 上海：上海译文出版社，2005：251-252.

访问。他们从中选出能够从整体上代表该县的3000人，这些人在年龄、性别、居住地、受教育程度、是否拥有电话和汽车等方面具有代表性。通过分层抽样，调查员从上述3000人的测验组中抽取4个600人的样本组，每个样本组都要进行匹配，都能代表该县。拉氏将其中一个作为固定样本组，在5—11月期间，每个月都要访问一次。三个控制组除了在5月访问一次外，仅重复访问一次——分别在7月、8月和10月。①

重复访问，是为了搜集每位受访者的详细信息，以了解其态度改变的原因，这样可将每个阶段大众传播的影响与选民的政治行为联系起来，而控制组的设置则是考察是否重复访问会影响受访者的投票过程。

本次研究有很多发现，其中与受众研究有关的主要包括三个方面：

第一，研究发现，在总统选举中，大众媒介对选民最终投票行为的影响包括三个模式：激活、强化和改变。首先，政治传播会激活一些对选举不太关心的受众的潜在既有倾向，而后受既有倾向指引的受众会选择性地接受那些与既有倾向一致的论据。其次，大部分选民在5月份访问之前就已经拿定主意，这时媒介宣传对这些受众起到的是强化作用。最后，媒体宣传改变受众态度的情况尽管存在，但人数非常少，只有8%的人改投另一党派。这些受众往往对选举并不感兴趣，或者处于进退维谷的交叉压力下，不知选谁为好。②

第二，研究发现，并不是每个受众对媒体的政治宣传都非常关注，大部分受众对媒体的政治宣传并不关心。“政治宣传的洪流远远没有把人们淹没，甚至连他们的脚都弄不湿。”并且接触各种媒体政治宣传的受众大多集中在相同群体，收听竞选广播的受众也往往会阅读报纸上的相关内容，这一对于选举最感兴趣的人群是“受到良好教育、家境较好、年迈的、居住在城镇的男性”③。

第三，伊利调查还发现受众在选举决策时会受到“人际关系”的影响，解释了人际影响比媒介政治宣传更有效的原因。同时研究首次提出了“两级传播”与“意见领袖”的假设。作为活跃受众，在人际关系网中，“意见领袖”扮演着重

---

① 拉扎斯菲尔德，贝雷尔森，高德特．人民的选择[M]．唐茜，译．展江，彭桂兵，校．北京：中国人民大学出版社，2012：3-4.

② 拉扎斯菲尔德，贝雷尔森，高德特．人民的选择[M]．唐茜，译．展江，彭桂兵，校．北京：中国人民大学出版社，2012：63-88.

③ 拉扎斯菲尔德，贝雷尔森，高德特．人民的选择[M]．唐茜，译．展江，彭桂兵，校．北京：中国人民大学出版社，2012：103-107.

要角色，意见领袖“认为正式媒介是比人际关系更有效的影响来源”，而这些影响与信息是通过“从广播和印刷媒介流向意见领袖，再从意见领袖传递给那些不太活跃的人群的”①。

迪凯特研究是在伊利调查的基础上，对“意见领袖”“两级传播”的再度研究。该研究扩展了伊利调查的项目，不再限于政治宣传内容，而是将重点放在意见领袖对他人日常所做的4项决定的影响上，分别是：(1)市场营销（必须做出决定，购买何种食品、日用品和小件消费品）；(2)流行时尚（在服装、发型、化妆品方面的决定）；(3)公共事件（新闻中的政治、社会问题、市民活动、国家和本地事务）；(4)电影观赏领域（选择看什么电影）。研究得出，一般说来，人际影响在人们决定改变使用习惯或者采用新产品时，效果要比大众媒体明显，不过也有很多例外。但是有明确的证据表明意见领袖在人们决定购买消费品和服务时，较有重要影响。②

实际上，《人民的选择》已经提供了比较明确的证据，证明了人际关系在选举决策时的作用，尤其是家庭、同侪等“初级群体”的威力。迪凯特调查又一次验证了这一发现，特别是将“初级群体”这一库利在20世纪初提出的概念重新带回了人们的视线，将人际关系作为传播研究、受众研究中的一个重要变量。“以研究大众媒介短时期效果为目的的传播研究，必须有系统地考虑个体与他者的关系……大众媒介研究再也不能很随机地抽取毫无联系的个案，必须把个案置于他们所属（或他们意欲所属）的一个群体及许多群体之中，因为群体不仅会影响个体形成自己的观念、态度与决定，也会影响他们拒绝或接受大众媒介试图施加的影响。”③

（二）对拉扎斯菲尔德受众研究的评价

首先，伊利调查与迪凯特调查证实了媒介效果的有限性，进一步动摇了“魔弹论”的立论基础。媒介的作用更多是在“激活”和“强化”方面，在“改变态度”

---

① 拉扎斯菲尔德，贝雷尔森，高德特．人民的选择［M］．唐茜，译．展江，彭桂兵，校．北京：中国人民大学出版社，2012：128.

② 洛厄里，德弗勒．大众传播效果研究的里程碑［M］．刘海龙，译．北京：中国人民大学出版社，2004：178，181-182.

③ KATZ E，LAZARSFELD P F. Personal influence：the part played by people in the flow of mass communications［M］. New York：The Free Press，1955：131.

方面所起到的作用非常有限。同时受众对于政治宣传并不总是喜欢接触，这个发现与“魔弹论”所称受众会以相同方式受到同样的影响极为不同，受众有其主动性，并不任由媒体主宰。

初级群体与意见领袖的再次发现，人际关系的引入，则进一步在受众与媒介的博弈中，给了受众主动性一个有力的支持。默顿的结构分析思想使得研究局的同事们放弃了行为主义视角。初级群体是对库利相关理论的重新发现，在一定程度上回归了芝加哥学派的受众观。人际关系的引入，说明大众受众既不会像老式大众社会理论家们所声称的那样会失去控制，对文明造成破坏，也不会像曼海姆们所担心的受众会完全受制于精英阶层，完全被媒介精英所掌控。大众受众并不是完全孤立的，是处于其社会关系之上的。对社会关系的再现，证明了受众在媒介传播下的主动一面，在此基础上，德弗勒等人提出了作为重要受众理论的社会关系论。

不过吊诡的是，拉氏认为，他的意见领袖的概念受到了“公关之父”伯内斯的影响，而伯内斯又借鉴了李普曼的著作《公共舆论》。[①] 伯内斯、李普曼的思想推动了“魔弹论”思潮的发展，拉氏的研究又是对这种“魔弹论”的一种反动，可见，学术并没有绝对对立之说。

在默顿中层理论的启发下，克拉珀综合整理了包括拉扎斯菲尔德这两个著名研究在内的当时所有重要的效果研究与受众研究，在1960年的《大众传播效果》一书中对“有限效果”进行了归纳：

(1)大众传播通常不是效果产生的必要和充分原因，它只不过是众多的中介因素之一，而且只有在中间环节的连锁关系中并且通过这种关系才能发挥作用。(2)大众传播最容易发挥的作用不是引起受众态度的改变，而是对他们既有态度的强化，即便是这种强化过程，大众传播也仅仅是原因之一。(3)大众传播对受众态度改变产生效果需要两个条件：一个是其他中介因素都不起作用，这样媒介才能直接产生效果；二是其他中介因素本身也在促进人们态度的变化。(4)大众传播即使产生直接效果，也可能是因为受到某些心理或生理因素的制约，但是具体原因并不清楚。(5)大众传播效果的产生，还受到媒介本身的

---

① 罗杰斯.传播学史——一种传记式的方法[M].殷晓蓉，译.上海：上海译文出版社，2005：253.

条件(比如信源的性质、媒介性质、内容的组织结构)以及舆论环境因素的影响。①

克拉珀在书中用众多证据否定了媒介具有强大影响力的论调，证明了“魔弹论”的错误，使得大部分人，包括大多数学者和公众，开始拒绝“魔弹论”思想。拉氏的研究在有效效果论提出、“魔弹论”被抛弃的过程中，起到了重要作用。

其次，在研究设计与方法上，拉扎斯菲尔德运用了多种定量方法，比如问卷调查，他通过“拉扎斯菲尔德－斯坦顿节目分析仪”测量受众，利用收听率调查数据，进行态度测量，等等。除了定量方法之外，他和默顿还发展了焦点小组访谈，将焦点小组访谈作为一种定性方法与定量方法相结合。

在伊利调查中，拉氏的精彩之处在于抽样方式的设定，他针对态度转变研究设计了固定样本组与控制组，并对固定样本组进行反复测量，通过较长时间段的反复访问来了解被访问者，而不是仅仅是通过一次调查。这种固定样本组的设计，不仅仅解决了测量态度转变的难题，该方式也被商业研究所效仿，后来大规模收视率调查使用的就是固定样本组。

拉氏是一个对数学与方法痴迷的研究者，同时他也深受实证主义与逻辑实证主义的影响，然而值得注意的是，尽管这一时期推断统计学早已经获得普遍认同，但是他却并未在研究中使用大范围的抽样调查进而推断总体。无论是伊利调查，还是迪凯特调查，其实都是对一个较为封闭的体系(或者说一个地方共同体)的研究，而不是在一个更大的范围内进行抽样研究。在这一点上，很多后学都批评拉氏的推论不够精确，不过拉氏之所以更倾向于小群体的描述，一是要发现理论与假说，而不是对理论与假说进行证实或证伪。正如胡翼青所说，“任何理论的起点不可能先验地产生于个别命题或假说的证实中，而必须源于探索性的整体研究，……对于个别假说和命题的证明，只能证明某种现象或联系的存在，但很难达到理论抽象哪怕是中层理论的高度”②。二是，拉氏认为社会研究应该是动态和连续的，而不是像盖洛普等进行的民意调查仅仅限于受众某一个特定时期对既定问题的认知。固定样本则有利于连续访问，有利于了解受众态度的变化。

后人把拉氏众多的受众研究方法定格为单纯的调查法，不少批判者也将研

① KLAPPER J T. The effects of mass communication[M]. New York：The Free Press，A Division of Mamillan Publishing Co.，Inc.，1960：8.

② 胡翼青. 传播学科的奠定 1922－1949[M]. 北京：中国大百科全书出版社，2012：96-97.

究方法的不足作为批判拉氏研究的证据之一，这在很大程度上误解了拉氏与默顿的原初设想，漠视了拉氏在研究方法上的贡献。实际上，拉氏研究受众方法是多种多样的，他甚至对推断统计持保留意见，认为推断统计不能达到其探索理论与假说的目的。不过拉氏的研究方法最突出的地方还是调查研究，无论是问卷调查，还是焦点访谈法，都不同于霍夫兰的实验法，这种以调查为主的方法成为后来受众研究的一个主要研究方法。

拉氏的研究也存在着一些问题。拉氏侧重于对受众个人进行研究，着眼于媒介对于个人的行为、态度、决策的影响，进而把研究引入效果领域，说到底还是效果导向的受众研究。尽管他重新发现了"初级群体"，把人际关系再次引入研究领域，但是他并没有将受众放在社会情境下研究，依然是聚焦于媒介的短期效果，聚焦于受众接触媒介后短期内态度与行为的变化。他为了所谓"中立"，实际上回避或者简化了权力、冲突、文化关系等社会学的核心概念。正如西尔弗斯通所认为的，该研究没有把个体放在政治、经济和意识形态的世界中，并且经验研究很难对这个世界加以解释，因为这个世界既不必然可见，也很难在日常生活中表现出来。另外，拉氏的研究也没有顾及在媒介与其受众的联系中不同的时间顺序：媒介的重要性是通过接触经验确定的，即使接触经验的范围要比纯粹接触宽泛得多。拉氏并没有在研究中涉及受众的媒介接触经验，因此，拉扎斯菲尔德的研究只是往前走了很短的一步。① 曾经跟随拉扎斯菲尔德参与过迪凯特调查项目的米尔斯，在 20 世纪 50 年代后也毫无情面地给以拉氏主导的伊利调查、迪凯特调查等为代表的一类经验社会学研究贴上了"抽象经验主义"标签，认为"抽象经验主义更关注科学哲学，而非社会研究本身"②。不过，正如利文斯通所说："不可能从了解电视观众在社会结构中的地位作出简单明了的假设，但是必须懂得受众是如何与人物发生关联的。"③因此，无论如何批判哥伦比亚学派和拉扎斯菲尔德(尽管批判得也非常入理)，都不能否认拉扎斯菲尔德对于受众研究和传播研究的贡献。

① 西尔弗斯通. 电视与日常生活[M]. 淘庆梅，译. 南昌：江西人民出版社，2004：215.

② 米尔斯. 社会学的想像力[M]. 陈强，张永强，译. 北京：三联书店，2005：61.

③ LIVINGSTONE S M. Making sense of television：the psychology of audience interpretation[M]. Oxford：Pergamon，1990：183.

三、想象中的不同受众观念

受众研究经常拘泥于主动、被动的对立之中，而这种对立将本来非常多元的受众研究起源和受众的本质给极大简化了。[①] 从柯伦、西尔弗斯通、莫里森等人的观点来看，受众观念并非互不相容，不同受众观念在很多方面都有共同之处。开创了受众研究效果导向的拉扎斯菲尔德，是将社会关系因素在芝加哥学派之后再次引入传播研究的重要人物。然而，对他的受众思想与受众研究，后人有颇多误解，人们经常将其置于与其他研究者不同受众观念的二元对立之中。

(一)与批判学派受众观念的比较

传播学教科书中存有不少的"假想对立"，最经典的就是所谓的以拉扎斯菲尔德为代表的经验学派与以法兰克福为代表的批判学派的对立，而最生动的注解就是那次著名的拉扎斯菲尔德与阿多诺不成功的合作。聚焦受众研究，问题的关键在于这种对立是否如实地反映了其受众观。

法兰克福学派对大众怀有很深的悲观情绪，"不要指望观众能独立思考：产品规定了每一个反应"。[②] 这种情绪与其对于文化工业的怀疑相关联，在《启蒙辩证法》中，霍克海默、阿多诺将高雅艺术比作海妖塞壬(Siren)的歌声，奥德修斯就像衣冠楚楚的资产者"出席了一场音乐会"，而水手们则用蜡封住了耳朵，连欣赏的资格都没有。[③] 直到法兰克福的第三代旗手哈贝马斯，提出传媒在"公共领域"中的作用，这一悲观色彩才略有改观。

但是，霍克海默、阿多诺也并非全然将受众消极化，在他们的著作里，我们也能发现一些"抵抗的受众"，"不管家庭主妇是否可以用电影充实自己的生活，还是想在电影院的黑暗角落里找到自己的庇护所，在这里，没人会注意到她，她

---

① TAKAHASHI T. Audience studies－A Japanese perspective[M]. New York&London: Routledge Tayler&Francis Group,2010:11.

② 霍克海默，阿道尔诺. 启蒙辩证法——哲学片段[M]. 渠敬东，曹卫东，译. 上海：上海世纪出版集团，上海人民出版社，2006:123.

③ 霍克海默，阿道尔诺. 启蒙辩证法——哲学片段[M]. 渠敬东，曹卫东，译. 上海：上海世纪出版集团，上海人民出版社，2006:27.

完全可以坐上几个小时，就像以前在家经常向窗外眺望，或者在夜里静静入睡一样。在这个可以控制温度的地方，城市里的失业者可以找到冬暖夏凉的感觉”①。甚至在1944年内部刊行版本的前言中也有这样的话语(正式出版却被删去)：“我们早已完成更详尽的论述，请静候最终版本。另外，我们还将讨论大众文化有哪些积极方面。”②

拉扎斯菲尔德的“有限效果”并不意味着媒介“没有效果”，也不意味着受众完全自由，而是指在“大部分情况下，既有的社会及心理机制会保护受众免受大众传媒的直接影响”，拉氏对受众的看法并没有绝对化。拉氏对于媒介效果的看法也是非常宽泛的，并没有限于短期效果，不能把效果当成一个简单的概念，“大众媒介对于社会可能产生多种多样的效果，并且效果可以被划分为几个不同的向度”③。在《人们如何看待广播》一书中，拉氏根据他对广播行业的权力分析，断言：“言论自由如今是政府、传播业界和公民个人之间的三角形命题”，④这实际上回到了早期受众研究者的路径，在民主的框架下审视受众，他希望三者维持一个动态的平衡。因此从受众观念来看，拉氏与法兰克福竟有着某种相似，他们都没有将受众视为媒介的绝对附属物，也没有将受众视为丝毫不受媒体影响的完全自由人。

这种相同还表现在研究方法的相互借鉴上，在与拉扎斯菲尔德的那次失败的合作不久，阿多诺开始修正对美国技术的敌意，在《权威人格》研究中他使用了定量方法，“《权威人格》的成功显示出批判理论与定量方法并非像音乐计划显示的那样不可调和”⑤。法兰克福学派的“社会科学研究所”返德后的第一个合作项目——群体互动研究，其基本目的就是向德国介绍美国的实证研究方法。

---

① 霍克海默，阿道尔诺. 启蒙辩证法——哲学片段[M]. 渠敬东，曹卫东，译. 上海：上海世纪出版集团，上海人民出版社，2006：125.

② Horkheimer and Adorno. 1944，viii；转引自：彼得斯. 霍克海默与阿多诺的奥义：读《文化工业》有感[M]//卡茨，彼得斯，利比斯，奥尔洛夫. 媒介研究经典文本解读. 常江，译. 北京：北京大学出版社，2011：66.

③ KATZ E，LAZARSFELD P F. Personal influence：the part played by people in the flow of mass communications[M]. New York：The Free Press，1955：18.

④ LAZARSFELD P F，FIELD H. The people look at radio[M]. Chapel Hill：University of North Carolina Press，1946：74. 转引自：哈特. 传播学批判研究——美国的传播、历史和理论[M]. 何道宽，译. 北京：北京大学出版社，2008：89.

⑤ 杰. 法兰克福学派史[M]. 单世联，译. 广州：广东人民出版社，1996：256.

另一方面，青年时代参加过奥地利社会民主党活动、信奉过社会主义的拉氏，其批判精神并没有全然丢弃。拉扎斯菲尔德不仅强调研究方法要有多样习惯，也强调批判反思的重要；而在费城贫民窟长大的默顿，对马克思主义颇有研究，拉扎斯菲尔德和默顿均对马克思主义的批判理论和社会理论表示赞赏。他们二人的文章《大众传播、流行品味与组织社会行为》明确渗透着批判的情怀，提出了大众传播的麻醉功能①，尽管批判的部分更多来自作为"马克思研究领域顶级专家"的默顿。② 正因如此，从受众观和受众研究的方法来看，双方是有着一些交流和认同的，并非像传统教科书上所说的那种势不两立的状态。当然法兰克福学派更习惯于以悲观主义对待大众与受众，而拉扎斯菲尔德的研究则更偏向经验主义一些，但并不代表双方是全然对立的。

(二)与文化研究学派的比较

除了与法兰克福学派的对立外，拉氏还被描写成文化研究学派的对立面。然而认为受众是"积极阐释者"，不光是文化研究学派的专利，实证研究中也有很多人得出了相似结论。柯伦认为：莫利等人的所谓"革新"只不过是一个"重新发现"的过程。"这样的神话化也模糊了媒介研究过去的多元主义传统与走出激进传统的新修正主义之间的多元联系，有一种混淆视听的效果。在任何意义上，都不能说效果研究是被'皮下注射'模式所'统治'的。相反，20 世纪 40 年代以来，效果研究的主要突破就是捍卫了媒介受众的独立自主性，并驱散了'中弹即倒'的靶子论阴霾。"③这段评论被研究者反复引用，在评价"文化研究"的相关研究时，罗杰·西尔弗斯通(Roger Silverstone)非常赞同柯伦的评价，他认为莫利的"举国上下"研究似乎是回到了原点，因为受众作为传媒信息的积极消费者或建构者，自从卡茨和拉扎斯菲尔德的开拓性著作以来就一直是文献著作中的一个部分，并且施拉姆、莱尔和帕克(Schramm，Lyle and Parker，1961)的研究

① 其实，即使是施拉姆也并非真的对所谓批判学派等其他学派全然不见，施拉姆编著的论文集中，不仅有拉扎斯菲尔德和默顿的那篇名文《大众传播、流行品味与组织社会行为》，而且还收录了很多其他学派的经典文章。比如在其编著的《大众传播的过程与效果》一书中，收录了麦克卢汉的《媒介即信息》；在《大众传播》中收录了阿多诺的《电视与大众文化形态》。

② 西蒙森，韦曼. 哥伦比亚的批判研究：拉扎斯菲尔德与默顿的《大众传播、流行品味与组织化社会行为》[M]//媒介研究经典文本解读. 常江，译. 北京：北京大学出版社，2011：13-31.

③ 柯伦. 重新评价大众传播研究中的新修正主义[M]//媒介研究的进路——经典文献读本. 汪凯、刘晓红，译. 北京：新华出版社，2004：625.

中也已经涉及了少儿受众的主动性。[①] 因此，从受众与媒介的关系来讲，文化研究学者们与拉氏的受众观念从根本上是趋同的。

当然文化研究学者们更加注重“权力”这一概念，在受众自主性问题上走得更远，拉扎斯菲尔德毕竟没有再前进一步。霍尔实现了效果导向受众研究中隐隐约约存在的行为主义“刺激—反应”倾向向诠释框架的转变，这种转变使在研究中解释受众的不同“权力”关系得以实现。这既得益于威廉斯、霍尔等人的草根背景(而拉氏出身于犹太中产阶级)，也在于拉氏所处的年代，“在压倒一切的反共产主义氛围中，即使不在美国媒介和传播研究问题上构成敌对的立场，即使只成为敌对的因素，任何马克思主义的文化批评和社会批评都将被认为是格格不入的”。[②] 身为犹太移民的拉扎斯菲尔德在此种情境中，自觉不自觉地维护了美国主流意识形态。同时，作为效果导向指引的功能分析往往将美国的现状合理化，因此拉氏及其追随者总结的相关理论(比如有限效果论)也有意无意地为媒介进行了辩护，同时也维护了美国的现状，而没有在受众问题上进行更加深入的研究。直到20世纪60年代，新左派运动的兴起，打破了西方世界的沉寂，受众作为人的主动性为更多学者所认同，促进了文化研究主张的提出与扩散。

第五节　作为消费者的受众：市场调查中的受众研究

效果导向研究除了学术研究之外，还有一个重要领域，这便是市场调查。如前所述，这一阶段市场研究兴起，广告主、广告商、媒介对于受众都更加重视。坎特里尔和拉扎斯菲尔德(尤其后者)都从事过市场研究。除了学者之外，还有很多专门从事市场研究的公司展开受众调查，比如盖洛普、尼尔森等公司。他们将受众作为消费者，期望了解媒介和广告对受众的效果，了解受众对媒介和广告的态度以及接触媒介和广告后的行为。在20世纪30年代和40年代，这个领域中最为著名的便是盖洛普，限于篇幅，本书只着重探讨盖洛普在市场调查中的受众研究。

① 西尔弗斯通.电视与日常生活[M].陶庆梅，译.南昌：江西人民出版社，2004：212.

② 哈特.传播学批判研究——美国的传播、历史和理论[M].何道宽，译.北京：北京大学出版社，2008：97.

一、盖洛普和民意调查

乔治·霍勒斯·盖洛普(George Horace Gallup,1901—1984),美国市场调查专家,也可以说是民意测验的创始人。盖洛普于1901年出生在美国艾奥瓦州。1918年盖洛普进入艾奥瓦大学,1923年他在该校获文学学士学位,1925年获硕士学位,1928年获心理学博士学位。他的博士论文题目是《决定读者对报纸内容兴趣的一种客观的方法》,其论文包括了当时看来新型读者调查的很多因素,这是盖洛普受众研究的开始,更是如今举世闻名的盖洛普民意调查的基本研究技术。1924—1929年,盖洛普在艾奥瓦大学讲授新闻学课程。①

1931—1932年,盖洛普转去西北大学教授广告。在他离开爱荷华之前,他成功预测了他的岳母会获得选举胜利,证明了盖洛普的新的科学调查方法的准确性。② 1935年,盖洛普创立了美国舆论研究所(American Institute of Public Opinion),同时他还在扬-罗必凯公司任职,尽管雷蒙·罗必凯也持有这个研究所的小部分股份,但是它和广告公司的经营是分开的。③

盖洛普在民意调查领域,通过与“假投票”④的预测方式的竞争脱颖而出。1936年,在假投票方面最为著名的《文学文摘》(*Literary Digest*)杂志,通过电话号码簿和车籍名单寄出一千万张选单给那些装有电话的家庭和拥有汽车的车主。而当时,电话与汽车在美国并不普及,“全国的电话普及率大约只有33%。汽车拥有率虽然略高于电话普及率,但基本上也是有钱人才有汽车。”⑤盖洛普的民意测验则使用科学的测量方法,调查了比《文学文摘》少得多的对象,只取样12.5万名美国选民(尽管这个数量比今天理论上非常简单的随机抽样的所需最小样本量要大得多)。⑥

---

① 罗杰斯.传播学史——一种传记式的方法[M].殷晓蓉,译.上海:上海译文出版社,2005:21.

② PLAYSTED J W. Leaders in marketing George H. Gallup[J]. Journal of marketing,1962(10):78.

③ 奥默尔.测定愿望:盖洛普和好莱坞的观众研究[J].苏纹,译.世界电影,1992:82.

④ 所谓这种“假投票”(也叫“模拟投票”)的进行方式多半是报社在报纸上印好选单,要求读者把填好的选单寄回报社,或者是把选单寄给各种名单上的人。显然这种方式预测的结果与实际结果会有明显误差。其主要缺陷在于这种“假投票”没有注意到选取样本的人口统计学特征,或者是报纸的读者,或者是某一名单,都具有同一性,忽视了人口结构对于预测结果的影响。

⑤ SHELDPN R,GAWISER G,EVANS W.解读民调[M].胡幼伟,译.台北:五南图书出版公司,2001:28.

⑥ 奥默尔.测定愿望:盖洛普和好莱坞的观众研究[J].苏纹,译.世界电影,1992:91.

结果,《文学文摘》杂志错误地得出罗斯福将会在大选中惨败的结论,而盖洛普则准确预测出罗斯福在大选中获胜。他的调查支持了推断统计学的“小样本理论”的准确性。他所使用的民意调查的抽样方法虽然不是真正意义上的随机抽样,但是他根据年龄、性别、受教育程度、职业、收入、宗教等标准,在全国范围按比例选择调查对象,然后派调查员亲自去调查访问,而不是通过电话或者邮寄方式,再根据统计测验结果进行分析,并做出说明。这种方法就是所谓的“配额抽样法”,即将总体各单位按某些主要标准划分类型后抽取相应比例样本。[1] 此后盖洛普的方法开始成为民意调查领域的一个标准,也使得民意调查摆脱了原来“任意为之”、颇受政治人物影响的状况,被越来越多的人所接受。正如《光荣与梦想》作者曼彻斯特所描述的:“民意测验正在成为时髦的事情。”[2]

盖洛普的民意调查既为其赢得了名声,也为他进行广告研究和媒体研究开拓了市场,更重要的是,民意调查为广告和媒介的商业受众研究在调查方法等方面积累了经验。

二、盖洛普的广告受众研究与电影受众研究

令盖洛普声名远播的无疑是他的政治民意测验,但是,他下功夫最大的还是广告与媒介的受众研究。这两种受众研究无疑以效果为目的,无论其是广告效果还是媒介效果,市场需要了解的是提高销售与吸引受众的方法,测量传播效果是一个重要步骤。在这种市场需求的带动下,盖洛普等人开创了一种不同于学术研究的效果导向受众研究。这种研究与拉扎斯菲尔德、霍夫兰等人的研究不同,它较少关心受众与媒介的关系,主要涉及如何能够加强效果,为媒介与广告主带来“真金白银”的收获。

早在 20 世纪 30 年代初,盖洛普就开始涉足媒介与广告的受众调查领域,比如测定广播是否比报纸在促销方面更有效果;再比如,根据杂志所登载的各条广告的大小、长度和位置估量它们的影响力。1929—1933 年的经济危机期间,广告主更加重视广告效果,想知道广告到底对销售有无作用。在这种情况

---

① 龚鉴尧.世界统计名人传记[M].北京:中国统计出版社,2000:461.

② 曼彻斯特.光荣与梦想:1932—1972 美国社会实录[M].广州外国语学院美英问题研究室翻译组,朱协,译.海口:海南出版社,三环出版社,2004.

下，广告公司腹背受敌，一方面，消费者认为他们夸张了商品的功能，广告就是一些不实之词，另一方面，广告主认为他们的广告方案没有作用。因此许多广告公司开始提供市场研究服务，并邀请一些心理学和统计学方面的专家来帮助进行研究。实证主义影响下的心理学、社会学、统计学等相关学科的发展，为媒介与广告商们指明了方向，他们希望通过严谨的经验性研究，特别是定量研究，用数据来提高广告主们对其广告效果的信心，这种情形在广告行业一直保持到今天。

在这样的背景下，1932 年前后，盖洛普离开学术界转向广告业，并在纽约的扬·罗必凯(Young & Rubicam，简称 Y&R)广告公司开展了第一个关于广播对消费者影响的调查。扬·罗必凯放手让他构建自己的咨询业务(包括上面提到的民意测量)。在为扬·罗必凯工作的 15 年里，盖洛普开展了多次各种媒体的受众调研，也在广告调查方面开展了一些比较性研究。而最能代表盖洛普的还是他对"效果"的探索，他和同伴在新泽西的霍普韦尔(Hopewell)经过改造的电影院里建立了一个研究中心，在这里研究消费者看到广告后的反应。[①]

除了调查广告受众外，盖洛普还设计了一个颇为复杂的调查流程系统，以测定观众对影片的各种反应。此间，盖洛普成立了一个受众研究所(Audience Research Institute，简称 ARI)，这是他专门为研究广播和电影客户设立的机构，用来了解广播受众与电影受众。对于广播受众，主要通过调查接触在家的听众，并询问他们在当时当刻收听那个频道的理由。在电影界，ARI 的第一个合作对象是大卫·塞尔兹尼克所在的公司，做的是关于电影《乱世佳人》(*Gone with the Wind*)的营销活动。影片在加利福尼亚的一个小镇试映后，根据对现场观众收集的评论，盖洛普建议他们把这部影片当成一部爱情片而不是作为一部战争片来宣传。[②] 如此一来，这部影片成了那个时代最赚钱的一部电影，也成为电影史上一部经典的爱情片。

在 20 世纪 40 年代前，即在盖洛普将其调查方法应用到电影行业之前，要了解受众对电影的反应、电影的效果，大多只能根据制片商的资料和影迷来信，或者报纸上的专栏文章。制片商提供的资料以及专栏文章都带有主观色彩，而

---

① PLAYSTED J W. Leaders in marketing George H. Gallup[J]. Journal of marketing，1962(10)：79.

② CHAFFEE S H. George Gallup and Ralph Nafziger：pioneers of audience research[J]. Mass communication & society，2000，3(2/3)：317-327.

影迷来信属于今日所说的志愿者样本，这些并不能作为了解全体受众看法的科学依据。因此，盖洛普将其在民意测验和广告研究中的一些成功经验应用到了电影受众研究中并加以发展，比如，注意调查样本的人口统计特征等标准才能准确反映美国整体电影观众的横截面，而不仅仅是从某一地区、某一类型观众那里（如仅限于影迷或者大城市的观众）获得其对电影的态度。

盖洛普使用了片名测验、故事测验、演员阵容测验等方法，关注受众对电影片名、故事本身以及明星等因素的态度，后来又增加了评估电影总体效果的试映和广告宣传研究。在片名测验中，调研员先向被试者读出候选片名或者将名单发给他们，然后用 1—100 的标度测量他们的反应。在故事测量中，ARI 经过种种测试，最后选择在进行个人访谈时用 60 字的故事梗概来测定受众反应。这种对故事测量的方法很为编剧所深恶痛绝，有的认为 60 字的内容难以展现影片，还有的认为这种方法过于遵从受众的意见，妨碍了他们的自主创作权。在试映测试中，盖洛普使用了霍普金斯的“遥控投票”机来测量受众的反应。[①]这种机器实际上是仿照了前面介绍过的拉扎斯菲尔德—斯坦顿节目分析仪（也就是“小安妮”）。

20 世纪 40 年代，尤其是 40 年代后期，电影界开始对盖洛普的这种电影受众研究方法展开批评，与米尔斯等人对拉扎斯菲尔德的批评颇为相似，都是在经验研究达到顶峰时对其弊端的一种反思。盖洛普的民意测验在 1948 年总统选举预测的失误，加速了电影行业对他的不信任。虽然盖洛普和各大电影公司的正式联系在这之后已经终止，但他所设计的电影受众调查流程与方法并未被电影界完全抛弃，有些方法和技术被吸收进电影业的运作过程，甚至对今天的电影生产依然产生影响。[②]

三、作为消费者的受众

当市场研究普遍展开后，受众日益受到市场研究者重视。盖洛普进行的广告受众调查以及电影受众研究，是当时在市场行为指引下所进行的受众研究的代表，其实质是想了解受众对广告的反应，了解受众消费媒介的状况，即将受众

---

① 奥默尔.测定愿望:盖洛普和好莱坞的观众研究[J].苏纹,译.世界电影,1992:100-108.

② 奥默尔.测定愿望:盖洛普和好莱坞的观众研究[J].苏纹,译.世界电影,1992:118.

等同于消费者。在电影受众研究中，涉及电影的宣传问题，如果将电影作为一件特殊商品的话，电影受众也可以作为特殊的消费者。这种商业受众研究是在广告代理商、广告主、媒介的共同运作刺激下出现的。当广告宣传成为销售不可缺少的一个环节时，售卖和传播混合的同时也将“受众”和“消费者”合二为一。

商家只有赢得消费者才能赚取利润，因此他们往往宣称“顾客就是上帝”，努力为顾客服务。广告主、广告商和媒介在进行传播时通常采用各种方法，比如通过以盖洛普为代表的广告受众研究，希望找到如何传播才能影响捉摸不透的受众的方法。商业受众研究本身，实际上就意味着对于作为消费者的受众的尊重。这一时期，广告主、广告商、媒介以及市场研究者已经放弃了将受众作为一个无差别巨大群体的观点，或许这得益于拉扎斯菲尔德的相关研究对群体和社会关系的突出，或许是受盖洛普电影受众研究的影响，他们认识到广告受众、电影受众内部的多种差别。受众细分的概念开始在广告和媒介行业流行起来，这些都可以看作此时市场研究者与早期公关、广告人员在受众观念上的区别。正像拉扎斯菲尔德所证实的，初级群体与人际关系在传播中起着重要作用，因此受众所谓的欲望可能在被媒介广告和电影传播以前就已经存在，诸如家庭、社区、民族仪式、宗教信仰和习俗等都会影响到受众。并不一定是广告主通过媒介信息将自己的意愿强加给被动的受众的，营销者逐渐意识到受众本身有时也是影响的制造者。

然而，既然将受众作为消费者，广告主、广告代理商以及媒介为了赢得最大的利润，首要考察的是媒介对广告受众与媒介受众的短期效果，作为市场行为的受众研究必然成为一种短期效果导向的受众研究。因此研究伊始，其假定就是媒介必然对受众有影响，媒介和广告能够改变受众的态度与行为，否则商业受众研究就失去了其存在的价值。作为消费者的受众，虽然表面上备受尊重，但在一些广告主及其同谋的心底有时甚至依然会被视为一群欲望的集合，一群需要被动员的人，一种没有理性与自主权的群体。这些观点部分继承了早期公共关系、广告人员的思想，认为受众是非理性的，被无意识所驱使。

小 结

无论是拉扎斯菲尔德这样的社会学家，还是像霍夫兰、坎特里尔这样的心理学者，以及盖洛普这样从学者转型到商业调查行业的市场研究者，都深受逻辑实证主义的影响，在调查方法与理念上非常相似。20 世纪 30－40 年代美国特殊的语境，战争的影响和商业的需求，以及战后的相对稳定，为在新的环境中进行聚焦于行为和态度变化的经验主义短期效果的受众研究提供了极好的机会。进行受众研究的科学家们更加关注“效果”这个主题，在这个主题下，科学家们从传播媒介和相关基金会得到大量的资助，在战争环境中，这个主题更是发挥了巨大的作用。

效果导向的确立还与施拉姆有很大关系，尽管施拉姆的视野并非完全无视传播的思辨研究，但是他依然认为“美国的传播研究是定量的，而不是思辨研究。研究者对理论深感兴趣，但是他们感兴趣的理论是他们能够验证的，而且是想要验证的”。能够验证的方法与路径在施拉姆看来无疑只能通过量化获得，“他们都是行为主义者：他们试图发现人的行为为何如此，传播为何能够使人更加快乐而多产地在一起生活”。因此大部分传播研究者转向人们如何有效传播，传播如何帮助人们互相了解、和平共处的问题。① 1946 年，在前往伊利诺伊大学前，施拉姆在艾奥瓦大学成立了受众研究局(the Bureau of Audience Research)②，这个机构以及之后施拉姆成立的诸多研究所仿照的正是拉扎斯菲尔德在哥伦比亚大学的应用社会研究局的模式。而该受众研究局最早开始的关于报纸读者的研究，恰恰是由曾在艾奥瓦大学任教的盖洛普及其东家——扬·罗必凯公司资助的。于是，在施拉姆等人的大力推动下，同时伴随着以受众研究局、应用社会研究局为代表的一类教学研究机构模式的兴起，传播研究日益学科化，效果导向在这一阶段开始成为美国受众研究、传播研究中的主流，并不断固化与制度化。

---

① SCHRAMM W. Communication research in the United States[M]//The science of human Communication. New York&London: BASIC BOOKS, Inc. , Publishers, 1963: 5-6.

② 罗杰斯. 传播学史——一种传记式的方法[M]. 殷晓蓉，译. 上海：上海译文出版社，2005：23-24.

然而，无论是学术研究还是商业研究，效果导向也受到了非常多的批评：过于微观的视野、天真的因果模型、虚假的实验室研究与调查问卷，特别是它对短期态度和行为的过于关注，忽视了长期效果，貌似中立实际遗忘了社会、文化、历史与道德诸多要素。受众与媒介的互动有时并不是直截了当的，往往以不同形式进行，而行为主义式的调查与实验则难以发掘这些信息……

尽管今天我们可以有很多理由来批评效果导向受众研究的种种不足，但是这种研究是有其积极意义并且符合美国当时的历史语境的。默顿认为："以往的研究几乎完全是注重宣传内容，而不是宣传效果。……但是，'说服的真正过程'却未经考察，研究材料的'效果'通常只能被学者推测出来的。"[①]因此，我们应该给予效果导向受众研究及其理论家们在受众研究史中一个恰当的位置。当受众研究者们看到效果导向的缺点之后，受众研究开始转型，摆脱了以效果导向为主的模式，开始朝着多元化的方向不断前进。

① MERTON R, FISKE M, CURTIS A. Mass persuasion: the social psychology of a war bond drive[M]. Westport, Connecticut: Greenwood Press, Publishers, 1946.
莫利. 电视、受众与文化研究[M]. 史安斌，主译. 北京：新华出版社，2005：54.

第四章

多元发展：多种传统受众研究并存

20世纪60年代以来，受众研究并没有继续沿着效果导向这种“主流范式”继续发展，恰恰是呈现出多元路径。本章以麦奎尔[①]提出的受众研究三个传统为框架，将这一阶段的受众研究分为三个方面：以视听率为代表的结构性受众研究，以效果研究的认知转向、“使用与满足”研究为代表的行为性受众研究，以及社会文化性受众研究。

第一节　受众研究多元发展的生成语境

20世纪60年代美国群众运动的兴起，80年代的新移民潮，以及消费主义的加强、大众文化的繁荣，加速了美国文化上的多元主义。与此同时，学术上的主导思想也被多元思想所取代，哲学上的逻辑实证主义风光不再，哲学流派林林总总，社会学的结构功能主义被各种学说取代。电视的普及，大众社会理论的继续，使得人们对受众被新兴媒体操纵的担忧随之而来。而大众社会理论的转变与被批判，人本主义哲学思潮、美学上的接受美学、英国文化研究的兴起，人的自由与力量的再一次被重视，使得受众研究者更加注重受众的地位与对受众的解读。

一、受众研究多元发展的社会历史背景

（一）美国的群众运动

经历了相对寂静的20世纪50年代，美国社会被压制的各种矛盾在60年

① 在本书文献综述部分有麦奎尔对三种受众研究传统的论述。

代得到爆发，加上越南战争使美国陷入了新的泥潭，因此60年代对于美国来说是激进的年代，充斥着黑人民权运动、学生运动、女权主义、嬉皮士……这些运动与新左派运动交织在一起，对学术研究产生了巨大的影响。具体到受众研究领域，一方面，这为受众研究的多元倾向发出了邀约，于是受众研究不再局限于效果导向，种族研究、女性研究、大众文化研究纷纷出现，受众研究中的多元倾向也由此生成；另一方面，这些运动显示了人的主动性，为学术研究中的“人”的地位的再次提升预设了时代背景。

这一时期黑人开始离开南方，并且开始都市化。1910年居住在城市的黑人只有27%，而1970年70%的黑人居住在城市。[①] 他们被迫居住在城市里的黑人聚居区，忍受着恶劣的住房、卫生、医疗和教育条件。法律名义上给了他们天赋人权，但他们关心的并不是消除法律和政治上的障碍，而是取得社会和经济方面的同等机会。1964年7月纽约市希姆莱区的黑人暴动，标志着黑人城市造反的开始。此后几年，黑人城市造反连年不断，几乎席卷了美国所有的大城市。1968年，马丁·路德·金与唯一得到黑人信任的罗伯特·肯尼迪总统相继被刺，使得黑人愈加相信不依靠暴力就无法获得平等。

战后出现的生育高峰导致20世纪60年代14岁至24岁的人在人口中的比例偏高，从1890年到1960年的70年中，这一年龄组的人数只增加了1250万，而整个60年代的10年中，该年龄组的人数竟然增加了1380万之多。[②] 青年人口的增加和美国教育环境的改善，使得美国大学生在校人数十年里翻了一倍以上，从1960年的380万增加到1970年的850万。[③] 美国青年人口总数与受过高等教育的青年人口数量的双重增加，意味着就业压力随之而来，青年人承受着巨大的压力。这种变化十分突然，导致在相当短的时期内形成了一种强烈的青年意识，创造了一种独立的青年文化，一种叛逆的文化。

作为美国20世纪60年代激进运动的新左派运动，就是以大学校园里的青年学生为主体的。1969年上半年，学生新左派运动进入全盛期，300多所高校

① 贝尔.资本主义文化矛盾[M].严蓓雯，译.北京：人民出版社，2010：198.
布卢姆，摩根，罗斯，施莱辛格，斯坦普，伍德沃德.美国的历程（下册）[M].戴瑞辉，吕永祯，吴聿衡，译.北京：商务印书馆，1988：609.

② 布卢姆，摩根，罗斯，施莱辛格，斯坦普，伍德沃德.美国的历程（下册）[M].戴瑞辉，吕永祯，吴聿衡，译.北京：商务印书馆，1988：614-615.

③ 布卢姆，摩根，罗斯，施莱辛格，斯坦普，伍德沃德.美国的历程（下册）[M].戴瑞辉，吕永祯，吴聿衡，译.北京：商务印书馆，1988：609.

发生抗议示威，卷入学生占全国学生总数的1/3。他们与警察在街头对垒，保卫革命的发展。他们信奉赖特·米尔斯和马尔库塞等思想家，很多人曾亲自访问非洲、古巴、越南和中国，崇拜卡斯特罗、格瓦拉、胡志明和毛泽东。他们梦想把人从一切非人性的压抑中解放出来，建立一个富有普遍的爱和充满人性的、消除发达工业社会弊病的理想社会，营造了一种在20世纪60年代风靡一时的反正统文化潮流。黑人运动和新左派运动直到20世纪70年代才渐渐偃旗息鼓。

在学生运动中还有一种遁世性质的嬉皮士的潮流，他们是20世纪40年代、50年代"垮掉的一代"的延续。他们"不相信任何超过三十岁的人"，男士不屑于穿西装戴领带，而热衷于长发、胡须和念珠，女士则穿长裤、登皮靴、系宽皮带，男女不分。他们沉迷于毒品和摇滚乐，用特殊的生活方式来证明现实社会的荒诞。1969年8月，嬉皮士在纽约州伍德斯托克举行为期三天的摇滚乐盛会，参加者达40万人之众。[①] 会后，嬉皮士运动逐渐失去了往日强劲的势头。

妇女运动也在这一期间兴起。"二战"之后，美国妇女在全国人口中的就业比例，从1945年的29.2%上升到1965年的34%，但同工不同酬。20世纪50年代美国在校大学生中的女生比例不升反降。1960年，女子在获大学学位者中的比例，还不及1930年。[②] 随着黑人民权运动、学生运动的高涨，美国的女权主义开始展开，并如火如荼发展起来。其激进者认为：女人是受男人压迫的"第二性"，婚姻是男人施暴的条件，妻子不过是个妓女，家庭责任是一种奴役。在他们的争取下，女性就业率、在校女大学生比例都得到持续上升。在此期间，关于妇女问题的出版物迅速增多，妇女史成了高等院校的热门课程和重点研究项目。

这一时期各种群众运动的高涨，造就了一个激进的、多元的年代。不过正如丹尼尔·贝尔所认为的，这种激进主义"不是一种政治现象而是一种文化(代际)现象……所有这一切都是对社会约束的反动"。社会和学术精英对于不同种族、性别、阶层、宗教、年龄段的各种群体的社会问题都开始重视，学术界呈现出新的面貌，美国的文化研究也正是在这一背景下兴起并借鉴英国文化研究的范式和理论逐步发展起来的。因此，此后留下的是想要去探索意识形态的一代人，他们"在异端的马克思主义中发现了它的意识形态：在法兰克福学派的批判

① 刘绪贻，杨生茂.美国通史(第六卷)：战后美国史1945—2000[M].北京：人民出版社，2008：340.

② 刘绪贻，杨生茂.美国通史(第六卷)：战后美国史1945—2000[M].北京：人民出版社，2008：335.

理论中，在被重新发现的卢卡奇著作中，在安东尼奥·葛兰西被公开的札记中”①。这些作者并没有倾向于政治经济批判，而采用了文化批判。这种文化批判催生新的研究问题与研究方向，比如葛兰西的札记促成了文化研究的转向。与此同时，一部分受众研究者借鉴了上述转变与转向，开始寻求新的方向，将文化研究等成果纳入自身视野，受众研究向着更加多元的研究路径发展。

(二)新移民与多元化

20 世纪 80 年代以后，国际政治气候趋于缓和，尤其是冷战结束后，像 60 年代那样激进的社会运动风光不再，社会矛盾也没有原来激烈。由此，激进时代诞生的多元理论开始“和平共处”，没有一种社会思潮一家独大，而是多种思想多元和平发展。

1965 年后，随着新的移民法的出台，又一股移民潮涌来。与前几次不同，这次移民主要来源于拉丁美洲与亚洲，为新的多元化态势的形成做了准备。拉美裔在 2006 年的人数已经达到 4100 万，成为美国最大的少数族裔，而亚裔在 2000 年达到 1190 万，是 1970 年的 8 倍。美国的联邦人口统计局预计 2050 年，美国只有 50%为白人，将近 25%为西班牙语裔，而黑人和亚裔各占 13%。② 这一时期来到美国的新移民有着非常不同的背景，既有目不识丁的难民，也有受过良好教育的专业人员。在同一少数族裔移民中也是如此，比如亚裔就是一个非常多元化的群体。

新的移民形成了美国新的多元化，这使得美国社会格外重视群体差异与群体认可，而这也反映在了文化的多元主义上。族裔研究、妇女研究带动了其他少数群体研究，比如性取向少数群体、迷文化研究。这些少数群体最为关心的就是寻求群体成员对于本群体的认可，以及其他社会成员对于本群体的认识与理解，身份认同成为很多研究的中心词汇。尽管保守派对多元文化主义并不认同，甚至公开谴责，但是这种多元化趋势已经不会回头。这些趋势在受众研究中也得到充分体现，尤其是在受众研究的文化研究路径中。不同受众理论也展现了互相融合的趋势，很多受众研究同时涉及女性与种族多个领域，这些研究

① 贝尔. 意识形态的终结——五十年代政治观念衰微之考察[M]. 张国清，译. 南京：江苏人民出版社，2001：501.

② 方纳. 给我自由！一部美国的历史[M]. 王希，译. 北京：商务印书馆，2010：1401-1402.

难以明确划分为某一类别，大部分都包含多个面向。

(三)消费主义的加强与大众文化的繁荣

美国的消费主义观念诞生于19世纪末20世纪初美国经济开始腾飞的“镀金时代”。尽管在很多方面，宗教对美国影响深远，但是在消费这一问题上，清教的“节俭观”并未抵制消费主义的冲击。大约在20世纪20年代，美国开始进入消费时代，经历了“二战”后的高速发展时期后，消费社会在美国更加清晰。分期付款制度在“二战”中得到检验①，使用信用卡的人数大幅增加。“到1967年，持有(美国银行发行的)银行信用卡的有二百多万人，他们每年的记账金额达到二亿五千万美元。”②与此同时，超级市场在“二战”后日益重要，而这为“即兴购买”提供了新机会。“到1959年，家庭妇女在超级市场上采购来的东西，有一半以上是‘无计划的’。”③分期付款信贷、信用卡、超级市场的出现和普及，以及科技革命释放出来的各种欲望，破坏了美国人原有的那种受新教伦理浸润而形成的“朴素、谨慎和先劳动后享受的消费观”④。同时美国人的平均收入不断提高，也刺激了消费，美国形成了一种高消费、提前消费的生活方式。

广告和大众媒介无疑也为消费社会的形成贡献了力量。传统社会对物的消费看重的是物的功能性，而在消费社会，人们看重的是符号意义，人越来越成为一种“官能性的人”。正如鲍德里亚所说，“在以往的所有文明中，能够在一代一代人之后存在下来的是物，是经久不衰的工具或建筑，而今天，看到物的产生、完善与消亡的却是我们自己”⑤。鲍德里亚正是认识到消费主导了当今社会的运行，因此提出了“消费社会”的概念。在消费社会，人们更多的不是对物品的使用价值有所需求，而是对商品被赋予的符号意义有所追求。美国作为消费社会的代表，更能体现出这一特点，消费者和受众对商品的崇拜已经转化为对符号的崇拜，符号代表着人的身份、地位，以及作为生活方式的各个方面。

---

① 根据《陆海军士兵民事免除法》，现役军人在战时可以不必继续分期付款，但事实上，只有很少的现役军人中断付款或者退还用分期付款购买的汽车。

② 布尔斯廷. 美国人：民主的历程[M]. 谢廷光，译. 上海：上海世纪出版集团，上海译文出版社，2009：526.

③ 布尔斯廷. 美国人：民主的历程[M]. 谢廷光，译. 上海：上海世纪出版集团，上海译文出版社，2009：549.

④ 贝尔. 资本主义文化矛盾[M]. 严蓓雯，译. 北京：人民出版社，2010：317.

⑤ 鲍德里亚. 消费社会[M]. 刘成富，等译. 南京：南京大学出版社，2000：2.

在消费主义的影响下，广告的符号赋予功能日益受到重视，成为商品宣传不可或缺的途径。广告把媒介、广告商、广告主勾连起来，美国的媒介发展为媒介产业，媒介内容也被商业化侵蚀。为了完成媒介、广告商、广告主之间的交易，受众调查成为媒介产业中的一环，视听率调查就是媒介产业受众研究中的重要领域，也是美国区别于欧洲等其他地区受众研究的一个重要标志。不过随着美国价值观的扩散，以及其商业主义对欧洲以及其他发展中国家的影响，这种媒介工业的受众研究在世界范围内展开，成为世界经济体系中的一部分。

同时，媒介日益被商业化，城市人口尤其是"白领"阶层人数的大幅增加，为美国大众文化的空前繁荣奠定了物质基础。首先，从历史上讲，美国与欧洲国家相比，高雅文化与通俗文化的对立并不那么严重，大众文化很大程度上就代表了美国的文化。其次，美国商业化的媒介更需要能够大规模复制的大众文化，文化产品只有在具有大规模受众的前提下才能获得更大利润。再次，"二战"后，美国在科学技术领域一直遥遥领先，美国的社会生活发生了巨大变化。生产率大幅提高，米尔斯所谓的"白领"，即新的中产阶级不断增多，蓝领工人的人数不断减少。这些"白领"大多接受过高等教育，改变了以往文化与艺术仅仅局限于少数精英的局面。大众受众有精力也有能力参与文化的生产与欣赏中来。一方面，脱离了体力劳动的"白领"有更多的时间去享受大众文化带来的快乐；另一方面，科技的进步使更多的人从生产部门中脱离出来，去从事更丰富、更有创造性的文化活动，为大众文化的繁荣提供了人才支持。最后，科技的进步同样促进了大众媒体的发展，媒介使用愈加便利，大众媒介的影响力不断提升，这些都加速了大众文化的繁荣。

在这种背景下，一方面，60 年代的文化情绪是对 50 年代那种清静无为的、节制的情绪的一种反拨。当艺术与生活的界限慢慢模糊，高雅文化与大众文化或者通俗文化曾经不可逾越的界限也开始消融。[①] 文化的民主化带动了艺术家、传播者或者评论者对于受众的关注。将艺术家视为天才或者与普通受众不同的人的观点，越发被质疑。

另一方面，美国的大众文化开始大量进入其他国家，美国的媒介产业开始向世界各地扩张。大量的美国流行音乐、电影、电视节目、杂志以及小说占领了

---

① 贝尔.资本主义文化矛盾[M].严蓓雯，译.北京：人民出版社，2010：129-146.

世界各地的都市文化市场，美国商品以及随之而来的广告与生活方式充斥于全球大部分地区的大街小巷。这不仅仅包括发展中国家，也包括了以前源源不断向美国输出文化的西欧地区。英国的一些学者正是出于对美国大众文化充斥英国的担忧，开始对原有的工人文化与生活日益消失的现象进行反思，走上了文化研究之路。

不过，当美国成为世界上大众文化最为发达的国家后，书籍杂志、通俗小说、好莱坞电影、电视剧、流行音乐、体育赛事、娱乐活动和时装快餐等大众文化类型无所不包，也为美国自身文化研究的展开提供了丰富的素材。对于以量化分析为主导的美国受众研究，文化研究的引入正好弥补了经验主义受众研究过于重视将受众作为利益价值的存在，而忽视了受众作为个体存在的价值这一不足。

在美国消费主义与大众文化的影响下，美国受众研究的文化研究路径与欧洲表现出明显的不同，相对于阶级、阶层等政治层面话语，美国受众研究更关注于消费与商业领域中的权力问题。美国文化研究者对迷（粉丝）文化这类与消费社会、大众文化有关的现象更感兴趣。

二、受众研究多元发展的媒介背景

“二战”前夕，1939 年 4 月 30 日，全国广播公司（NBC）通过纽约帝国大厦顶部的发射机转播了纽约世界博览会的盛况，特别是转播了罗斯福总统在开幕式上的讲话，这被看作是美国的第一次公众电视广播。然而，当美国参加“二战”以后，作为新媒介的电视的发展被无限期地停顿下来，战时维持播出的电视台仅有 6 座。

“二战”后，美国的电视事业获得巨大发展。从电视台的数量讲，从战争期间的 6 家猛增到 1946 年的 108 家。[①] 从电视机的数量看，分期付款方式推动了电视的繁荣，1948 年，全美国只有不到 10 万台电视机，10 年以后，即到 1959 年为止，这个数字达到了 5000 万台。50 年代初只有 6％的家庭拥有电视机，到

① 郭镇之. 中外广播电视史：第二版[M]. 上海：复旦大学出版社，2009：24.

1959 年，这个数字急剧上升到约 88%。[①]

到 20 世纪 60 年代，电视节目不仅对公众的思想，而且对几乎所有社会机构的运作方式都产生了影响。电视不仅改变了政治家活动的规则，而且改变了普通人的生活方式。当电视成为第一媒介时，人们对电视的忧虑和不信任增多。每一种新媒介诞生初期都会出现这样的情况，电影如此，广播如此，电视如此，网络也是如此。于是，媒介对犯罪、暴力的影响，对儿童的影响等问题被重新提出并详细研究。

此外，美国电视产业是在三大广播网（NBC、CBS、ABC）的基础上建立起来的，因此继承了广播的商营模式。在电视网大肆扩张其商业利益的同时，公众对美国广播电视的商营体制日益不满，对其节目和广告的批评也日益强烈。

不过并不是所有人都这样看，“把看电视度过的一晚和聊天度过的一晚对立起来，扯得有点太远了，不过人们常常会这么对比”。威廉斯相信，“技术的使用并未取代任何形式的社会活动。它们至多不过增加了人们的选择范围，让人们改变了特定时间的特定活动方式而已”[②]。针对广为人所诟病的电视暴力节目问题，麦格雷则认为“传媒是行动方式的后备库，不是行动的刺激者。如果传媒确实让人模仿，那模仿的也只是谋杀的具体做法，而不是谋杀本身”[③]。但是，对电视的担忧无疑促进了当时的受众研究，特别是关于受众是否受到暴力等节目影响这些问题的探讨。

从 20 世纪 50 年代到 70 年代，三大商业电视网牢牢控制了晚间电视观众收视 90%的份额，观看黄金时段的电视网节目成为大多数美国家庭在晚饭后的一种仪式。不过，这一仪式在 20 世纪 80 年代开始动摇，有线电视、VCR（磁带录像机）、遥控器的出现，在增加受众观看时间的同时，也改变了电视网独霸的局面。有线台和一些独立电视台的出现，增加了频道数量，扩展了受众的选择范围。VCR 使得受众可以录制自己喜欢的电视节目在闲暇时间观看，遥控器的普及使受众转换频道变得非常轻松。[④] 所有这些变化都在客观上增加了受众选择的权力。

① 洛厄里，德弗勒．大众传播效果研究的里程碑[M]．刘海龙，译．北京：中国人民大学出版社，2004：217.

② 威廉斯．文化与社会 1780—1950[M]．高晓玲，译．长春：吉林出版集团有限责任公司，2011：316.

③ 麦格雷．传播理论史——一种社会学的视角[M]．刘芳，译．北京：中国传媒大学出版社，2009：34.

④ 布茨．美国受众成长记[M]．王瀚东，译．北京：华夏出版社，2007：287，293-294.

三、受众研究多元发展的学术语境

这一时期学术发展的主要特点，一是多元化趋势明显。哲学与社会学不再是一种主流思想独大的局面，各种流派纷纷登场。而此时美国受众研究与之相应和，也呈现出多元态势。

二是对人的关注再度成为热点。当“二战”的创伤初愈，人们对冷战的恐惧与担忧也渐渐平息，美国社会开始逐渐进入后工业社会。贝尔认为，与前工业社会和工业社会不同，在后工业社会，人只跟人生活在一起，只跟人打交道。[①]于是社会学、政治学、人类学、文化学等不同领域的很多学者都重新开始把目光投到了“人”自身，他们的思想凸显了对人的关注。比如赖特·米尔斯的《权力精英》(1956)，孔豪瑟的《大众社会的政治》(1959)，汉娜·阿伦特的《人的境况》(1958)，雷蒙·威廉斯的《文化与社会：1780—1950》(1958)，克利福德·格尔兹那本著名的论文精选集《文化的阐释》(1973)收录的论文起点也是在1958年。随后，于尔根·哈贝马斯的《公共领域的结构转型》在1962年横空出世。其中，有激进者如米尔斯，“直面大众社会的威胁，探讨孤独人群的处境，并努力重建更具活力的民主体制”。但更多的是乐观者，如孔豪瑟、威廉斯，乃至哈贝马斯，他们更加相信人的力量，指向“一种充满活力的民主政治”[②]。此外，人本主义哲学思潮、美学上的接受美学、英国的文化研究也在此前后发展起来。这些著作的出版，以及相关理论与思潮的兴起，都非常重视人的自由与力量，为美国受众研究提供了新的理论养料，研究者开始更加关注受众与对受众的解读。同时，这股思潮也加速了社会科学与人文科学方法的融合，受众研究的方法越来越多样化。

(一)大众社会理论的继续与批判

这一阶段的大众社会理论有了新的发展，代表人物有米尔斯、孔豪瑟等人。米尔斯对“大众社会”概念的使用，持续了民主批评派的传统。第二次世界大战

---

① 贝尔.资本主义文化矛盾[M].严蓓雯，译.北京：人民出版社，2010：161.

② 彼得斯.昔日之丰裕：雷蒙德·威廉斯的《文化与社会》[M]//卡茨，彼得斯，利比斯，奥尔洛夫.媒介研究经典文本解读.常江，译.北京：北京大学出版社，2011：226.

的爆发，让米尔斯开始思考战争的原因。然而与曼海姆不同，他并没有过于关注德、意、日法西斯的崛起，而将落脚点放在美国自身的各种问题上。

米尔斯在其著作《白领：美国的中产阶级》中，发现美国的以农场主、商人、自由职业者为主的"老中产阶级"逐渐被以管理人员、专业技术人员、销售人员、办公室工作人员为主的科层制组织中的"新白领阶层"所取代。这个群体在数量上覆盖了美国中产阶级总体的一半以上，在财产一阶级地位上，却和雇佣劳动者相差无几。他们不拥有任何财产，处于孤立无助的境地，对政治事务极为冷漠，是"政治的局外人"，本质上被排斥在统治势力之外。他们就是美国的白领阶层，与雇佣劳动者一起构成了美国社会中的"大众"。而之所以如此，米尔斯认为大众传媒是一个重要原因。白领们的业余生活都"逃避"在大众传媒提供的消遣和娱乐之中。大众传媒"很少讨论政治意义，更不要说对它进行生动的表现，提出尖锐的要求或期望了……它们通过神话般的人物和变化万千的形象持续不断地吸引大众，转移他们对政治的注意"①。

米尔斯在《权力精英》一书中则将公众社会与大众社会对立起来，并将传播方式的不同作为区分两者的一个重要方面。在大众社会里，由于大众媒介的出现，表达意见的人要远远少于倾听意见的人，因此公众仅仅作为媒介市场(Media Markets)，而并非是公众社会里的公众共同体。② 大众媒介已经成为美国财富与权力精英操纵大众的有力武器，其造就的大众沉浸在大众媒介与消费社会营造的幻象之中，这些人"具有合理性但却没有理性"③。正如曼海姆所说，在工业社会里，功能合理性的提高却以实质合理性的缺失为代价，因此，他们成为"快乐的机器人"，完全丧失了反思能力。米尔斯还认为，大众社会失去了公众社会里那种小社团的"亲密接触"，因而不可能形成观点的碰撞与真正的辩论。基于上述分析，他"扩充了大众社会理论的内涵，从而也就站到了拉扎斯菲尔德，尤其是代表作《个人影响》的对立面"④。米尔斯的大众社会理论尽管落脚点在于对人的关怀，担心精英通过媒介等手段对大众进行操纵，但是他将大众与公众完全对立起来，将大众受众等同于毫无抵抗能力与理性思维的"机器

① 米尔斯.白领：美国的中产阶级[M].周晓虹，译.南京：南京大学出版社，2006：50，58，261，266-267.
② 米尔斯.权力精英[M].王崑，许荣，译.南京：南京大学出版社，2004：386.
③ 米尔斯.社会学的想像力[M].陈强，张永强，译.北京：三联书店，2005：183.
④ 彼得斯.昔日之丰裕：雷蒙德·威廉斯的《文化与社会》[M]//卡茨，彼得斯，利比斯，奥尔洛夫.媒介研究经典文本解读[M].常江，译.北京：北京大学出版社，2011：229.

人”，幻想没有权力精英的公众掌权的社会，小看了初级群体的作用，因此并没有继承他所推崇的杜威对于公众的信心。这种大众受众观点，在任何时候都不乏支持者，20 世纪 60 年代以来也有很多研究以上述的大众观点作为研究的最初假设。不过这一时期对于大众和受众有了更多的观照，这首先反映在对大众社会的不同解读与批判上，而这些改变也影响了这一时期的受众观念。

孔豪瑟（William Kornhauser，又译科恩豪萨、科恩豪泽等）的看法就与米尔斯有很大不同。如前面介绍，孔豪瑟将大众社会理论的学术起源追溯为对大众社会的贵族式批判与对大众社会的民主式批判。然而，这两种不同的版本有着共同的预设，即大众社会是一个裸露的社会（naked society）。[①] 孔豪瑟认为，当精英和非精英们都不绝缘时，即只有当精英容易被非精英的直接干预所接近和影响，而非精英容易被精英的直接动员所利用和操纵时，大众行为发生的比率才比较高。[②] 这就表示，要避免重蹈大众社会、极权社会覆辙，就要在精英与大众之间加入中介组织，而大众传播是一种重要的中介组织。

孔豪瑟与曼海姆等人的观点不同，后者将媒介看作是精英操纵大众的武器，而前者则提出作为中介组织的媒介是大众社会走向自由的利器。其中也显示出他们对大众、民主自由的不同看法。孔豪瑟认为，尽管现代工业使得原来初级群体在传统社会的地位与权威衰落，但也为人们能够自由地寻求新的生活方式提供了充足的物质条件。“现代都市生活使传统的社会群体原子化，但它也提供了能够开阔社会视野、拓宽社会参与范围的各种接触和经验。”[③]在高度城镇化与工业化的社会中，分散的大众使社会趋向多元主义，同时这种多元主义为构成多元的不同社会群体提供了产生新的自由民主观念的可能。这种多元主义以及自由民主在现代社会进行了“最全面强烈的表达”。[④] 孔豪瑟还提出，在所谓的自由民主国家已经建立起了组织能力强、专业化程度高的中介组织，形成了他认为较为合理的多元社会形态。葛斯菲尔德（Gusfield）也赞同大

① KORNHAUSER W. The politics of mass society[M]. New York：The Free Press，London：Collier-Macmillan Limited，1959：23.

② KORNHAUSER W. The politics of mass society[M]. New York：The Free Press，London：Collier-Macmillan Limited，1959：43.

③ KORNHAUSER W. The politics of mass society[M]. New York：The Free Press，London：Collier-Macmillan Limited，1959：237-238.

④ KORNHAUSER W. The politics of mass society[M]. New York：The Free Press，London：Collier-Macmillan Limited，1959：229.

众社会导致多元主义的形式而非崩溃，原因在于大众传播、官僚化等机制鼓励更多的平等，而这对民主制度的发展非常有利。[①] 一直以来，受众研究与思想颇受大众社会理论的影响，忧虑受众被媒介操纵的情况发生。多元社会概念的提出，在政治学领域为“大众”平反，使人们更加深入地思考受众在自由—多元主义社会里的角色，也为美国新的受众研究与思想的出现做了铺垫。

丹尼尔·贝尔在《意识形态的终结》一书中则对大众社会理论进行了批判。他认为“大众社会”理论就像柏拉图洞穴中的影子，除了轮廓外什么都没留下。这个理论没有看到现实世界中复杂的社会关系，也忽视了人的适应能力和创造能力。与米尔斯不同，贝尔特别指出，当时的美国社会并非一个由“单独的、孤立的个体所组成的‘原子化了的’社会”。他列举各种证据来反驳这一观点：美国有20万个志愿者组织、协会、俱乐部、学会、分会和行会，总共有将近8000万会员（有重复计算）；有从事各种文化、政治、社会活动的种族团体组织；地方联系的范围非常惊人，社区媒体也有很多；50年代以来的美国更少遵从单一的行为方式，各个阶层都想标新立异。贝尔还表示，社会在变化，新的社会形式正在形成，身处大众社会的人们的生活状况同样经历着巨大变化，不断的变化引起了新的身份焦虑。[②] 这些新情况也激发了美国受众研究对身份、性别的关注和兴趣。

同时，效果导向的受众研究也不可避免地影响了大众社会理论。布拉姆森(Bramson)认为，美国的经验主义研究中，最重要的事实是否认大众中孤立的、匿名的、分散的个人形象。他回顾了拉扎斯菲尔德等人的研究，认为大众社会理论既没有科学依据，也不是可靠的历史研究，而是来自19世纪思想运动的意识形态。大众社会理论家们认为社会关系的纽带已经不复存在，人们变得更加疏远。而自由主义社会理论家们则认为，这恰恰给人们提供了新的可能性，使人们不再受维多利亚时代家庭的严格约束。[③] 他最后指责大众社会理论家：“我和他们的争论在于他们自认为其理论是纯粹科学分析的产物，在于他们对大众社会和极权主义之间关系，以及对工业化和民主化后果的含蓄的、自以为是的

---

① GUSFIELD J R. Mass society and extremist politics[J]. American sociology, 1962: 19-30. 转引自：李龙海，刘旭. 康恩豪萨大众社会理论评述[J]. 理论探讨，2009(11)：66.

② 贝尔. 意识形态的终结——五十年代政治观念衰微之考察[M]. 张国清，译. 南京：江苏人民出版社，2001：5，9，12，18-23，25.

③ BRAMSON L. The political context of sociology[M]. Princeton, New Jersey: Princeton University Press, 1961: 96, 117-118.

科学判断。"①

米尔斯与孔豪瑟各自的大众理论为不同的受众观提供了不一样的理论指导，而贝尔与布拉姆森等人对大众社会理论的批判，则动摇了原有大众社会理论的一些基本理论假设，这些批判与这一阶段的文化研究、阐释学、人类学、美学发生的一系列变化相呼应，宣告了学术思想对于人的又一次集体关注，无疑也影响到受众研究者们对受众的价值预设。

(二)英国文化研究的影响

文化研究(Culture Study)是20世纪下半期对社会科学和人文研究都影响深远的一股学术思潮。它起源于20世纪60年代的英国，因英国伯明翰大学当代文化研究中心(简称CCCS)的成立而得名。文化研究反对法兰克福学派对文化所持有的精英主义倾向，反对将文化简单地分成高雅和低俗两类的机械二分法，肯定了通俗文化的价值。随着媒介技术的不断发展和大众文化的蓬勃兴起，文化研究的理论和方法在全世界媒介研究中的影响力越来越大。文化研究思潮也给不断发展中的受众研究提供了一种不同的思考角度，它的理论和研究方法被融合进受众研究之中，成为受众研究一个新的领域。

1.威廉斯的影响

阿诺德、艾略特、利维斯等人在对英国社会的批判中，建构出英国特色的文化理论。在"二战"后的社会变革期，这些文化精英的立场与马克思主义相遇，通过出身下层阶级的雷蒙·威廉斯、理查德·霍加特等人的努力(由于战后重建需要以及福利社会的教育普及，使得越来越多的下层阶级子弟走进高等学府)，这种文化理论开始"左转"，出现了所谓英国"左翼文化主义"(Left Culturalism)，与英国的"新左派"运动互为影响。② 这种"左转"抛弃了精英理论对大众的一贯看法与对文化的狭隘定义，将工人阶级文化引入主流概念，导致了文化研究的兴起，并通过英国文化研究，间接影响了美国的受众研究。

雷蒙·威廉斯(1921—1988)14岁参加过英国工党的活动，18岁进入剑桥大学三一学院学习，是剑桥大学为数极少的出身工人阶级的学生。他1939年加入

① BRAMSON L. The political context of sociology[M]. Princeton, New Jersey: Princeton University Press, 1961: 152.

② 邹赞. 大众社会理论与英国文化主义的源起[J]. 浙江师范大学学报(社会科学版), 2011(4): 59.

英国共产党，1945 年主编《政治与文学》杂志时，开始关注文化问题，一度成为与卢卡奇、萨特并驾齐驱的马克思主义文化批评家。[①] 与利维斯等人不同，威廉斯的理论脉络里流淌着工人阶级的血液。这尤其反映在他对文化的定义与对大众的看法上，这些理论对英国文化研究的产生与发展有着举足轻重的影响。

威廉斯扩展了利维斯的“文化”概念，他同意利维斯认为“传统中最微妙和最易毁灭的部分”很多存在于文学和语言中，不过他也认为利维斯忽视了其他方式，比如机构、礼仪、风俗和家庭记忆等。威廉斯将日常生活引入文化概念，将日常生活包含在文化之中，“文化观念的问题在于，我们不得不一再扩展它的概念，最后文化几乎等同于我们整个的共同生活”[②]。这意味着文化可以为普通人所有，而不仅仅是少数精英权贵的专利。

威廉斯尤其关注大众（the mass）这一概念，他认为，在现代社会，“masses”与“mass”有两种可区别的含义：其一，用来表达“多头群众”（many headed）或是“乌合之众”（mob），意指低下的、无知的与不稳定的；其二，用来描述上述的人，但不再具有变异，而是被当成一个正面的或可能是正面的社会动力，这种含义更多存在社会主义话语体系中。[③] 针对第一种观点对大众的歧视，威廉斯认为这实际上将作为多数的大众人为地变成了可怕之物，事实上没有上述所谓的大众，“有的只有把人视为群众的观察方式”[④]，显然他不同意将“群众＝多数人”等同于“群众＝群氓（mob）”。[⑤] 他认为，不应该对“大众”本身横加指责，应该批判的恰恰是产生“大众”的资本主义制度与社会环境。威廉斯成功地转变了精英话语体系中的大众形象，同时也给大众“受众”以更加正面的意义，为受众研究提供了文化层面的参考。

同时，威廉斯非常重视传播现象，他认为在传播中，主动接收与鲜活反应取决于一个有效的经验共同体。[⑥] 而“经验”这个威廉斯文化理论中的核心概念的引入，表明了其与拉扎斯菲尔德在《人民的选择》《人际影响》中的观点相类似（若有不同则更多是方法上的不同），媒介只是影响受众的因素之一，受众的经

---

① 陆扬，王毅. 文化研究导论[J]. 上海：复旦大学出版社，2006：143.

② 威廉斯. 文化与社会 1780－1950[M]. 高晓玲，译. 长春：吉林出版集团有限责任公司，2011：271-272.

③ 威廉斯. 关键词：文化与社会的词汇[M]. 刘建基，译. 北京：三联书店，2005：286.

④ 由于翻译的问题，这里的群众指 masses，即大众。

⑤ 威廉斯. 文化与社会 1780－1950[M]. 高晓玲，译. 长春：吉林出版集团有限责任公司，2011：315.

⑥ 威廉斯. 文化与社会 1780－1950[M]. 高晓玲，译. 长春：吉林出版集团有限责任公司，2011：330.

验对于受众接受与解读有着重要作用。

威廉斯的理论作为学术遗产被第二代文化研究者所继承，特别是为霍尔的受众学说预设了伏笔，即经验的不同，经常造成受众的不同解读。

2. 霍尔的接受分析

英国文化研究学派的代表人物斯图亚特·霍尔（Stuart Hall）是伯明翰大学当代文化研究中心的第二任主任，他对效果导向研究提出了质疑："这些效果被假定为是可以清楚识别和分析的，个体受到媒介影响后，会在其行为上表现出来。……这一范式中，历史转变中的社会结构与经济关系等问题常被忽视，这并不偶然，因为它们处在理论参考框架之外。"①这种评价或许对效果导向研究过于苛责，因为恰恰是拉扎斯菲尔德重新发现了社会关系，但是确实说到了其痛处。尽管霍尔也认为马克思主义的经济结构决定意识形态这种观点并不可靠，但他并不同意将统治阶级和主导思想之间的联系完全打破，这如同把婴儿和洗澡水一同泼出。因此霍尔将意识形态作为其研究的一个重要概念。当然他也意识到不能将意识形态视为固定的形式，因为媒介的意义是多样的，人们会有多种解释方式。于是霍尔认为解决方法应该依赖"霸权"这一概念。② 刘海龙将之称为葛兰西转向，"在葛兰西霸权理论的影响下，20 世纪 70 年代的文化研究关注无权者如何通过自己对文化产品的解读和使用，对权力进行抵抗，并建立自己的身份认同"③。

于是霍尔在《电视话语的编码与解码》(*Encoding/Decoding in Television Discourse*)(1973)一文中提出了受众对文本的偏好性、妥协性和对抗性三种解读方式。他认为受众的阅读是一个主动的过程，受众不会向传播者所期许的那样内化文本。霍尔指出，"因为编码与解码之间没有必然的一致性，前者可以尝试'预先选定'，但不能规定或者保证后者，因为后者有自己存在的条件"④。霍尔的观点凸显了受众的主动性，更加彻底地从受众角度出发，注重考察受众在接收信息时的诠释与思考过程。在文化研究学者的眼中，传播过程中的受众不

① HALL S. The rediscovery of "ideology": return of the repressed in media studies[M]//Culture, society and the media. London: Methuen, 1982: 56, 59.

② ABERCROMBIE N, LONGHURST B. Audiences: a sociological theory of performance and imagination[M]. London: Sage, 1998: 13.

③ 刘海龙. 大众传播理论：范式与流派[M]. 北京：中国人民大学出版社，2008：342.

④ 霍尔. 编码，解码[M]//文化研究读本. 王广州，译. 北京：中国社会科学出版社，2011：361.

再是任由传播者主宰或者是由文本结构主导的被动对象；传播者不再神圣，而文本也变成了一个开放的结构，受众则由被传播者与文本牵制的消极客体，变成了能够进行多种解读的积极主体。

3.接受分析的相关研究

霍加特与威廉斯、汤普森等致力于工人阶级与青年亚文化的研究，他们的研究结合了社会学、政治学等多种方法，特别是开创了文化研究的民族志传统。莫利认为，采用民族志方法的原因在于，微观的解析能够更好地阐释宏观的结构。[①] 霍尔的功绩不仅在于提出了“编码/解码”理论，更在于为以后的文化研究奠定了理论框架与研究范式，他的理论加剧了伯明翰学派的社会学转向，许多类似的研究随之出现。

《举国上下》是英国的一档电视新闻杂志节目，戴维·莫利(David Morley)在1980年出版的《〈举国上下〉观众》(*The "Nationwide" Audience*)一书中对霍尔的编码/解码理论进行了检验。他调查了收看晚间新闻节目《举国上下》的观众，研究不同观众如何对同样的节目进行解码，进而探究社会文化背景如何影响个体观众对电视文本的解读。他在书中提出“我们所需要的是一个能将不同的解释与社会经济结构勾连起来的研究路径——显示属于不同群体和阶级、拥有不同文化规范的成员如何对特定的讯息做出不同的解读，差异不单表现在个人的特质层面，还系统地和他们的社会一经济地位有关”。[②] 莫利的研究不仅关注观众对文本的解读，更注重其所在的社会文化环境对他们解读文本的影响。他通过研究《举国上下》的文本来确定对信息的“预先选定”，同时他访谈了具有不同社会背景的人，试图发现社会地位和受众对本文的解读阐释之间是否具有相关性。在另一部著作《家庭电视：文化权力与家庭闲暇》中，莫利认为受众观看电视时不是个人行为，而是家庭行为，这必然会涉及家庭内部的权力构成，尤其是两性权力。他发现，在家观看电视时，男人掌握着主导权，可以全身心投入；而妇女却很少有时间专心看电视，因为她们承担着更大的家庭责任。

莫利的研究运用了民族志的研究方法，深入受众的日常收视语境，研究受

① 莫利.电视、受众与文化研究[M].史安斌，主译.北京：新华出版社，2005：22.

② MORLEY D. The nationwide audience[M]. London：British Film Institute，1980：88. 转引自：ABERCROMBIE N，LONGHURST B. Audiences：a sociological theory of performance and imagination [M]. London：Sage，1998：15.

众对各类电视节目的看法及其收视方式。这些研究不仅弥补了以前研究中忽视受众的收看目的和接收方式的不足，也克服了量化研究中往往只能反映片面受众的缺陷，将受众还原为活生生的人。因此，尽管莫利的民族志受众研究从某些方面（比如对待受众的态度）能够找到“使用与满足”研究甚至是拉扎斯菲尔德研究的影子，但是他的民族志方法拓宽了审视受众的范围，不仅仅停留在再现受众“社会关系”的初级阶段，还揭示了受众在包括媒介在内的（具体到莫利的研究就是电视）家庭日常生活中的权力关系。

《观看〈达拉斯〉：肥皂剧和情节剧想象》是洪美恩读硕士研究生时期的毕业论文，正是此文奠定了她在这一领域的地位。洪美恩首先通过刊登广告，鼓励大家来信说明为什么喜欢看这个节目，然后对来信进行分析。通过研究，洪美恩发现，有一种她命名为“大众文化意识形态”的批判理论左右着受众对《达拉斯》的判断，即《达拉斯》就是“坏的大众文化”。然而，洪美恩并不认为大众文化意识形态的权力是绝对的，她又提出“平民意识形态”，即部分受众向“大众文化意识形态”发起了挑战，显示了其主导性。

此外，类似研究还有白金汉（David Buckingham）的《公开的秘密：“东伦敦人”和它的受众》（*Public Secrets*：*“EastEnders” and its Audience*，1987）；霍布森（Hobson）对于英国 20 世纪 80 年代电视剧《十字街头》（*Crossroads*）（《十字街头》：电视连续剧的戏剧性，1982）的研究，该篇论文甚至探讨了制片人和受众的关系等问题。

4. 接受分析的新发展

阿拉苏塔里提出了接受分析的三个阶段：第一阶段以霍尔在《电视话语的编码与解码》（*Encoding/Decoding in Television Discourse*）中提出的受众“编码/解码”模式（1974）为标志；第二阶段以运用民族志方法进行受众研究为特点，这意味着取消了定量研究中各种设定的背景限制，扩大了受众研究的范围，例如莫利、霍布森、洪美恩等人的研究；第三阶段即建构主义视角，接受分析这时以更广阔的研究框架来审视受众对媒介的接受与使用。这一阶段并没有一个明确的分野，也不需要摈弃上一个阶段作为标志的民族志研究方法。但是研究的目的不再限于对特定受众的接受或者解读情况进行分析，而是将受众放在一个更大的“媒介文化”背景之下，尤其着眼于受众与媒介在日常生活中的关系，这是一个被建构的过程。① 阿拉苏塔里认为文化研究的第三阶段至少有三个趋势：第一，越来越多的自反性；第二，从受众心理学转向了社会学；第三，转向整个媒介文化研究而不仅仅是大众传播。一方面，研究者们不断反思莫利等人的研究。第二阶段的文化研究者尽管承认了受众的能动性，但是其观点依旧是将媒介使用合理化或者工具化了。人们使用某种媒介，比如看电视，或者阅读浪漫小说，都是有价值、有目的的。这种工具主义视角还是有过于看重媒介效果的嫌疑。而实际上，受众的媒介使用可能更加融入于日常生活中，并没有什么意识形态上的内容。尽管受众观念影响着我们对"媒介和媒介使用所持有的观念"，但它只是"普通知识"的一部分，不能代表全部。另一方面，从研究方法上看，用民族志方法取代了深度访谈与大规模的社会调查。研究者越来越倾向于采用社会学来审视群体的"自然受众"，而不仅仅局限于个体受众接受媒介时的狭小空间与短暂时刻，不仅仅关注受众认知或者理解媒介信息的那个心理过程。研究者关心的不再限于受众的媒介使用，而是受众日常生活的方方面面。"总而言之，新的文化研究议程需要在更为广阔的视角中研究媒介使用与接受，不能只从真实性和效果角度来研究媒介信息，媒介、节目和信息也是社会现实的组成部分。"②

伊丽莎白·伯德也认为不能将媒介与文化割裂开来，因为媒介就在文化之网中，受众也是无处不在的，了解受众与媒介关系就要回到更大范围的文化情境中去。③ 这一新的观点激发了美国社会文化性受众研究的研究路径，尤其是迷文化研究。

霍尔、莫利等文化研究学者的理论和研究方法对受众研究产生了不小的影响。在他们的研究中，受众成为拥有主动意识的积极分子。他们对文本进行自我解读，在解读过程中则会受到各种因素的影响，包括文本结构，解读文本时所

① ALASUUTARI P. Introduction：three phases of reception[M]//Rethinking the Media audience. London：Sage，1999：1-21；ALASUUTARI P. Three phases of reception studies[M]//D. McQuail's reader in mass communication Theory. London，Thousand Oaks&New Delhi：SAGE，2002：325-333；阿拉苏塔里. 受众接受研究的发展历程[M]//罗以澄. 新闻与传播评论（2005 年卷）. 侯晓艳，译. 武汉：武汉出版社，2006：100.

② 阿拉苏塔里. 受众接受研究的发展历程[M]//罗以澄. 新闻与传播评论（2005 年卷）. 侯晓艳，译. 武汉：武汉出版社，2006：102-106.

③ BIRD S E. The audience in everyday life：living in a media world[M]. New York & London：Routledge，2003：2-3.

在的社会环境，受众所属的文化以及他们对文化的解读能力，解读时机和爱憎的影响方式，等等。他们对受众多元化的解读视角正好为美国这样一个多族裔、多文化融合的移民国家进行受众研究提供了更有说服力的分析方式。不过，由于美国的自由主义传统与发展历史，美国学者对于欧洲文化研究者最初关注的"阶级"等概念并不十分关心，而对文化研究的其他范畴，如"性别""种族"等更加青睐，美国受众研究于是转向了更为实际的女性主义与迷文化研究，从这一点看，实用主义一直影响着美国的学术走向。

（三）哲学领域的多元态势与人本主义哲学的兴起

总体来说，战后美国哲学呈现出多元态势。与19世纪末20世纪初实用主义一家独大、"二战"期间的逻辑实证主义成为主流不同，这一时期的美国哲学学派林立，但是并没有哪种理论能够达到实用主义与逻辑实证主义那样曾经的主导位置。在这些林林总总的哲学派别中，有两种情况值得注意：一个是逻辑实证主义与实用主义的结合，形成了新实用主义；另一个就是人本主义哲学的兴起。

在"二战"期间，欧洲传来的逻辑实证主义成为美国哲学的主流方向，在科学主义的影响下，美国社会学、传播研究都非常注重实证研究，尤其是对量化方法的运用。逻辑实证主义影响下的受众研究往往过于迷信量化方法与数据，尽管拉扎斯菲尔德等人的研究再现了初级群体，突出了人在传播中的位置，但是其效果导向的预设，其实从一开始就预定了受众的被动意义。不过，随着"二战"的结束，人们很快发现，逻辑实证主义同样存在着很多问题。批判首先来自逻辑实证主义内部，奎因（Quine）从分析哲学内部对逻辑实证主义两个教条（一是分析命题与综合命题之间的区分，二是还原论）的批判，可谓切中其要害。由于这些批判与质疑，逻辑实证主义在20世纪60年代后逐渐衰落，而实用主义在这一时间得到某种复兴。逻辑实证主义者逐渐意识到这些问题，开始吸收实用主义的观点，促使逻辑实证主义与实用主义结合，形成了新实用主义哲学。新实用主义与僵硬、狭隘的逻辑实证主义相比，更加注重人的作用。

尽管有很多不同意见，但是如果从哲学家思想观点的主要倾向与基本方面，以及哲学的出发点来看，我们可以将现代西方哲学进行一个简单的划分，即倾向从科学角度，尤其重视科学方法的探讨（比如分析、实验等方法），来探讨哲学主要问题的科学主义哲学思潮，以及倾向从人的角度，如人的自由、生存、人性等角度，来探讨哲学主要问题的人本主义哲学思潮。前者如实证主义、逻辑实证主义、分析哲学、结构主义等，后者如现象学、存在主义、解释学等。①

当然这一划分相对笼统，比如实用主义，既反对形而上学，强调实证与经验的方法，认为哲学应该具有科学方法论的意义，又认为人在哲学中应该具有中心地位，关注人的主体性问题，因此实用主义在不同视角下的归类也是不同的。从这个意义上来讲，科学主义与人本主义是相通的，有时也是相互融合的。芝加哥学派的受众思想建立在实用主义的基础上，因此，杜威们更加信任人的能动性，关注人在社会中的核心位置。

20 世纪 60 年代以来，美国各种社会矛盾凸显，资本主义产生的人的“异化”问题日益严重，人类作为个体的生存状态受到关注，因此，起源于欧洲的人本主义哲学开始受到重视，逐渐流行。人本主义哲学强调人的能动性，是以“人”为中心的哲学思考，对人进行更加深入的了解与剖析。人本主义哲学不仅重视人的理性，如知觉、逻辑推理，也开始观照人的非理性（比如人的直觉）。其实现象学与存在主义等人本主义哲学早就进入美国，但是在 20 世纪 50 年代以前，这些哲学往往并不排斥甚至重视形而上学，所以被认为是非科学的，与当时美国的实证传统显得格格不入，因此也就并未引起美国哲学家的重视。

人本主义哲学流派众多，观点也不尽相同，但都强调人的自由、生存、人格等问题。人格主义强调个人的自由和民主权力，其基本哲学观点主要表现在“他们把人的自我、人格当作是第一性的东西”，认为人是最有价值的、最实在的。现象学不认同分析哲学将语言分析、形式化研究等作为重点，而更关注深层次的人的意识和实际生活，重视意识分析和研究“生活世界”。存在主义认为哲学应当从人的存在出发，他们大多强调“人的存在的超越性”，人存在就会不断超越自己，就会不断谋划自己的未来，进行选择和创造活动，因此“人的存在就是人的自由”。② 解释学侧重对理解的反思与研究，而理解只能是人的理解，最后同时聚焦到人。后现代主义则从存在主义、解释学、新实用主义、后结构主义等汲取营养，坚持多中心论、相对主义、怀疑主义。“它否定事物的整体性、系统性、同一性和确定性，而强调事物的非整体性、非系统性、差异性和不确定性。”它反对权威、传统、教条，提倡自由思考与行动。在文化方面，它批判和否

① 杨寿堪，李建会. 现代科学主义与人本主义哲学的基本特征及走向[J]. 学术月刊，2011(11)：8-9.

② 刘放桐. 现代西方哲学(下册)[M]. 修订本. 北京：人民出版社，1990：499-501，540，575-576.

定所谓“精英文化”或高雅文化，提倡通俗文化。[1]

20世纪50年代以后，人本主义哲学诸多流派在美国的集体繁荣，哲学上对人的重视，折射到受众研究领域便是对受众的关注。受众的能动性与主动性在这一阶段成为更多研究者的一种价值预设。尤其解释学与后现代主义对美国受众研究的文化研究路径影响更加显著，多中心性使得迷文化、女性主义受众研究这些以前的边缘研究也走进了主流视野。

(四)社会学的新发展

“二战”后初期，帕森斯的结构功能主义一直占据社会学理论的主导位置。但是，随着美国20世纪60年代群众运动的兴起，社会学内部也出现了一股强劲的左派激进主义思潮。其代表人物主要是美国的古尔德纳和米尔斯，以及法兰克福学派，等等。帕森斯的结构功能主义首先成为被批判的对象："作为宏大理论家，他们从来没有从更高的一般性回落到他们所处的历史的、结构性的情境中存在的问题。由于对真正的问题缺乏踏实感受，他们的文章的不现实性非常显著。这样所产生的一个特征是：在我们看来，对细节进行随意的、无休止的修饰，它既不能增进我们的理解，也不能使我们的体验更易于感受。从而，这种情况暴露为他们在描述和解释人类行为和社会时，有时故意规避明白晓畅的行文。”[2]

传统社会学的基石——实证主义，也成为被批判对象。实证主义是对形而上学的一种反动，但是这种反动在发展过程中不免有些矫枉过正。对实证主义传统的批判早就开始，实证主义对于经验的绝对推崇，把实证无限放大，导致了实证主义研究中对方法的过分追求和理论的缺失。“实证主义之所以(侥幸地)没有成为无神论，是因为它的对象化思维方式甚至连问题都提不出来。”[3]实证主义研究者对于经验、实证的过分倚重，会丧失理论架构的能力，这从下面受众研究的分析中可以清晰得见。由此，米尔斯指出，对实证问题过于关注的社会学必然丧失其必要的想象力。其次，实证主义对科学的过于推崇，使得他们容易忽视人的存在，“看不到知觉和有意义的客体的知识涉及体认(interpreta-

---

① 涂纪亮.美国哲学史(下)[M].武汉：武汉大学出版社，2008：418-419.

② 米尔斯.社会学的想像力[M].陈强，张永强，译.北京：三联书店，2005：35.

③ 霍克海默，阿道尔诺.启蒙辩证法——哲学片段[M].渠敬东，曹卫东，译.上海：上海世纪出版集团，上海人民出版社，2006：15.

tion）和理解（understanding），在这种思路中产生的问题不能由科学的一元论解决，最后，其自然主义使它不能以正确的方法认识到实在与意义之间的关系”①。所以实证主义影响下的受众研究一不留神就容易漠视人的主动性，认为受众是被动地接收信息，没有察觉到受众在认知与理解方面的各种不同。

当帕森斯理论的影响力急剧下降时，社会学领域出现了多元理论并存的情况，并且这种多元倾向一直持续到今天，比如社会冲突论、吉登斯的结构化理论，等等；也出现了对帕森斯理论的重新评价与建设性分析，这以亚历山大的“新功能主义”为代表。亚历山大在对功能主义重新发现的描述中（也可看作是其对新功能主义的一种概括）特别提到，要像关注结构一样注重行动，特别是行动的表意性、能动性与目的性。他还提到功能主义设定“人格、文化与社会之间的区别是社会结构所必需的”，同时要特别注重“相对自主性的文化以及社会化的中心地位”。② 受众研究的多元存在一定程度上也是社会学多元理论的一个投射，新功能主义对行为能动性、目的性以及社会文化自主性的再发现，为这一阶段受众研究中对人以及文化因素的重视提供了启迪。

（五）心理学的认知转向

在新行为主义、早期实验心理学、格式塔心理学以及皮亚杰学派的影响下，在计算机科学、形式逻辑与数学逻辑、心理语言学以及系统论、信息论和控制论等相关学科、领域的促进下，现代认知心理学在 20 世纪 50 年代中期开始在美国兴起，70 年代成为美国心理学的一个主要方向。它抛弃了过去心理学对外在行为的过于关注，尤其是行为主义仅仅根据外部的刺激反应就预测人的行为，开始看重人的积极能动性。认知心理学聚焦于人的认知机制，注重对注意、知觉、表象、记忆、思维和语言等高级心理过程的研究，兴起了心理学中的“认知革命”。③

社会心理学也经历着向社会认知的转变。“态度”与“说服”曾经是社会心理学所重点聚焦的领域。④ 但是经过多年研究后，学者们对这一主题的兴趣逐

---

① 曼海姆. 卡尔·曼海姆精粹：第二版[M]. 徐彬，译. 南京：南京大学出版社，2005：18.

② 亚历山大. 论新功能主义[M]//苏国荃，刘小枫. 社会理论的诸理论. 上海：上海三联书店，华东师范大学出版社，2005：70.

③ 叶浩生. 心理学通史[M]. 北京：北京师范大学出版集团，北京师范大学出版社，2006：385-389.

④ ROSS E A. Social psychology：an outline and a sourcebook[M]. New York：Macmillan，1908；ALLPORT G W. Attitudes[M]//Handbook of social psychology (Vol. 2). Worcester，MA：Clark University Press，1935.

渐减弱。主要原因有两个方面：其一，研究者们开始质疑态度预测行为的准确性，主张放弃"态度"这一概念；[①]其二，已有的研究和理论相互矛盾，例如，"很少得到简单直接的如何改变态度的一般性结论"[②]。直到20世纪70年代后期，态度领域的首要问题还是"态度与行为一致性"的研究，即态度是否会影响行为，能否通过态度来预测行为的问题。因此认知在态度、行为之后，成为社会心理学这一时期的一个重要关注点，社会认知理论得到了飞速发展。

与此同时，很多受众研究者也从媒介对受众态度与行为所产生短期效果的研究转向了对受众认知的研究，当然这种认知更多是信息的认知。"议程设置""知沟"等理论其实主要研究的就是受众对于信息的认知情况，由此媒介对受众认知的影响成为这一时期多元发展受众研究的重要关注对象。

第二节　结构性受众研究

美国的媒介运营遵循的是典型的以商营体制为主的模式。在这样的体制下，美国的大部分媒介更多是以商业公司的方法来经营，媒介经营演变为媒介工业。作为媒介工业要以市场为导向，以利润为目标，为了赢得最大利润，需要给广告主提供大规模的受众与最佳的商业宣传机会。然而，如何衡量受众规模与传播效果，往往成为困扰双方的一个难题。因此在媒介与广告主之间，需要一种能够被双方都认可的交易"通行货币"。除了传播效果以外，最重要的就是获得媒介的传播范围，即需要获得报纸、杂志的读者规模与发行量，广播的听众规模或者电视的观众规模及其到达率、视听率等。同时，广告主与媒介还要了解受众的一些基本情况，比如人口统计特征、社会构成等指标。这催生了一个与广告和市场研究相关的庞大产业，主要是视听率调查产业，也就是结构性受众研究。

---

① ABELSON R. Are attitudes necessary[M]//Attitudes, conflict, and social change. New York: Academic Press, 1972; WICKER A. An Examination of the "Other Variable" explanation of attitude-behavior inconsistency, 1971.

② HIMMELFARB S, EAGLY A H. Orientations to be the study of attitudes and their change[M]//Reading on attitude change. New York: Wiley, 1974.

一、视听率调查的发展

美国是世界上最早开展视听率调查的国家。收听率调查在上一个阶段效果导向受众研究时期就已经开始。1929 年，一位名为阿奇博尔德·M. 克罗斯利(Archilald M. Crossley)的舆论调查专家采用电话访问的方式进行了美国历史上最早的一次大规模收听率调查。他的主要做法是：以全美范围内的电话号码簿作为抽样框，采用随机抽样方法抽选样本，然后打电话请样本户回忆自己前一天晚上收听到的广播节目，即早期的“电话回忆法”。对这一调查方法首先产生兴趣的是广告商，他们希望借此来了解自己投放广告的效果如何。于是次年，美国广告代理商协会(American Association of Advertising Agencies，4A)和全美广告主协会(Association of National Advertising，ANA)共同出资成立了美国第一家专门从事受众调查的组织——广播分析合作社(Cooperative Analysis of Broadcasting，CAB)。不过，广播分析合作社所进行的这种电话回忆调查法存在两个主要问题：一是电话和电话簿作为调查工具，使得相当一部分低收入者被排除在抽样总体之外；二是采用让听众回忆前一天收听节目的方式，可靠程度大打折扣。

为了弥补电话回忆法调查产生的误差，1934 年，胡珀公司(Hooper)开始引进同步电话调查法(Coincidental Telephone Interview)进行收听率调查。这种调查与受众的收听行为同步，一般每隔 15 分钟进行一次。依靠这项调查技术，胡珀公司在受众调查领域不断深耕细作，发展壮大起来。1947 年，胡珀公司开始在纽约进行电视收视率调查，主要采用的也是同步电话法，同时辅以日记法收集其他定性资料。也是在 20 世纪 40 年代，AC 尼尔森公司开始在广播收听率调查领域引入受众测量仪(Audimeter)，从而开启了受众调查行业仪器测量的序幕。50 年代初，AC 尼尔森将受众测量仪正式引入收视率调查领域，开始涉足电视受众调查。但是，当时 AC 尼尔森使用测量仪进行的收视率调查并不能提供受众的人口统计学资料，于是 1949 年，一家名为美国研究局(American Research Bureau，简称 ARB，阿比壮公司前身)的私人视听率调查研究机构使用了日记法以解决这一问题。这家公司的创办人詹姆斯·席勒(James Seiler)曾任 NBC 华盛顿地区调查总监，一直建议使用日记卡法调查视听率。1951 年，ARB 与另一家使用日记卡法进行收视率调查的公司 Tele-Que 合并，调查范围和技术实力进一步增强。[①] 作为回应，AC 尼尔森也开始采用日记卡法作为其补充手段。

不过，视听率调查在早期规模并不很大，竞争也比较激烈，即便到了 1950—1960 年间，美国依然有七家收视率调查公司进行竞争。[②] 早期视听率的调查方法与模式也多有不同，面访、电话调查、测量仪与日记卡，这些方法都共存于视听率调查中。到了 20 世纪 60 年代以后，电视的普及以及影响日益巨大，刺激了收视率调查的发展，视听率调查尤其是收视率调查逐渐规模化、规范化。一方面，调查公司渐成垄断之势，AC 尼尔森开始成为这个产业的龙头，尤其是在收视率调查方面。基于测量仪的收视率数据形成了 AC 尼尔森的两个主要报告：全国电视网收视报告（Nislsen Television Index，NTI，尼尔森电视网收视指数）与地区性收视报告（Nislsen Station Index，NSI，尼尔森电视台收视指数），这两个报告成为反映当时电视观众情况的重要数据。另一方面，视听率的调查方法也渐趋统一为日记卡与测量仪两种方法。

ARB 后来试图通过研发新的测量仪来与 AC 尼尔森抗衡，但由于后者几乎为每一项测量仪都申请了专利，因而使得 ARB 的努力备受牵制。1967 年，ARB 被一家名为控制数据（Control Data Corporation）的计算机公司收购，凭借新东家的技术优势，ARB 研制出一种并不侵犯尼尔森专利的新型测量技术。1973 年，ARB 正式更名为阿比壮公司（Arbitron Company）。同样在这一年，AC 尼尔森公司推出了新型测量仪——即时存储测量仪（Storage Instantaneous Audimeter，SIA）。从 20 世纪 60 年代中期到 80 年代，AC 尼尔森公司单独提供美国全国电视网收视率调查服务，并在地方电视收视率服务方面与阿比壮公司形成竞争。[③] 但是由于 20 世纪 90 年代的经济萧条，阿比壮公司还是于 1993 年退出了收视率调查行业，专注于地方广播收听率调查。

除了阿比壮公司外，在 20 世纪 80 年代，AC 尼尔森还遭遇到来自英国 AGB 公司强有力的挑战。当时，一直致力于为欧洲以及一些亚洲国家和地区提供收视率调查服务的 AGB 研发出新型的人员测量仪（Peoplemeter）。AC 尼尔森当时使

---

① 韦伯斯特，法伦，里奇. 视听率分析——受众研究的理论与实践：第二版[M]. 王兰柱，苑京燕，译. 北京：华夏出版社，2004：101.

② 林照真. 收视率新闻学：台湾电视新闻商品化历程之探析与批判[D]. 台北：台湾世新大学，2007：38.

③ 多米尼克. 美国电视的收视率与观众反馈研究[J]. 刘宇清，译. 世界电影，2005(5)：151-161.

用的家庭测量仪，只能提供家庭收视数据。而人员测量仪需要家庭的每一位成员在收看电视时首先要通过遥控器确认自己的身份，这就能够明确哪些类型受众看了哪些节目，能够获得受众的更多信息，因而受到广告主的欢迎。在竞争压力下，AC 尼尔森着手建立全国市场的人员测量仪调查体系，并于 1987 年开始提供基于人员测量仪的收视率分析报告。次年，AGB 黯然退出美国市场。但在地方市场上，AC 尼尔森直到新世纪以后才开始加快改变使用家庭测量仪与日记卡法相结合的调查方法，逐步引入地方人员测量仪(Local Peoplemeter)。

新媒体时代给传统测量技术带来了种种难题，很多收视调查公司已经开发出新的测量技术以应对之。比如图像比对(Image Match)、声音比对(Audio Match)、植入辨识密码(Injection Code)等技术；利用数字电视机顶盒技术(Set-Top Box，STB)已经具备的双向传送数据能力，精确记录和传送用户的收视数据；或者借鉴互联网测量技术来监测网上的收视行为。[①]

---

① AC 尼尔森作为老牌收视调查公司，在新的媒体环境下，不断开发各种新型技术以进行不同媒介的收视行为测量。首先，在数字电视方面，主要有 AGB 尼尔森的 UNITAM 技术。UNITAM 基本上以声音比对技术为主，并采用内容追踪系统(Content Tracking System)技术，因此使得测量数字电视信号与测量模拟电视信号一样简单。此外还有主动/被动电视测评技术(Active/Passive Meter 技术)，它由 Active Audio 和 Passive Signature 两部分组成。Active audio 是由电视台在其节目的声音信号中嵌入特殊密码，而 Passive Signature 则是当音频密码无法辨识时，系统会收集节目的声音数字信号进行比对。其次，鉴于在 Hulu 等视频网站观看节目的观众数量越来越多，2008 年尼尔森启动了视频测评服务(Video Census)。只要往提供在线视频服务的视频网站中植入计数标签，便可以使用 Video Census 测评，它能够从收看人数、平均播放时间等多个指标对网络媒体进行综合评测。尼尔森还推出了 A2/M2 计划(Anytime Anywhere Media Measurement)，试图把收视率调查扩展到互联网、手机及其他设备。这一计划将传统收视率调查与在线研究、手机测量的结果相匹配，最终提供涵盖电视、电脑、手机的三屏完整数据报告。最后，尼尔森媒介研究(Nielsen Media Research，NMR)尝试与美国一些有线电视运营商展开合作，希望得到机顶盒的收视数据。NMR 与数字录像(DVR)服务提供商 TiVo 也有相当紧密的联系。

在新媒体时代，阿比壮公司研发了一种叫作便携式个人测量仪(Portable People Meter，简称 PPM)的设备，于是强势回归。这个设备同样采用的是在声音中植入辨识密码的技术，因此它能够记录受众在多种媒体上(无论是数字电视、模拟电视还是网上视频)的收视情况。它的另一大特点是便于携带与操作。不久前，阿比壮公司宣布开发出了受众测量的新一代技术，即 PPM360。它在 PPM 的基础上进行了改进，更加灵活便捷，特别是能够更好地跟踪移动中的用户的媒介使用行为。

Rentrak 最初成立于 1977 年，该公司原从事视频租赁和票房收入统计等业务，后几经变动，现为一家以媒体测量和研究为主的公司。随着视频点播(VOD)、数字视频录像(DVR)应用的增多，以及机顶盒用户的增加，Rentrak 瞄准机会，进入收视调查行业，并在 VOD、DVR、机顶盒用户的收视测量方面处于领先地位。除了 Rentrak 这样的专业公司外，在有线电视收视测量方面，一些有线电视运营商也开始亲自上阵。比如美国六大有线运营商在 2008 年成立了一家合资企业 Canoe，以方便广告客户通过这些公司的网络购买及定制交互广告。其业务之一，就是要通过这些公司的机顶盒来统计收视率。数字视频录像(DVR)服务提供商 TiVo 除与 NMR 合作外，自己也进行收视统计。而在网络调查领域，一些知名的网络调查公司也开始染指网络视频的调查。比如 ComScore 不仅是知名的全球性互联网信息服务提供商，更是美国著名的互联网统计公司，它推出的 ComScore Video Metrix 提供了较为透明的视频测量服务。

二、视听率调查的特征

从美国视听率调查的起源和发展历程来看，正是在追求利益的驱动下，受众调查和研究领域不断得以推进和发展，以商业利益为核心诉求，成为美国受众测量市场的最主要特征。

首先，美国视听率调查的肇起与发展是美国媒介商业运作模式的结果，与广告行业的发展、广告商的推动息息相关。尽管也拥有公共的广播电视媒介，但美国的广播电视遵循的仍是典型的以商营体制为主的模式。美国的大部分电视台、电台更多是以公司经营的模式来运作。媒体需要获取利润，需要获得广告客户的支持、获取广告费来维持其运作，因此非常急迫地想要了解受众，以便吸引广告客户并为其服务。同样，广告主、广告商为了推销商品，也迫切地想要了解受众，这就促进了美国的市场研究与商业性的受众研究。早在 1927 年，一位发酵粉商人便曾经出资，聘请克罗斯利商业调查公司调查其投放的广播广告的效果。

当广告支出逐年上升，媒介与广告商、广告主的交易日益频繁，几方都迫切需要有一种可以衡量广告交易、评判广告投放效果的简单快速有效的标准。视听率调查与其他受众研究（比如对受众接收广告后传播效果的研究）相比，操作方式相对简单。它将大众受众抽象成一些数字，让媒介与广告主、广告公司的工作人员能够通过这些数字来了解那些看不到、摸不着的大众受众，而不是像其他受众研究那样提供一大堆材料。同时视听率调查，尤其是收视率调查更新速度快，它不是恒定的结果，而必须一遍一遍地建立，是一种迅速消失的产品，过了期限它就会立刻失去价值。它能够为媒介与广告主、广告公司提供最新的受众情况，而其他受众研究周期较长，难以满足商业运作的效率。因此视听率这一视听节目交易市场和电视广告交易市场的“通行货币”获得了广告主、媒介和广告公司各方面的认可。换言之，视听率调查之所以能够获得青睐，不在于研究的精确性，反映受众情况的全面性，而在于其研究结果的简单直白、更新迅速，能够满足各方的商业需要。而这些优点，是以牺牲受众研究的准确性与全面性为代价的。

其次，美国视听率调查的发展是媒体与广告业各方利益平衡的结果。广义上的媒体行业同时包括了作为内容生产的媒体、为媒体获得资金打通渠道的广告代理系统（包括广告代理商和媒体购买商，他们背后实际上是真正的出资者——广告主）以及为上述两者提供数据支持的视听率调查系统。支持这三者在错综的关系中稳步运营的基础则是广大的看不见的受众的注意力，因此，媒体行业又被冠之以“注意力经济”之名。对于媒体市场中的成员来说，紧密联系的行业彼此之间的关联是非常重要的，产业链已经不是一个链状的结构，而演变成网状的组织：广电媒体依赖观众的注意力提升其价值，然后将其价值以广告的形式贩卖出去，对于媒体从业者来说，所有的节目设计、运营与决策都离不开视听率。广告代理商为了代理费，在媒体和厂商两方游说，其业绩的高低则由受众对广告产品的购买量相关数据来衡定。而收视率调查公司想尽方法侦测那些看不见的受众，评价媒体传播效率的高低，贩卖论价的标尺——数据，为市场的平稳运行提供通道。视听率数据的存在减少了媒体与广告商、广告主之间的交易成本，他们以购买收视率调查公司的数据作为对其调查成本的补偿。最后，受众既接受了精彩的媒体内容，也接受了令人烦恼的广告，他们无意中付出的可贵的注意力，已经通过媒体和广告商间接养活了视听率调查市场。

对于美国视听率调查市场而言，视听率数字事关广电和广告两大产业的发展命脉。由于广告价格与视听率关系紧密，视听率数据的高低关系着媒介的赢利情况，更重要的是，这种影响与连动同样会反映在几大电视网的股票价格上，影响着媒介公司的上市资产。同样，视听率数据也关系着广告商与广告主的经营状况，视听率数据高，广告主就要付出更多费用，相反就可以少付费用。因此对于调查公司而言，要想保证生存空间，就必须提供各方都可以接受的视听率数字，只有这样才能实现视听率调查公司的最大利益。

这一点在早期广播分析合作社（CAB）与胡珀公司的竞争中即可窥见端倪。CAB 采用电话回忆调查法，占据广播听众调查领域的大部分市场。然而，CAB 的客户主要是广告主和广告商，并未取得广告媒介的支持。而胡珀公司作为后来者，使用同步电话调查法，争取获得被广告时段联系着的双方（广告主、广告商与媒介）的支持，尤其争取被 CAB 忽视的广播网和广播电台成为其客户。胡珀公司在调查时，一方面增加调查的节目样本数量，以便更加符合广播业者的需要，以此争取广播公司的认同；另一方面，胡珀公司同时又采用降低价格的策略使广告商愿意购买数据。正是基于上述策略，胡珀公司在竞争中逐渐取得优势，并在很长一段时间内保持了在收听率调查领域的独占地位。

由此可见，视听率采用的调查方法非常关键。尽管技术对视听调查行业的影响很大，比如采用仪器测量方法的AC尼尔森公司收购了曾经在视听调查领域风光无限的胡珀公司的全国视听率调查业务，但并不是唯一的决定性因素。技术领先者并不总能成为这个行业的赢家。比如AC尼尔森与AGB在20世纪80年代的竞争，携较为先进的人员测量仪进入美国市场的AGB公司铩羽而归。原因之一就是人员测量仪使得三大电视网的收视率数据大幅降低。AC尼尔森尽管在竞争压力下，在全国市场引入人员测量仪，但是这一做法也并未马上获得电视媒体的认可，因此在美国地方市场，依然采用家庭测量仪与日记卡法相结合的调查方法。

视听率产业的特殊性在于必须有能力解决媒体和广告商两者在视听率数字上的冲突，并创造一组双方均能够接受的数字，只有这样才可能赢得视听率调查公司的最大利益。在视听率调查领域，不同的调查方法都会牵动广电与广告等任何一方的产业利益，这并非是一个单纯的方法选择问题。从这个角度来讲，受众只是广电媒体与广告商交易的凭借，调查公司唯有同时满足双方的利益需求，才能赢得自己的生存空间。

三、市场受众观的反思

当视听率指标体系成为广电媒体制作、考察、评价和删减节目的重要依据，来自不同领域对市场受众观的批评也纷纷而至。

视听率调查仅仅测量了受众的使用行为，是对受众的一个片段的描述，忽略了其他方面；同时，将受众作为一个一个单独的个体，使其脱离于自身的社会历史语境。而与受众收视有关的更加复杂的行为和思想，其主观活动与收视经验、反馈活动等都被简化为简单的、可识别的、可证实的数字与概念，受众的收听收看行为被完全客观化了，受众也被数字化了。正如韦伯斯特所认为的，受众转变为商品的经济依赖于“大众”概念的出现。[①] 这种受众观念的建立实际上与对“大众”的理解息息相关，受众视听率研究的整个研究结构框架应该是建立

① WEBSTER J G. The audience[M]//Media audiences(Volume1, History of Audience Study). Los Angeles, London, New Delhi, Singapore & Washington DC: SAGE, 2011: 80.

在大众社会理论基础上。

收视率调查透露出的恰恰是媒介对于受众并不真正关心，他们感兴趣的是通过看似精确的测量方法与测量手段，比如人员测量仪来证实受众的存在，进而吸引广告客户，而不在于真正了解受众的本质，不去探究受众的真实存在与其真实需求。很多批评者对视听率调查所标榜的“客观”“理性”等特点并不买账，反而对使用自然科学中的定量研究方法来测量、研究复杂多变的社会和人文现象深感忧虑，因为用量化的实证主义方法来分析人类世界和社会现象总是捉襟见肘。他们认为用单纯量化的数据来代表整个社会的行为，并以此为指标来左右媒体，是冒险而又不负责任的做法。正如洪美恩所说，当真实受众以及其与电视的关系被这种简单的数字所统一化、格式化以及被代表，人们对于视听率开始厌烦，而这种厌烦随着调查技术与视听率产业的发展就会不断被表露出来。①

此外，斯麦兹(Dallas Smythe)运用政治经济学方法，提出了“受众商品论”，认为受众是由广告支撑的媒介的商品形式，受众的注意力才是大众传播媒介的主要产品。“垄断资本主义下的物质主义现实是：大多数人除了睡眠时间都是工作时间。工作时间都投入到商品生产中去……而下班时间，也把最大一块时间，也就是把受众注意力卖给了广告商。”②视听率调查就是将受众商品化用更加直观的视听率数据体现出来，以视听率作为受众商品的代表，勾连起受众、媒介、广告主这三个媒介工业的主体。持受众政治经济学观点的学者尽管不同意费斯克等人的主动受众的观点，但是也没有简单认为受众是早期大众社会理论家眼中的乌合之众。与韦伯斯特不同，传播政治经济学的学者们没有将商品化了的受众与早期的“大众”建立联系，莫斯可认为这种受众政治经济学的观点比早期大众社会理论的“惰性大众”更为有价值，该观点将受众行为与劳动行为相比较，提出了影响受众除媒介、社会关系之外的另一种因素，也就是资本。③

诚然，以视听率为代表的市场受众观在一定程度上是将受众等同于冰冷的数字，忽略了受众的心理需求。但不可否认的是，视听率的引进和应用，是一种

---

① ANG I. Desperately seeking the audience[M]. London：Routledge & Kegan Paul，1991：94-95.

② SMYTHE D. Communications：blindspot of Western Marxism[J]. Canadian journal of political and social theory，1977，1(3)：3.

③ 莫斯可. 传播政治经济学[M]. 胡春阳，黄红宇，姚建华，译. 上海：上海译文出版社，2013：176.

传播观念和思维方式的进步。大众传播由过去的“传者本位”转向“受众本位”，以前是“我播什么，你看什么”，现在“为受众服务”“大众媒体为大众”的思想已经越来越多地被媒体工作者认同，因为没有受众就没有节目的生存。在商业利益的推动下，视听率调查的统计方法也日益精进，尤其是人员测量仪的出现。以前只能测量家庭收视数据，而非个人数据，人员测量仪的使用将数据精确到每一个家庭成员个体，在测量领域体现了对于作为“人”的受众的尊重。

第三节　行为性受众研究

根据麦奎尔的观点，行为性受众研究聚焦于媒介效果与媒介使用。在上一个阶段的绝大部分效果导向受众研究都可以算作第一种类型，比如佩恩基金研究以及拉扎斯菲尔德、霍夫兰等人的相关研究。在新的时期，效果导向受众研究面对质疑与批评，转变研究对象，开始从关注受众态度与行为的短期效果，转向研究受众的长期效果与认知效果。而第二种行为性研究则进行了视角转换，从关注媒介效果转向了受众的使用与满足，研究焦点集中在受众选择媒介，使用媒介内容的动机、起因、程度等问题上，这便是“使用与满足”研究。

一、转向受众的认知

效果导向受众研究尽管受到质疑，但是并未中断。针对这些质疑与问题，美国的实证主义学者们通过改进相关方法与研究重点，实现了效果导向受众研究的转型。研究者放弃了以前只注重受众态度与行为、立足发现短期效果的研究，继而主张应从宏观或者微观不同层面进行媒介对受众影响的研究。这既可以关注受众的态度和行为，也可以关注受众的认知，既可以考察短期效果，也可以探求长期影响。20 世纪 60 年代到 70 年代，研究者做了大量有关电视影响的研究，特别是电视对人们暴力倾向与行为影响的研究。与之前不同，这一阶段更多落脚于媒介的长期影响。但是这些研究依然没能走出态度与行为效果的框架，而对受众认知的关注则结出了更为丰硕的成果。

受众“认知”效果的研究在 20 世纪 70 年代的兴起取决于美国当时的时代

背景因素。其一是电视媒介影响力的增强，特别是一些重大历史事件的发生，促成了研究者对大众传播影响人们认知环境现象的重视。媒介的变化与其带来的政治、社会运作形态的变化一起，成为对受众“认知”进行研究的环境。其二，从 20 世纪 60 年代末 70 年代初起，美国心理学界开始了所谓第一次“认知”革命，心理学家将研究重点从外显的行为转向内部的认知过程。

因此，随着劝服研究的消退，从 20 世纪 70 年代开始，美国受众研究的焦点从“态度”转向“认知”，关注受众“认知”效果。所谓“认知”效果，包含宏观和微观两个层面，宏观层面是指大众传播对人们知晓世界和获取知识的影响，微观层面主要涉及受众信息认知加工过程。这个阶段关注受众“认知”的研究主要包含：“议程设置”（Agenda-setting）、“涵化”（Cultivation）、“知识沟”（Knowledge Gap）、“第三者效果”（Third-person Effect）等理论和理论假说。

从宏观层面而言，无论是“议程设置”理论还是“涵化”理论，抑或是“知识沟”，都将大众媒介作为受众认识“外在现实”、获取必要信息的来源和渠道。从微观层面而言，这些研究也关注了受众对信息的认知加工过程，以及受众“认知”心理机制对其通过大众媒介形成认识的影响。

（一）“议程设置”——认知层面的被动受众预设

“议程设置”理论是受众研究“认知”转向的代表理论之一。1972 年，美国传播学者麦克斯维尔·E. 麦库姆斯（Maxwell E. McCombs）和唐纳德·肖（Donald Shaw）在《舆论季刊》上发表了他们对 1968 年美国总统大选的调查结果，即《大众传媒的议程设置作用》[①]，初步提出了“议程设置”的理论假说。研究者通过抽样调查了 100 位选民，要求每位受访者简略说出他所认为的重要议题及其重要程度，再将其与同时期的传播媒介的主要议题和重要程度（通过内容分析得出）相比较。研究发现，媒介对不同竞选议题的强调程度和选民自身对竞选活动议题的重要性判断之间存在密切联系。这就意味着，选民受众很可能通过媒介提供的候选人信息以及关注议题来作出他们的（认知）判断和选择（行为意向），因而各方选举力量和利益集团通过大众媒介进行的议题竞争就是争取“选票”的战场，竞选者比过去任何时候都更多地通过大众媒介向人们“亮相”。

---

① MCCOMBS M E，SHAW D L. The agenda-setting function of mass media[J]. Public opinion quarterly，1972，36(2)：176-187.

“议程设置”理论与之前的效果导向研究的不同之处主要表现在两个方面。一方面，认知、态度、行动三个层面的组合是一个完整的效果形成过程。与其他关注受众态度改变与行为反应的研究有着鲜明区别的是，“议程设置”理论聚焦于这一过程的最初阶段，也就是认知层面，关注的是大众媒介对受众了解自己所处环境时所起到的作用。正如 B. C. 科恩所言，“在许多场合，报刊在告诉人们应该‘怎么想’之时并不成功，而在告诉受众‘想什么’方面，却有惊人的效果”①(尽管这一总结是在“议程设置”理论之前提出的，但是却成为该理论最为简明的表述)。另一方面，“议程设置”理论所关注的并不是单个媒体在短时间之内对受众产生的特定效果，而是一个较长的时间段中受众的变化。“议程设置”理论观察的是沉浸在由大量媒体所构成的传播环境中的受众，他们在与传播环境的互动中，潜移默化发生的较为宏观的变化。

“议程设置”理论认为受众通过看到、听到的媒介内容，构建出对社会现实的主观想象，其产生作用的方式往往表现得隐秘、似有若无、潜移默化。有研究者指出，这种机制往往导致受众形成认知偏差，而根源在于大众传播设置的“议程”与现实并不完全相同。李普曼早就提出“媒介环境”与“现实环境”的差异，“议程设置”以及后续研究则以经验主义的方式证实了大众传播媒介在信息传播过程中所具有的“意义构成功能”。由于“拟态环境的环境化”趋向，人们往往将“媒介环境”视为“现实环境”，由认知误差导致的行为误差在所难免。从中可以看出，“议程设置”研究虽然抛弃了效果导向研究在态度、行为改变问题上对受众的预设，但是在认知层面依然继承了效果导向研究中对受众的看法，倾向于受众受制于媒介的被动性。

(二)“涵化”理论——媒介潜移默化影响受众认知

“涵化”理论，又称“培养”理论、“教养”理论、“涵化”假设、“涵化”分析。该理论起源于 20 世纪 70 年代末期，以美国学者格伯纳为代表。当时，电视媒介所发挥的社会影响力尤其是负面作用越来越大，美国社会暴力和犯罪问题十分严重。于是美国政府成立了“暴力起因与防范委员会”，格伯纳主持的“涵化”分析就是在该委员会的支持和赞助下开始的。“涵化”理论最初的着眼点有两个：

① COHEN B C. The press and foreign policy[M]. Princeton, NJ: Princeton University Press, 1963: 13.

一是分析电视的凶杀和暴力内容与现实中社会犯罪之间有无关系；二是考察这些内容对人们认识现实社会（认知）的影响。格伯纳等人在第一个问题上并没有发现两者的必然联系，但是针对第二个问题得出了一个重要结论："电视节目中充斥的暴力内容大大增加了人们对现实社会环境危险程度（不安全感）的判断。"①

"涵化"理论主要探讨的就是电视对受众认识现实（认知过程）的影响。格伯纳认为，对大量看电视的观众来说，电视实际上主宰了其信息、观念和意识的来源，剥夺了其分享其他信息、观念的机会。同"议程设置"一样，"涵化"理论并不认为电视媒体在所有方面都具有不可抗拒的影响，但是却认为它在塑造人们关于现实的共同观念上具有累积的影响。第一，大众传媒提示的"象征性现实"对人们认识和理解现实世界发挥着巨大影响，是一个长期的、潜移默化的、"涵化"的过程。第二，社会要作为一个统一的整体存在和发展下去，就需要社会成员对该社会有一种"共识"，大众传媒在形成现代社会的"共识"方面发挥了巨大作用。第三，大众传媒具有特定的价值和意识形态倾向，通过"报道事实""提供娱乐"等形式传达给受众，从而潜移默化地形成人们的现实观、社会观。第四，研究者还发现了"涵化"效果中的"共鸣"现象：当电视中所播放的内容、发表的观点与个人所持观点相一致或相近时，"涵化"效果就有显著扩大的趋势。②

"涵化"理论所关注的是电视对受众产生潜移默化的长期效果，认为媒介最主要的效果并非在于改变受众的态度与行为，而是形成社会共识、维护社会秩序，从某种意义讲，这一理论揭示了美国大众传媒为资本和意识形态服务的本质。因此，从受众的理解和认知层面来说，该理论还是比较接近批判学者的悲观色彩的，论证了受众在"电视时代"的"无选择性"。尽管受众研究者在这一时期更青睐于受众主动说，但是"涵化"理论的出现，不仅对"受众能动性"提出了质疑，也充分说明了受众研究这一时期的多元性，不仅仅是在研究方法与研究范式上，对于受众与媒介关系的探讨同样如此。

不过，一些"涵化"理论的后续研究也显示出受众的独立性，有研究指出，受众的个人层面与社会层面的认知存在区别，即电视信息可能对受众社会层面的

---

① GERBNER G，GROSS L. Living with television：the violence profile[J]. Journal of communication，1976，26(2)：173-199.

② 郭庆光. 传播学教程. 第二版[M]. 北京：中国人民大学出版社，2011：204-207.

信念有影响，但在他们的个人层面并不起作用。①

(三)“知识沟”——不同阶层受众的认知差距

“知识沟”理论的研究起点是考察不同阶层受众在信息接收方面的差异。这一假说的提出源自20世纪70年代西方对“平等、公平”问题的再度关注。美国明尼苏达大学传播系教授蒂奇诺等人在一系列实证研究的基础上，提出了这样一种理论假说：“由于社会经济地位高者通常能比社会经济地位低者更快地获得信息，因此，大众媒介传送的信息越多，这两者之间的知识鸿沟也就越有扩大的趋势。”②这一假设的核心在于社会中由于结构差距带来的受众认知“差距”。

蒂奇诺等认为造成“知识沟”扩大的原因主要有：社会经济地位较高、受教育程度较高的受众与社会经济地位较低、受教育程度较低的受众相比，在传播技能、信息储备、社会交往等方面都具有优势，而且前者比后者更关注公共事务和科学方面的信息，更关注承载这些信息的印刷媒体。从认知视角理解“知识沟”现象，可以将上述原因归结为不同社会经济地位、不同受教育程度受众在认知上存在差异，体现在认知能力、认知图式、信息认知加工等三个方面。

其一，社会经济地位较高、受教育程度较高的人在阅读量和理解能力方面具有优势，这有助于他们从比较复杂的公共事务和科学信息中获取知识，即认知能力存在差异。

其二，社会经济地位、受教育程度不同，对信息的“知觉图式”不同，社会经济地位较高、受教育程度高的人拥有公共事务、科学方面的认知图式，因此对这些信息更敏锐，即更容易注意到拥有“认知图式”的信息。反之亦然。

其三，对信息认知加工存在差别，社会经济地位、受教育程度差异导致受众对信息的选择性接触、接受和记忆上的差别。社会经济地位较高、受教育程度较高的人会更关注公共事务和科学方面的信息，对这些信息的态度更为积极，会主动接触并吸收。反之亦然。

---

① DOOB A W, MACDONALD G E. Television viewing and fear of victimization: is the relationship Causal? [J]. Journal of personality and social psychology, 1979(37): 170-179.
TYLER T R, COOK F L. The mass media and judgments of risk: distinguishing impact on personal and societal level judgments[J]. Journal of personality and social psychology, 1984(47): 693-798.

② TICHENOR P J, DONOHUE G A, OLIEN C N. Mass media flow and differential growth in Knowledge[J]. The public opinion quarterly, 1970, 34(2): 159-170.

“知识沟”假说在某种程度上认可受众的主动性，不同阶层受众的关注点不同，接受情况也不同。社会经济地位较高、受过良好教育的受众倾向于主动满足自身的包括公共事务、科技信息在内的各种信息消费需求，而社会经济地位较低、受教育程度较低的受众则更愿意消遣媒介提供的娱乐信息，所以加剧了现实生活中人们知识沟的扩大。

20 世纪 70 年代后期，艾蒂玛和克莱因提出了“上限效果”假说，认为个人对特定知识的掌握达到某一“上限”后，知识量的增加就会减慢甚至停止。社会经济地位较高的受众获得知识的速度较快，其“上限”也较早到来，而社会经济地位较低的受众尽管知识增速慢，但也会在“上限”追上前者。① 虽然“上限”假说与“知识沟”假说的观点有不同之处，但在受众观上，二者都认为受众具有主动寻求知识的能力。

(四)“第三者效果”——受众的一种差异认知

“第三者效果”是 20 世纪 80 年代以后提出的一种较新的传播理论，这一理论的前提是承认受众认知的差异性，即不同受众的认知是不同的。该理论最早由美国哥伦比亚大学的戴维森(W. P. Davison)教授在 1983 年发表的一篇题为《传播中第三者效应的作用》论文中提出。

“第三者效果”理论的核心观点是人们倾向于高估大众传播媒介对其他人的影响。或者更精确地说，当受众接触说服信息时，会预期这些信息对他人造成的影响，要大于这些信息对自己造成的影响。② 该理论以受众的认知差异为前提，换而言之，“第三者效果”是受众对传播效果的一种“互有差异的认知”(the discrepant perception)：绝大多数人会倾向于低估大众媒介对自己的影响力，高估大众媒介对别人的影响力。在许多大众传播情景中，戴维森提出的这个理论可以为不同领域的研究者提供有价值的视角，如营销、政治运动(花车效应)或审查制度。

而导致“人们低估媒介内容对自己的影响程度”(“第三者效果”)的原因，很

---

① ETTEMA J S，KLINE F G. Deficits，differences，and ceilings：contingent conditions for understanding the knowledge gap[J]. CommunicationResearch ，1977(4)：179-202.

② DAVISON W P. The Third-person effect in communication[J]. The public opinion quarterly，1983，47(1)：1-15.
胡幼伟. 传播讯息的第三者效果——理论探源与实证研究[M]. 台北：五南图书出版公司，1998：3.

多研究者认为心理学上的“自我强化”（self-enhancement）理论，可以对这一假说作出解释。根据“自我强化”理论，受众在大众传媒面前更具主动性，认为自己更有主见，不会受到媒介影响。于是受众高估了自己的认知能力，产生了“错误认知”。一般受众在接触各类媒介内容后，不一定都会正确地知道（意识到）自己对这些信息的认知过程，因此当被问到某类信息对人们造成多大影响时，许多人可能根本就不复记忆自己对该类信息曾经有过何种认知过程。另一方面，受访者如果不能确定自己对某类议题的意见或行为倾向是否和媒介内容有明确的因果关联，当然也就无法确认媒介内容会对自己产生显著的影响。此外，人们对媒体的认知图式往往呈现大众媒介具有强大的效果，一般人在接触媒介内容时，往往发现不同职业的民众在接触重大新闻事件等媒介议题后立即有所反应，甚至是强烈反应，这些累积经验使人们认定，其他人在态度或行为方面都很容易受到媒介内容的影响。以上原因从受众认知心理角度提出了合理的解释，后续一些深入研究中还发现了其他因素也会影响“第三者效果”的强度。比如戴维森本人就发现影响“第三者效果”的因素还包括传播类型、个人特征以及环境情况，受众对传播效果的认知差异是和包括社会环境在内的各种因素联系在一起的。①

“第三者效果”的学者们倾向于把它看成一个微观理论，它建立在普通受众对传播效果的认知和判断上。既然受众能够认识别人易受影响，说明受众并不处于媒介的操纵之下，因为他已经意识到了媒介的作用，尽管他认为别人会更受媒介影响这一看法并不一定正确。

（五）认知转向中的受众观

20世纪70年代，美国受众研究从“态度劝服”转向“认知”，有着时代背景、媒介变迁、学术发展等多重原因。这个阶段的传播效果导向受众研究所遵循的“受众观”，也呈现出对于受众“主动—被动”的不同预设。“议程设置”将“媒介议程影响公众议程”作为其基本假设，反映了媒介会对被动受众产生传播效果的研究思路。“涵化”理论认为，媒介信息不可避免地对被动受众产生潜移默化

---

① DAVISON W P. The third-person effect revisited[J]. International journal of public opinion research, 1996, 8(2): 114.
赵玉兰，谢瑞东，陈新华. 浅谈信息传播的第三者效果[J]. 学术论坛，2000(3): 76-78.

的、更为强烈和深远的影响。“涵化”理论的受众观念与其他三种理论相比，最接近批判学者的观点。“知识沟”理论在某种程度上认可受众的主动性，不同社会阶层受众的接触媒介和内容、接受能力、所处环境不同，信息接收情况也不同。受众在接收信息时的主动性，反而成了“知沟”不断扩大的原因。而“第三者效果”则倾向于用“主动受众”观去阐释受众对大众传媒传播效果的认知差异。

二、从效果到受众："使用与满足"研究

(一)问题的提出："人们用媒介做了什么?"

进入 20 世纪 60 年代，一些传播研究的大师，比如拉扎斯菲尔德、默顿、霍夫兰等人，由于各种原因相继离开传播领域，贝雷尔森在 1959 年曾悲观地断言："传播研究正在枯萎。"[①]这激起了包括施拉姆在内的众多传播研究者的评论、批驳和反击[②]，但也促使传播研究者开始思考：传播研究究竟该何去何从？随着战争结束，以前的那种聚焦于短期态度与行为的“效果研究”似乎不再被人欣赏。为了反驳贝雷尔森，美国社会学家卡茨 1959 年首次在文章中提到“使用与满足”研究。他认为，大众传播并非全面枯萎，贝雷尔森所认为的要结束的研究领域只是将大众传播视为说服的研究。主张效果导向的学者们大部分纠结于“媒介对人做了些什么”，卡茨指出，应将研究的起点由传播者转向受众，相关问题应改为“人用媒介做了些什么”，并第一次提出了“使用与满足”的概念。[③]这就将传播研究者的关注点由传播者、媒介转向了受众，不再纠结于受众在媒介作用下的被动改变，而落脚在人对媒介的主动使用与选择。

不久后，鲍尔(Bauer)1964 年在《顽固的受众》一文中，也呼吁把传播研究的关键问题由“信息能给受众做些什么”转换成“受众如何处理信息”。他批评单

① BERELSON B. The state of communication Research，1959[M]//Mass Communication and American Social Thought：Key Texts，1919—1968. Lanham，Boulder，New York，Toronto & Oxford：Rowman & Littlefield Publishers，2004：440-445.

② SCHRAMM W，RIESMAN D，BAUER R. The state of communication research：comments. 1959 [M]//Mass communication and american social thought：Key Texts，1919—1968. Lanham，Boulder，New York，Toronto & Oxford：Rowman & Littlefield Publishers，2004：446-453.

③ KATZ E. Mass communication research and the study of popular culture[J]. Studies in public communication，1959(2)：1-6.

向的效果研究传统，认为应该把传播过程视为一个双向的过程，不仅研究媒介对受众的作用，更应该“研究受众的动机与行为，以及其对于传播者的影响”[①]。他对于受众的论述还回到了对于民主社会中公民的探讨，公民应该是自主的、理性的，并不是同时代的米尔斯所认为的“快乐机器人”。受众与公民一样，是顽固的，而不是任由媒介摆布的。鲍尔勾连了受众与公民研究中的观点，充实了自身论述，进一步深化与丰富了“使用与满足”理论的研究视角。

除了上述学术考虑以外，受众使用媒介的情况、对媒介的需求，都与美国的实用主义传统与媒介的商营体制分不开。美国的广播电视作为一个媒介产业，要实现利益最大化，就要吸引更多的受众，非常希望能够了解作为消费者的受众的需求，了解他们如何使用媒介，使用媒介做了什么，其目的与动机如何，无形中这与“使用与满足”视角相吻合。媒介需求与学术困境的双重促进，为“使用与满足”研究提供了现实基础与动力，使得“使用与满足”研究从效果导向的受众研究中破茧而出，而这首先表现在一些具体研究上。

（二）前期研究：关于媒介使用的探索

尽管卡茨是在 1959 年提出“使用与满足”这一概念，但是相关具体研究却早已出现，只不过当时并没有冠之以“使用与满足”的头衔。很多学者认为，“使用与满足”研究可以追溯到 20 世纪 40 年代。

有意思的是，这种对受众“满足”的研究，竟然首先出自效果研究中心哥伦比亚学派的内部。拉扎斯菲尔德的学生和他的第二任妻子赫佐格在 20 世纪 40 年代初对女性听众的心理特征进行了研究，并通过定性调查，发现了三种“使用与满足”的形式：情感的释放、愿望的想象和获取生活经验。即听众从广播中获得替代性的情感经历与替代性的满足感，同时很多听众还将肥皂剧视为“日常生活的教科书”，从中汲取比如如何处理人际关系这样的生活经验和知识。[②]

1949 年，贝雷尔森发表《没有报纸意味着什么》一文，利用 1945 年纽约八大报纸发行员罢工这一机会，对读者的读报动机进行研究，总结了人们对报纸的 6

---

① BAUER R. The obstinate audience: the influence process from the point of view of social communication, 1964 [M]//The process and effects of mass communication. Revised edition. Urbana, Chicago&London: University of Illinois Press, 1971: 326-346.

② HERZOG H. What do we really know about daytime serial listeners? [M]//Reader in public opinion and communication. Enlarged Edition. Clencoe, Illinois: The Free Press, 1953: 352-368.

种利用形态：(1)作为消息来源；(2)日常生活必备的工具；(3)休息的方式；(4)获得社会尊重的途径；(5)社交的手段；(6)读报本身就是读报行为的目的。①

1951年，赖利和赖利(Riley & Riley，1951)关于儿童对媒介中探险故事的使用情况的研究也显示，不同儿童受众的媒介使用目的不尽相同。能够融入群体的儿童将故事用于集体游戏，没有很好融入群体的儿童将媒介内容用于幻想。②

不过这一时期的"使用与满足"研究仅仅限于受众自己表述的动机归类，而研究方法也限于对受众的定性访谈。到20世纪50年代末，研究者们开始使用多种方法来进行"使用与满足"研究。

施拉姆(Wilbur Schramm)、莱尔(Jack Lyle)和帕克(Edwin Parker)等人在20世纪50年代末进行了一次儿童与电视关系的大规模调查。这一时期，电视作为新的媒介在人们生活中的分量日益加重。每当新媒体出现，人们尤其是精英人士就会担心新媒体的负面作用，尤其是对儿童的负面影响。这个调查在北美10个不同社区进行，共有11个调查项目，应用了问卷调查、面访、日记调查等多种方法；调查对象包括儿童、家长、教师甚至学校官方和其他学者。该调查在研究方法与研究内容的多样性上，可以和佩恩基金研究相媲美。它与以前研究最大的不同之处就在于研究者们明确提出以"使用与满足"框架为指导，要与以前的侧重效果的研究相区隔。研究者认为"效果"一词，其观点预设就是电视肯定会对儿童施以影响与作用。"其含义是，电视是施动者，儿童是受动者。看上去儿童显得相对被动，而电视却相对主动；孩子们只是坐在那儿的受害者，电视腐蚀着他们。"③

在"使用与满足"研究视角下，施拉姆等人通过调查进而分析得出儿童看电视的主要原因，也就是电视能够满足儿童的需要，主要有三点：娱乐、消息和社

---

① BERELSON B. What "Missing the Newspaper" Means，1949[M]//Mass communication and American social thought：Key Texts，1919 — 1968. Lanham，Boulder，New York，Toronto&Oxford：Rowman& Littlefield Publishers，2004：254-262.

② 赛佛林，坦卡德. 传播理论：起源、方法与应用[M]. 北京：中国传媒大学出版社，2006：253.

③ SCHRAMM W，LYLE J，PARKER E. Television in the lives of our children[M]. Palo Alto，Calif：Stanford University Press，1961：1. 转引自：洛厄里，德弗勒. 大众传播效果研究的里程碑[M]. 刘海龙，译. 北京：中国人民大学出版社，2004：219.

会效用(指导)。[①] 尽管研究者声称要与效果研究划清界限,但是这个研究中依然把“效果”作为一个重要的研究内容,对儿童收看电视的认知效果、行为效果、生理效果、情感效果等进行了研究。可以看出,这一研究是处于从效果导向的受众研究向“使用与满足”研究,从侧重于态度、行为的效果向侧重认知效果的一个过渡。它既看到了效果导向研究的一些不足,开始探索新的领域,同时又深受效果导向研究的影响,因此也有不少研究者将其解读为支持弱效果假说的研究。

该研究并没有仅仅局限于媒介与儿童两者之间的关系,而是引入社会规范、社会关系等中间变量,我们能从中隐约看到拉氏“人民的选择”与“人际影响”研究的影子,也能看到个人差异论的影响。不过这一研究的出发点比效果导向的受众研究有所发展,研究预设从媒介具有强大作用转到了近似主动受众的观点,由于“使用与满足”视角的引入,使得这一研究中的受众观念更倾向于一个“主动”的儿童。同时,这一研究本身也促进了“使用与满足”理论的提出与“使用与满足”研究的进一步发展。

(三)理论的总结:“使用与满足”的提出

“使用与满足”研究反映出效果导向受众研究内部的一种变化,即由之前的以传播者为中心和以媒介为中心,转向以受众为中心;通过受众如何使用媒介、如何运用媒介获得满足来了解媒介的效果。在20世纪70年代,鉴于当时传播研究一直局限于拉扎斯菲尔德、霍夫兰开创的传统,并没有创新与突破,一批学者开始重新关注上述研究,意识到这一视角转化的意义,认为这种转变能够为日益僵化的效果导向研究带来新的变化,也是对效果导向受众研究的继承与发展。布鲁勒(Jay G. Blumler)、卡茨(Elihu Katz)等人对“使用与满足”研究进行了理论概括,该研究范式成为这一时期多元化受众研究中的一个重要组成部分。

卡茨、布鲁勒、格里维奇(Gurevitch)等人发表的《个人对大众传播的使用》(1974)在“使用与满足”理论发展历史上非常重要,不仅仅正式阐明了“使用与满足”理论,提出了这一理论的理论逻辑、基本假设,还引入社会因素,探讨了社

① 洛厄里,德弗勒.大众传播效果研究的里程碑[M].刘海龙,译.北京:中国人民大学出版社,2004:217-240.

会变化可能导致受众对媒介需求和使用变化的几种情况。

文章总结了“使用与满足”理论，按其推理逻辑分解为以下几方面：(1)引起需求的社会和心理起源；(2)需求本身；(3)需求产生的期望；(4)期望指向的大众传播媒介或其他来源；(5)这些指向引起的对不同形式媒介的接触；(6)由接触造成的需要的满足；(7)与满足同时产生的其他后果等。①

他们还提出有五个基本假设：(1)受众是主动的，受众使用媒介是有其特定目的的，尽管有时候媒介接触是习惯性的，但是很多时候受众也希望通过使用媒介来获得某些内容；(2)在传播过程中，需要受众自己主动把媒介使用和需求满足勾连起来，这可以说是对媒介对受众态度、行为产生直接效果的理论的一个反证与批判；(3)大众媒介和其他信息渠道(如人际传播)共同存在、互相竞争，以满足受众需求，受众并不只接触大众媒介，而是处在一个更广大的社会环境中；(4)在研究方法上，从受众个人提供的资料中能够推断出他们使用媒介的目的，不过这个方法论上的假设也是“使用与满足”研究备受争议的一点，即受众能否知道自己的动机与目的；(5)应该由受众自己讲出有关传播文化意义的价值判断，而不是由研究者代劳。② 从中可以看出，“使用与满足”研究非常关注受众，承认受众具有主动性，具有理性的受众也知道自己的需求与目的。最后一点尤其能够作为与精英主义者辩论的依据，即受众可以用不同的价值观来解读媒介内容。比如有些受众会认为广告占用了自己的大量时间，担心受到消费主义的影响，但是也有受众会认为广告为其提供了选择商品的依据，能告诉其流行文化的指向。卡茨等人从价值观角度对受众主动性的总结与描述显然不能被精英人士所容纳，这也是其观点中最被人质疑的地方，对于媒介暴力研究同样存在这样的分歧。

卡茨等人还特别指出，受众使用媒介并不仅仅由个人决定，不仅仅是个人的“使用与满足”，受众并非真正如一些大众社会理论家所认为的那样是“原子状”的孤立个体，受众有着复杂的社会根源，其所在的社会情境同样能够对受众

① KATZ E, BLUMLER J, GUREVITCH M. Utilization of mass communication by the individual[M]//The uses of mass communications: current perspectives on gratifications research. Beverly Hills, California &London: SAGE, 1974: 20-21.

② KATZ E, BLUMLER J, GUREVITCH M. Utilization of mass communication by the individual[M]//the uses of mass communications: current perspectives on gratifications research. Beverly Hills, California &London: SAGE, 1974: 21-22.

的“需求与满足”产生作用：(1)社会情境能够产生各种紧张和冲突，导致人们需要通过使用大众媒介来加以缓和；(2)社会情境使人意识到某一问题应该受到关注，需要从媒介中寻找有关信息；(3)当人们在生活中的一些需求无法得到满足时，需要大众媒介提供辅助性的、补充的或代替性的服务；(4)社会情境使某些价值得到重视，接触相关媒介内容有助于确认和加强这些价值观；(5)社会情境需要受众对某些媒介内容有一定了解，这样才能维持其特定社会团体成员的资格。① 社会情境的引入，升华了“使用与满足”的理论价值，将受众还原于群体、还原于社会的观点，其实与受众研究的文化研究路径的一些观点是颇为相通的。社会中的受众在与媒介的互动中，因为受社会结构与文化的影响制约，并不会处于被支配的地位。

鲁宾(Alan M. Rubin)分析了卡茨等人对“使用与满足”的理论概括以及各方对其的质疑，并结合当前情况，将他们提出的这五个假设进行了修订，去掉了研究方法和价值判断两个假设，补充了两个新的内容。其一是卡茨等人在其文章后面提到的社会情境因素，“社会情境等因素也会影响受众的媒体使用”；另一个则是对受众主动性的一个质疑，即“受众在使用与满足过程中占据主动，他们比媒体更有影响力，但也并不总是这样。媒介也会对个人产生影响，进而影响社会的政治、文化和经济结构，甚至会使我们产生依赖”②。这两个假设依然围绕着受众的主动性问题展开，这一问题作为“使用与满足”理论的核心是研究者不能绕开的。

(四)“积极受众观”和“使用与满足”的发展

随着研究的不断深入，“使用与满足”研究开始走向分化。1981 年，温德尔提出，“使用与满足”研究已走入了发展的“十字路口”。他认为，传统的效果研究与“使用与满足”研究虽然起点不一，但最终的落脚点都在于对传播效果的考察，因此他建议将媒介使用与媒介效果两种传统结合起来。③ “使用与满足”研

① KATZ E, BLUMLER J, GUREVITCH M. Utilization of mass communication by the individual[M]//The uses of mass communications: current perspectives on gratifications research. Beverly Hills, California & London: SAGE, 1974: 27.

② RUBIN A M. The uses-and-gratifications perspective of media effects[M]//Media effects: advances in theory and research. 2nd edition. Mahwah, NJ: Lawrence Erlbaum Associates, 2002: 525-548.

③ WINDAHL S. Uses and gratifications at the crossroads[M]. Mass communication review yearbook, 1981: 174-185. 转引自：周葆华. 大众传播效果研究的历史考察[D]. 上海：复旦大学，2005: 96.

究与效果导向受众研究都认为受众会受到媒介影响，都强调媒介的功能，这是两种理论的前提。在效果导向研究中关注的是媒介在宣传以及竞选方面的作用，在“使用与满足”理论中则要了解媒介对个人需求的满足功能。无论从媒介出发还是从受众出发，其目的都是要了解媒介的效果。赫佐格、卡茨等人都是哥伦比亚学派的重要成员，与拉扎斯菲尔德的关系非同一般，所以“使用与满足”理论说到底还是在效果导向研究的框架内。但是就受众观来说，这两种理论并不相同。

首先，“使用与满足”理论从效果导向研究内部提出了新的理论视角，从以传播者为中心转向以受众为中心，从媒介强大论、消极受众的研究预设转向了“积极受众”的观点，一些学者认为这是传播研究、受众研究的一次“范式的转移”[①]，而这一转向、转移也应和了学术界对于人的再度关切的集体转变。尤其是与英国文化研究的主动受众观念相呼应，尽管它们有着很多不同，文化研究的受众观念更加积极，但是二者对于摆脱受众被动说的意愿是一致的。[②]

其次，“使用与满足”理论发展了个人差异论与社会关系论的相关观点，不再限于拉氏等人研究中所关注的态度与行为的改变，还扩展到动机、目的、需要等其他与受众相关的概念。它使受众研究的研究内容得到拓展，也使得受众研究与心理学研究、社会心理学研究进一步勾连。

“使用与满足”理论的更大影响在于它使不少美国传播研究者认同了“受众能动性”，并且认为这种受众的积极性、主动性存在于媒介“使用”的各个阶段，即媒介使用之前、媒介使用之中与媒介使用之后。[③]

在“积极受众”的观念下，有关媒介使用的研究不断发展，比如，不少研究探讨了受众与媒介之间的依赖关系，鲍尔－洛基奇与德弗勒(Ball－Rokeach& DeFleur)提出了“媒介系统依赖论”(Media System Dependency)，引入社会系统

---

① BROOKER W, JERMYN D. The audience studies reader [M]. London&New York: Routledge Taylor&Francis Group, 2003.

② 当然还有一点需要指出，受众的积极主动性并非一个新的课题。在上一个阶段的介绍中，从芝加哥学派的受众思想，到佩恩基金研究，再到坎特里尔、拉扎斯菲尔德、霍夫兰等人的相关研究，其实都或多或少蕴含积极受众的观点。

③ 周葆华. 大众传播效果研究的历史考察[D]. 复旦大学，2005：96-101.

的概念与社会学、生态学的视角来解释受众与媒介之间的依赖关系。① 鲁宾和温德尔(Rubin&Windahl)则从社会心理学的微观视角对这一关系进行分析。② 再比如，1985 年，帕姆格林与雷伯恩(Palmgreen&Rayburn)提出了期望一价值理论，所谓“期望”即受众对媒介能够带来的利益的认识，而“价值”是指这些利益对个体受众成员所具有的不同价值，他们将两者结合起来解释人们的媒介使用行为。③ 这一理论进一步把受众的经验与价值观引入了研究框架，增加了“积极受众”观的说服力。

另一方面，每当新的媒介形态或者新的媒介内容出现时，研究者首先关注的是：受众为何要使用它？在什么情况下使用？它有什么用途？能够解决什么问题？于是，“使用与满足”从诞生以来一直是受众研究，尤其是有关受众使用新媒体情况的研究中经常运用的一个理论工具，这也是该理论经久不衰的一个原因。新兴网络媒体、数字媒体的出现，进一步消解了传播者与受众之间的角色鸿沟，也为传播研究提供了新的研究对象。有很多研究者依然在“使用与满足”理论的框架下，对受众使用互联网、博客、Facebook 等新兴媒体，体验电视购物、网上购物，观看真人秀等节目的情况进行研究。④

---

① BALL-ROKEACH S J，DEFLEUR M L. A dependency model of mass media effects[J]. Communication Research，1976(3)：3-21.
德弗勒，鲍尔一洛基奇. 大众传播学诸论[M]. 杜立平，译. 北京：新华出版社，1990：331-366.

② RUBIN A M. The Uses-and-gratifications perspective of media effects[M]//Media effects：advances in theory and research. 2nd edition. Mahwah，NJ：Lawrence Erlbaum Associates，2002：525-548.

③ 麦奎尔. 受众分析[M]. 刘燕南，李颖，杨振荣，译. 北京：中国人民大学出版社，2006：93.

④ PAPACHARISSI Z，RUBIN A M. Predictors of Internet use[J]. Journal of broadcasting&electronic Media，2000，44(2)：175-196.
EBERSOLE S，WOODS R. Motivations for viewing reality television：a uses and gratifications analysis[J]. Southwestern mass communication journal，2007，23(1)：23-42.
PAPACHARISSI Z，MENDELSON A L. An exploratory study of reality appeal：uses and gratifications of reality TV shows[J]. Journal of broadcasting& electronic media，2007，51(2)：355-370.
URISTA M A，Dong Q，DAY K D. Explaining why young adults use MySpace and facebook through uses and Gratifications Theory[J]. Human communication，2009，12(2)：215-229.
CORTESE J，RUBIN A M. Uses and gratifications of television home shopping[J]. Atlantic journal of communication，2010，18(2)：89-109.
KAYE B K. Going to the blogs：Toward the development of a uses and gratifications measurement scale for blogs[J]. Atlantic journal of communication，2010，18(4)：194-210.
GREER C F，FERGUSON D A. following local television news personalities on Twitter：a uses and gratifications approach to social networking[J]. Electronic News，2011，5(3)：145-157.

然而，就在“使用与满足”研究欣欣向荣的同时，批判和反思也如潮水般涌来。

首先，作为研究范式，“使用与满足”缺乏明确的理论框架与概念界定，这成为众多学者对其诟病的一个重要理由。这一范式更多是具体研究的罗列，没有系统解释和理论概括，也没有对这一理论的关键概念，比如使用、满足、动机等进行严格定义。而理论的缺乏往往会导致经验主义方法的泛滥。不过在研究者的不断努力下，也正如前面所介绍的，这一理论还在不断发展，理论框架与概念界定也在逐步完善。

其次，对“使用与满足”的研究方法质疑一直不断。早期“使用与满足”研究局限于受众的自我报告，很多人认为这一方法过于主观，同时受众有时很难对自己的媒介使用情况进行总结。不过“使用与满足”理论自施拉姆的“儿童生活中的电视”研究以来，就开始探索使用多种方法。研究者广泛借鉴社会学、心理学相关研究，大量采用调查问卷、实验等量化方法，以系统化的数据采集方式和统计学方法进行的理论假设验证取代了个案研究。“使用与满足”研究更倾向于定量方法，研究问题也更多集中于“动机”等传统问题，因子分析、聚类分析等多元统计分析方法与结构方程式被广泛应用到分析中。

然而，这种偏定量的研究方法同样遭到质疑。20 世纪 60 年代后期，社会科学领域出现了反实证主义方法与概念的倾向，有研究者开始反思“使用与满足”研究的定量模式与功能主义倾向。麦奎尔认为，这一理论依然采用了客观经验主义和功能主义范式，但与“使用与满足”理论的批判核心相违背。[①] 这种反思，也促使社会文化性受众研究日益受到重视，民族志方法被更多学者接受。

再次，也有研究者认为，“使用与满足”理论（尤其是早期的“使用与满足”研究），仅仅把研究范围局限于受众个人，更像是受众选择性机制研究的一个变种，忽视了社会环境因素。特别是脱离传播内容和信息的制作及流通过程，单纯地考察受众的媒介使用，也使该理论有以偏概全之嫌。不过在卡茨对“使用与满足”理论进行归纳的时候，就已经提出了社会情境的影响。“使用与满足”的具体研究，比如施拉姆的“儿童生活中的电视”研究等，也都将社会规范与社会关系列入，大部分“使用与满足”的研究者注意到了这一点，尽管还不全面和完善。

---

① 麦奎尔.后知之明的益处——对使用与满足理论研究的反思[M]//迪金森.受众研究读本.单波，译.北京：华夏出版社，2006：163.

最后，虽然有些学者（如 Ang，1989）认为“使用与满足”理论和后来的一些批判性理论存在一定的衔接，[①]但是很多批判学者首先对“使用与满足”理论的核心，也就是受众主动性问题提出了质疑。

有研究者认为，“使用与满足”理论过高估计了受众的主动性，大众受众由各种各样的人组成，他们并不总是有“一以贯之的期望和主观动机”，“在喜爱/偏好（liking/preference）、实际选择（choosing），以及随后的评估（evaluation）这三个顺次排列的因素中，也很难找到合乎逻辑而内在一致的关系”[②]。同时，“使用与满足”理论过于强调“功能”，实际上，受众的媒介使用更多是丰富多彩生活的一个组成部分，可能并没有过多的目的。鲁宾（Rubin，1984）对这个问题做了很好的解答，他将电视观众分为“仪式性”与“工具性”两种，前者指受众习惯性收看，频繁接触电视；后者则指受众有目的地、有选择性收看，是主动、积极的受众。[③]

另外，很多批判学者认为，“使用与满足”理论产生自哥伦比亚学派内部，也继承了功能主义的部分基因，结论依然是为维护现状的合法化做辩护，突出受众的主动性，而忽视了文化工业对受众的腐蚀作用。“在批判主义看来，传统的受众调查和有关媒介对观众的效果的评估和测度尽管考察了受众，但其目的往往不是为了受众，而是为了包括媒介内容在内的文化产品的制造者，目的是通过让媒介受众在数量上达到最大化的途径，使媒介信息的传播效果达到最大化，进而使媒介制造者的利润达到最大化。”[④]尤其是美国消费主义影响下的媒介产业，营造的所谓满足可能更多是“虚假的满足”，是媒介的“满足”或者“需求”，而并非受众“真正的需求”，受众即便拥有了媒介使用的权利，但依旧不能参与到媒介信息创造与流通的过程之中。“使用与满足”理论与效果导向受众研究一样都相对忽略了对文本和意义的分析，缺乏对意义的复杂性以及文本结构的分析，也没有考虑文本后面的权力问题。

---

① ANG I. Wanted：audiences. on the politics of empirical audience studies[M]//Remote control：television audiences and cultural power. London：Routledge，1999. 转引自：ABERCROMBIE N，LONGHURST B. Audiences：a sociological theory of performance and imagination[M]. London：Sage，1998：8.

② 麦奎尔. 受众分析[M]. 刘燕南，李颖，杨振荣，译. 北京：中国人民大学出版社，2006：90-91.

③ RUBIN A M. Ritualized and instrumental television viewing[J]. Journal of communication，1984，34(3)：67-77.

④ 殷晓蓉. 战后美国传播学的理论发展——经验主义和批判学派的视域及其比较[M]. 上海：复旦大学出版社，2000：172.

由此可见，研究者们关于“使用与满足”研究的争论最后还是落脚在受众的积极与主动性上。尽管支持“使用与满足”的学者做了辩解，但是对于最后一个质疑，就需要引入新的研究范式。即如果想要真正了解受众与媒介的关系，就需要引入诸如权力等新的概念，在新的理论与框架下进行研究，而不仅仅是在原有框架下进行研究。对于权力、意识形态等问题，受众自己可能并没有认识到，因此“使用与满足”研究不可能对受众进行这方面的解读，而文化研究路径的受众研究正好可以弥补这些不足。

第四节　社会文化性受众研究

美国传播学研究一直遵循的是量化研究传统，这种传统也影响着美国发达的媒介产业。20 世纪 70 年代中后期，美国学术界开始对文化研究产生兴趣，著名的美国解构主义理论家希利斯·米勒注意到了这种研究转向：“对文学中历史或者文化背景关系的新的兴趣，实际上正在迅速地带动一种被称作‘文化批评’或‘文化研究’的强有力的新的学科。”[①]詹姆斯·凯瑞(Jams Carey)以文化研究的视角，从传播仪式观出发，将文化与传播紧密勾连，认为在传播过程中，传者与受者是平等且和谐的关系。随着文化研究对美国社会和人文学科的影响力不断增强，美国受众研究借鉴文化研究方法与理念的相关研究越来越多。社会文化性受众研究成为美国受众研究中不可忽视的一部分。

在研究思想上，美国的社会文化性受众研究不仅受到英国文化研究学派以及美国本土学者如詹姆斯·凯瑞等的影响，也借鉴了米歇尔·福柯、米歇尔·德赛都和巴赫金等人的理论观点。福柯论述了权力的广泛性、长久性和自上而下性，德赛都探讨了对权力的抵制方法和策略以及盗猎模式观点，而巴赫金的狂欢理论从狂欢节的仪式和狂欢节的生活出发，论述了对特权进行颠覆的方式。这些观点或多或少都成为美国社会文化性受众研究的研究者们阐释受众时所依靠的理论依据。在他们的著作和文章中，研究主题主要涉及权力的性质及权力、意识形态与受众的关系，他们寻求话语过程、文本过程和社会过程的直

---

① 单天伦.当代美国社会科学[M].北京：社会科学出版社，1993：102.

接联系，从而把受众和权力问题放在阐释和实践的中心。

在近期的受众研究中，不少研究从关注受众与权力的关系，扩展到对受众身份认同的分析，关注受众在日常生活中的身份形成和建构。英国社会学家安东尼·吉登斯(Anthony Giddens)认为认同是一个多侧面的概念，可以用多种方式加以说明，一般说来，认同与人们对他们是谁以及什么对他们有意义的理解相关。他认为认同一般有两种类型：社会认同和自我认同(或个人认同)。社会认同指的是别人赋予某个人的属性，基本上可以看作表明一个人是谁的标志，同时社会认同也将该人与具有相同属性的其他人联系起来。而自我认同则指的是自我发展的过程，通过这一过程，我们形成了对自身以及对我们同周围世界的关系的独特感觉。① 这种对身份认同的分析非常适用于迷文化(粉丝文化)的研究，不少研究通过分析迷(粉丝)的行为、心理和相互之间的交流，探讨其如何在群体中寻找自我认同以及他人认同。

一、大众文化中的主动受众理论：费斯克与生产型受众

费斯克是当代文化研究领域中颇有影响力的电视文化理论家、大众文化批评家之一。他 1939 年在英国出生，曾就读于剑桥大学，先后执教于澳大利亚的科汀大学(Curtin University)、默多克大学(Mordoch University)，以及美国的艾奥瓦大学(The University of Iowa)、马里兰大学(The University of Maruland)、威斯康星大学麦迪逊分校(University of Wisconsin-Madison)。费斯克的学术生涯贯穿了英国、澳大利亚、新西兰和美国几个国家，因此他对欧美文化有着切身的感受和了解。②

费斯克的研究领域广泛，涉及大众文化、流行文化以及电视研究等方面，先后出版了代表性著作《电视文化》(*Television Culture*)、《理解大众文化》(*Understanding the Popular Culture*)、《解读大众文化》(*Reading the Popular Culture*)、《传播研究导论：过程与符号》(*Introduction to Communication Studies：Studies in Culture and Communication*)、《媒介实质：美国政治中的种族与性别》(*Media Matters：Race and Gender in U. S. Politics*)等。此外，费斯克还

---

① 周宪，编著. 文化研究关键词[M]. 北京：北京师范大学出版社，2007：242.

② 位迎苏. 伯明翰学派的受众理论研究[M]. 北京：中国传媒大学出版社，2011：188.

与他人合著了《解读电视》(*Reading Television*)、《关键概念：传播与文化研究辞典》(*Key Concepts in Communication and Cultural Studies*)等书，发表了多篇文化研究方面的论文。

在费斯克的研究中，受众不再是消极被动的接受者，而是积极主动的参与者。他延续了霍尔和莫利对文本及文本与受众关系的分析，认为文本和主体性都是话语结构，都具有类似的相互冲突或者相互矛盾的话语。正是由于这些矛盾，才产生了文本的多义性，而多义性的文本给了受众多种解读的可能性。费斯克借鉴了巴赫金等人的分析，认为多元声音、多重意义、多种矛盾这些具有内在联系的概念，展现了各种社会差别和不平等现象。“社会体系是由各不相同、互不平等、往往相互冲突的群体所组成，所以它的大众文本就会表现出结构上类似、往往相互冲突的声音和意义的多样性。”①正是这些多元的声音，才能使文本与它的受众产生对话关系。

费斯克认为，由文本产生意义在很大程度上也经历着与社会中的主体性构建相同的过程。读者从他的社会历史交叉中产生意义，而这个历史则具有文本中构建的社会力量，所谓解读就是读者的话语与文本的话语发生碰撞。在解读的过程中，费斯克并不认为大众是顺从的或妥协的，他认为大众是具有抵抗力和创造力的。“大众并不是无法抵挡的意识形态体制下的无援无助的主体，也不是拥有自由意志、由生物学决定的个体；他们是一组变动的社会效忠从属关系，由社会行为人在某一块社会领地中形成，而这一社会领地之所以属于他们，是因为他们一直拒绝把该领地放弃给强权式的帝国主义。”②

于是在《理解大众文化》和《电视文化》等著作中，费斯克提出大众文本应该是生产者式的(producerly)。它具有读者式文本和作者式文本的双重特点，既像读者式文本一样易于阅读，又像作者式文本那样要求受众参与到意义的建构过程中，生产出自己的意义。生产者式文本引起人们对其文本性的关注，它所产生的不是被动的接受者或者说“过程的受害者”，而是介入到表现过程之中的主体。“它把自己的读者当成符号民主中的成员，认为他们早就具备了产生意义的话语能力，受到想参与这一过程而得到快乐的欲望的驱动。”③费斯克提出

---

① 费斯克.电视文化[M].祁阿红，张鲲，译.北京：商务印书馆，2005：127.

② 费斯克.理解大众文化[M].王晓玨，宋伟杰，译.北京：中央编译出版社，2006：47.

③ 费斯克.电视文化[M].祁阿红，张鲲，译.北京：商务印书馆，2005：136.

生产者式文本这一概念体现了受众在意义建构过程中的主体地位，受众具有创造力和生产力。

费斯克还认为受众在对文化产品进行解读的时候，会获得快感。他认为大众的快感主要有两种类型："一种是躲避式的快感，它们围绕着身体，而且在社会的意义上，倾向于引发冒犯与中伤；另一种是生产诸种意义时所带来的快感，它们围绕的是社会认同与社会关系，并通过对霸权力量进行符号学意义上的抵抗，而在社会的意义上运作。"[①]就前者而言，身体快感进行的躲避也是一个拒绝式的抵抗，这种抵抗能够体现出下层民众所具有的能量，也让我们重新审视"大众生产力"这一领域。费斯克以拉德韦的研究为例，认为家庭主妇阅读言情小说的行为就是逃避式的。第二种大众的快感就是大众在解读文本过程中对霸权意识形态的抵抗，以及意义的生产中所获得的快感。这种快感聚焦于体现大众文化的微观政治层面，承认社会差异，维护了弱势群体的权利与认同。这种大众快感同样也包含着"生产者的快感"与"冒犯式的快感"。

对于费斯克乐观主义的积极受众观，尼克·史蒂文森给出了较为中肯的评价。他肯定了费斯克的研究强调受众在不同文本解读过程中所从事的生产性、创造性工作。"这种观点对那些始终忽视受众参与符号造反的人，提供了一剂重要的矫正药。"但史蒂文森同时提出费斯克的著述有无可弥补的缺陷，主要表现在以下方面："(1)他的阐述对构建象征性接受的诸种机构不够注意；(2)他的各种论点排斥意识形态理论的可能性；(3)他对通俗报刊的观点，没有包容对其实际内容的任何具体考察；(4)他对公共领域的离散的政治重要性缺乏批判性概念；(5)他总是以自己对通俗样式的解读来取代受众的解读。"[②]第一、二、四点可以看作是对费斯克研究批判性不足的质疑，而第三点和最后一点则是对其方法论的批评。费斯克在研究中较少运用科学调查和参与观察的研究方法，多以符号学为依据进行分析，难免造成主观主义的感觉。

还有学者对费斯克理论的评价集中在他偏离政治经济学的研究视角上(如道古拉斯·凯尔纳)，认为他过于关注受众的主动性和创造力，忽视了文本的生产、流通等环节，以及这些环节背后资本和统治阶层等支配力量的存在。尽管费斯克的研究有诸多的不足，但费斯克的受众理论突出了受众的积极性和创造

① 费斯克. 理解大众文化[M]. 王晓珏，宋伟杰，译. 北京：中央编译出版社，2006：58.

② 史蒂文森. 认识媒介文化：社会理论与大众传播[M]. 王文斌，译. 北京：商务印书馆，2001：151.

力，提高了受众在传播中的地位，对受众研究的进一步发展有重要的意义。

二、性别化的受众分析：女性主义受众研究

早在广播最为辉煌的那段时间，很我电台将白天作为“妇女时段”，引起女性研究者们的关注。除赫佐格的广播剧研究，莱达·萨莫、鲁斯·帕尔特也做过类似研究[①]，而本阶段的女性研究则诠释出女性受众更为复杂和积极的解读。

这一阶段，美国受众研究中的女性主义取向关心的主要问题是，社会性别化的受众对社会性别化的媒介文本的使用和解释，其中最有代表性的研究是珍妮丝·拉德韦（Jennis Radway）关于言情小说读者的分析。拉德韦出生于1949年，主要研究领域是美国文学和文化研究。拉德韦先后在美国密歇根州立大学（Michigan State University）、纽约州立大学石溪分校（State University of New York，Stony Brook）获得学士和硕士学位，之后她又返回密歇根州立大学完成博士学业。拉德韦现在是西北大学（Northwestern University）教授，同时还在杜克大学（Duke University）兼任教职。她写作或编撰的著作有《阅读浪漫小说：妇女、父权制和流行文学》（*Reading the Romance*：*Women*，*Patriarchy and Popular Literature*）、《对书的感觉：月读书俱乐部、文学品位和中产阶级的欲望》（*A Feeling for Books*：*The Book-of-the-Month Club*，*Literary Taste*，*and Middle Class Desire*）等。[②]

拉德韦的受众研究，既有文化研究的路径，又具有女性主义的视角。她主要是对阅读浪漫小说的女性读者进行研究，在研究中她采用了莫利构想的一种样式理论，把样式看作意义（既包括阅读过程又包括写作过程中运作的意义）生产的一套规则，这样的理论或许能够解释为什么某些类型的文本会特别受到特定人群（而不是其他人群）的欢迎。[③]

拉德韦首先进行了产业分析。在这一环节，拉德韦调查了20世纪70年代和80年代大量出版浪漫小说的社会环境，了解到一些适合女性的营销方式，为

---

① 布茨.美国受众成长记[M].王瀚东，译.北京：华夏出版社，2007：205-206.

② http://en.wikipedia.org/wiki/Janice_Radway.

③ 拉德韦.《阅读言情小说》导读[M]//博伊德-巴雷特，纽博尔德.媒介研究的进路——经典文献读本.汪凯、刘晓红，译.北京：新华出版社，2004：631.

接下来的受众研究做了铺垫。

第二环节，拉德韦通过问卷、团体讨论以及个别访谈，了解了受众对于浪漫小说的看法，即对于文学作品的评判标准。她对居住在美国西部史密斯顿镇(Smithton)的30位妇女进行了问卷调查，并对其中的20位进行深访。这些妇女大部分已经结婚，孩子处于上学年龄，部分有兼职工作，大部分妇女每天阅读至少一部小说。访问名单主要由当地一位书商提供。通过访谈得出，对于史密斯顿镇的女性来说，浪漫小说的好坏取决于男女主角的关系及其性格魅力。同时她们认为大团圆结局是成功浪漫小说的必备要素。

第三环节，拉德韦进行了文本分析，以深入探讨阅读浪漫小说所获得的快感，这一环节她还用到了精神分析理论。研究发现，浪漫小说迎合和满足了女性读者暂时逃避受压迫的现实处境，从虚拟世界中寻求解脱的特殊需要。“在这种感觉下阅读，女性读者好像拥有了自由空间，可以从家庭劳动中解脱出来。同时，这些读起来令人愉快的故事，让她们仿佛逃到一个童话世界，女主角与自己相似的要求都被满足。”①同时，作者在探讨女性读者与权力的关系的同时，还提出了女性在大众文化中自我确认、寻找认同感的过程。除了逃避之外，妇女们提及的第二个阅读愉悦因素，是这些浪漫小说的教育意义。比如史密斯顿镇的女性认为可以从这些小说中了解一些历史、地理知识，开阔眼界。不过拉德韦却将其解释为这仅仅是为了掩饰看浪漫小说的罪恶感的借口而已。

拉德韦的研究将精神分析法融入了研究中，不仅分析了受众与权力、意识形态之间的关系，还探讨了受众的身份认同问题。她“展示了妇女是如何设法利用流行文化形式对付她们的社会情境，并以此积极塑造她们自己的愉悦和欲望”②。她的研究证明了女性受众有着自己的主动性，享有自己的快感，并不是其他一些女性主义者口中“没有头脑”的大众。

其不足在于，拉德韦对于愉悦的“政治学”解释值得商榷，因为受众并不曾在访谈中表露出她们阅读的所谓政治意义。另外，拉德韦的研究摇摆于“批评家的样式文本特征分析和小说迷的阐释之间”，她也没有充分调查妇女通俗叙事的阅读行为是“如何与其他实践相联系或者如何与诸如年龄、种族、性取向等

---

① RADWAY J A. Reading the romance: women, patriarchy, and popular literature[M]. Chapel Hill & London: The University of North Carolina Press, 1984: 93.

② 祖伦. 女性主义媒介研究[M]. 曹晋，曹茂，译. 桂林：广西师范大学出版社，2007：153.

决定因素相联系的"①。她很多时候并没有将读者的解读与自己的解读进行对话，而是将受众的解读意识形态化，以符合其抵抗男权制的话语体系。

此外，美国女性受众研究还有很多，比如赛特等人对女性肥皂剧受众进行的研究，杰奎琳·鲍勃对《紫色》和《尘土的女儿》的受众进行的研究。② 尽管女性主义受众研究并没有特定的方法，但是上述研究者基本上都青睐于使用访谈和焦点小组的研究方法，还有研究者运用了参与式观察和心理分析的方法（如塔妮亚·莫德尔斯基）。值得注意的是，与早期女性主义受众研究专注于性别问题不同，女性主义受众研究者越来越多地借鉴同时代的其他社会文化性受众研究，将其研究引入种族、阶级等权力变量。比如鲍勃就把女性主义视角与种族视角相结合，展现了黑人女性受众与其他性别、种族、阶层的受众相比，对斯皮尔伯格执导的著名电影《紫色》的不同解读。而贝肯一史密斯则将女性主义受众研究与迷文化研究结合起来，对从事迷（粉丝）小说创作的女性迷（粉丝）进行了研究。

三、积极受众观念的代表：迷文化研究

（一）迷与迷研究

"迷"（fan，也译作粉丝）是"狂热者"（fanatic）的缩写，来源于拉丁文"fanaticus"。刘易斯（Lewis）认为"迷"是指那些对媒介明星、演员、节目和文本极端投入的迷狂者。③ 麦奎尔在《受众分析》一书中写道，他们"总是大量甚至过量地关

---

① 阿洛. 受众位置的再度确定[M]//博伊德-巴雷特，纽博尔德. 媒介研究的进路——经典文献读本. 汪凯，刘晓红，译. 北京：新华出版社，2004：674-675.

② SEITER E, BORCHERS H, KREUTZNER G, WARTH E M. "Don't treat us like we're so stupid and naive": Towards and ethnography of soap opera viewers[M]//Remote control: television, audiences and cultural power. London & New York: Routledge, 1989: 223-247.

SEITER E. Television and new media audiences[M]. Oxford & New York: Oxford University Press, 1999.

BOBO J. The color purple: black women as cultural readers[M]. New York: Columbia University Press, 1995.

BOBO J, SEITER E. Black feminism and media criticism: The women of brewster place[M]//Feminist television criticism: a reader. Oxford & New York: Oxford University Press, 1997.

③ LEWIS L A (ed.). The adoring audience: fan culture and popular media[M]. London: Routledge, 1992: 1-6.

注那些吸引他们的事物，而且还常常表现出对其他媒介迷的强烈感知和认同”。同时，作为一位媒介迷“还有一些附加的行为模式，并且在衣着、言谈、对其他媒介的使用和消费等等方面表现出来”。① 费斯克则从文本和受众的角度认为“作为一个‘迷’，就意味着对文本的投入是主动的、热烈的、狂热的、参与式的”。② 詹金斯重点从文本和消费的角度解释媒介迷是生产的消费者、写作的阅读者、参与的旁观者。③ 他还提出，迷不仅根据已有的媒介文本，生产自己的杂志、小说、图片、歌曲、影像和表演等，还经常形成自发的群体组织。这种迷群组织具有独特的接受模式、主动的消费行为、特殊的诠释方式以及另类的交流社区，创造了一个特殊的艺术世界。④

在初期的迷文化研究中，受文化研究传统的影响，迷的权力问题受到广泛关注。较之于传统受众，媒介迷是积极受众的代表，是受众主动性的有力体现。迷通过自我授权的方式，积极参与到媒介产品的生产过程中，同时将自身创造的意义融入社会流通的过程。迷作为消费者与文化工业的关系并非简单的对抗或合谋，而是十分复杂的。一方面，迷无法独立于文化工业而存在，他们消费与创作的基础来源于媒介提供的文本；另一方面，正是他们的消费为媒介产业带来了强有力的附加市场，他们不仅大量购买感兴趣的媒介文本及周边产品，为媒介集团开辟了新的产业链，同时他们自发创作的文本又为媒介和相关部门提供了反馈和素材。在迷与文化工业的互动中，文化工业试图对迷的文化品位与消费类型进行收编，而迷则对这种收编进行不断的抵抗。

迷的生产力与参与性也是学者探讨的热点，费斯克将迷的生产力划分为符号生产力、声明生产力和文本生产力。符号生产力包括从文化商品的符号资源中创造出关于社会认同和社会经验的意义，它是整个大众文化的特征，而非迷文化的特征。符号生产力是一种内在的理解能力，当这种内在的私人意义通过口头交谈、穿着打扮或其他行为表达出来时，它就变成了可见的、公共的声明生产力。迷的文本生产力不仅表现在新创造出的文本上，也表现在迷对原始文本

① 麦奎尔. 受众分析[M]. 刘燕南，李颖，杨振荣，译. 北京：中国人民大学出版社，2006：47-48.

② 费斯克. 理解大众文化[M]. 王晓珏，宋伟杰，译. 北京：中央编译出版社，2006：153-154.

③ JENKINS H. “Strangers no More, we sing”: filking and the social construction of the science fiction fan community[M]//The adoring audience: fan culture and popular media. London: Routledge, 1992: 208-236.

④ JENKINS H. Textual poachers: television fans & participatory culture[M]. New York: Routledge, 1992: 284-286.

的积极重构上。通过参与，迷将商业化的叙事转化为自己的通俗文化，因为这种文本生产不是出于盈利的目的，导致其文本的传播范围较窄。①

另外，迷自身的身份认同与建构同样是迷文化研究的焦点，迷积极主动的参与性不仅来源于迷对媒介文本的热情，还来自于迷对自身身份的寻找以及在迷群中获得的认同。人都具有社会化属性，当遇见与自己兴趣相同的群体时会获得较强的认同感，特别是当自己创造出的文本在群体中得到反馈时更会加深其归属感。迷文化研究的一个重要方面就是探究迷如何使用和接受媒介文本，来建构其特定身份认同的。

（二）詹金斯及其迷文化研究

亨利·詹金斯(Henry Jenkins)是美国迷文化研究的重要代表人物之一。他出生于美国亚特兰大，先后在佐治亚州立大学(Georgia State University)、艾奥瓦大学完成本科和硕士学业，他在博士阶段来到了威斯康星大学麦迪逊分校(University of Wisconsin-Madison)，主攻传媒艺术专业。在求学的过程中，詹金斯得到了费斯克的指导，这也为他今后从事受众研究和迷文化研究打下了基础。詹金斯现在南加州大学(University of Southern California)任教，在去南加州大学之前，他曾是麻省理工学院(MIT)媒体比较研究项目(Comparative Media Studies)的创办人和主任。

詹金斯撰写和编辑过多本关于媒体或流行文化的著作，议题十分广泛，包括迷文化、参与性文化和融合文化等方面，如《文本盗用者：电视迷和参与式的文化》(*Textual Poachers: Television Fans and Participatory Culture*)、《融合文化：新旧媒介的冲撞》(*Convergence Culture: Where Old and New Media Collide*)、《扩散性媒体：在网络文化中创造价值与意义》(*Spreadable Media: Creating Value and Meaning in a Networked Culture*)、《迷、部落客和玩家：探索参与性文化》(*Fans, Bloggers, and Gamers: Exploring Participatory Culture*)、《儿童文化读本》(*The Children's Culture Reader*)、《反思媒介的变化：转变的美学》(*Rethinking Media Change: The Aesthetics of Transition*)等。②

---

① FISKE L. The cultural economy of fandom[M]//The adoring audience: fan culture and popular media. London: Routledge, 1992: 30-49.

② http://en.wikipedia.org/wiki/Henry_Jenkins.

詹金斯的受众研究主要围绕着迷文化展开。在对迷进行研究的时候，他并没有迷恋霍尔的编码/解码理论。詹金斯认为霍尔的模式，暗示“受众”概念是一个固定的主体，其对文本的理解也是固定的。受众拥有一个固定的立场来解读文本，受众可以根据其解读模式进行分类，而这抹杀了受众及其所处社会环境更加复杂与矛盾的一面。

詹金斯更倾向于德赛都的文本盗猎概念。德赛都认为，“理论任务”是“通过某一实践活动将所接受的产品在使用中产生的偏离标志出来的不同方式”①。德赛都受到布尔迪厄与福柯两位法国学术大师的影响，当“实践”这一概念日益成为被关注对象时，德赛都认为“消费”实践也是一种生产，“使用的方式”有时比产品本身更能凸显自身。他认为读者不是作者，而是旅行者，“他们在他人的土地上穿梭，在他们并未书写的田野里过着偷猎式的游牧生活，以掠夺埃及财富取乐”②。这种盗猎模式强调了“意义制造的过程和大众阐释的流动性”。尽管在生产层面，粉丝受众是“无权的和有依赖性的”，但德赛都认为在符号阐释层面，受众宣扬的是自身意义，而非文本生产者的意义，受众拥有其自主性。

詹金斯借用德赛都的盗猎观点和拉德韦的游牧观点指出，迷不单是盗猎者，还是“游牧民”，他们以自身的目的主动解读各种节目，他们是流动的、不固定的群体，不断接触其他文本，组织新的材料，生产新的意义。对于迷来说，这种自主性不仅仅表现在迷所生产的意义总是对抗性的，也并不意味着迷制造的意义和其他社会因素无关。“粉丝之所以从所有文本中挑选出那些媒介产品，恰恰是因为那些产品能够成为表达粉丝现有的社会承诺和文化利益的工具。”③

他还指出，迷会结成团体，这些团体彼此联系又互相分离，这个“想象的共同体”并不存在于某一个固定具体的空间，而是随迷们的媒介实践所产生。“虽然一部分粉丝只忠实于单一的节目或明星，但更多的粉丝将单部影剧系列作为进入一个更广阔的粉丝社群的起点，并把各种节目、电影、书籍、漫画和其他通

① 塞托. 多元文化素养：大众文化研究与文化制度话语[M]. 李树芬，译. 天津：天津人民出版社，2002.

② 塞托. 日常生活实践：实践的艺术[M]. 方琳琳，黄春柳，译. 南京：南京大学出版社，2009：267.

③ 詹金斯. “干点正事吧！”——粉丝、盗猎者、游牧民[M]//陶东风. 粉丝文化读本. 杨玲，译. 北京：北京大学出版社，2009：51.
JENKINS H. Textual poachers：television fans & participatory culture[M]. New York：Routledge，1992：46.

俗材料连成了一个互文性的网络。”①这种网络是以对媒介的共同兴趣作为其存在和友谊的基础的。

(三)多样的迷文化研究

1. 科幻剧和肥皂剧剧迷的研究

对美国科幻剧剧迷的研究是很多学者进行迷文化研究的起点，詹金斯和卡米尔·贝肯-史密斯(Camille Bacon-Smith)在各自的著作中都对著名的科幻剧《星际迷航》(*Star Trek*)②剧迷进行了种种剖析。詹金斯在《文本盗猎者》一书中以“航迷”(Trekies)为例，对迷生产出的各种艺术样式进行了分析。而贝肯-史密斯在《进取的妇女》中则以《星际迷航》的迷小说为研究对象，分析迷如何利用她们所喜爱的剧集中的人物或场景来创作自己的小说。

对于迷群中的女性来说，肥皂剧是她们获得媒介体验以及与他人进行交流的重要电视文本类型。李·哈林顿(C. Lee Harrington)和丹尼斯·贝尔比(Denise D. Bielby)合著的《肥皂剧迷》一书对肥皂剧迷的世界进行了探索，通过展现女性如何成为肥皂剧迷和她们自身的文化等，分析女性迷如何在这一过程中获得愉悦的体验与创造意义。

2. 网络的迷文化研究

早期的迷文化传播主要依靠粉丝杂志等较为有限的手段在迷群内部流行，而网络的出现则为迷文化的传播提供了重要平台。网络扩大了迷群的空间，允许更多的人参与到迷文化当中，同时也允许更多的受众观看到通常只为迷群开放的艺术文本。研究网络迷群的学者们尽管各自的研究重点不尽相同，但是都非常关注网络如何改变迷群以及如何改变他们创造和分享文本的方式。雪莉·特克(Sherry Turkle)在《屏幕里的生活：网络时代的身份认同》中研究了屏幕世界中游戏玩家之间的互动模式，南希·贝姆(Nancy Baym)在《收听、登录：

---

① 詹金斯.“干点正事吧！”——粉丝、盗猎者、游牧民[M]//陶东风.粉丝文化读本.杨玲，译.北京：北京大学出版社，2009：48.
JENKINS H. Textual poachers：television fans & participatory culture[M]. New York：Routledge，1992：40.

② 《星际迷航》是1966年由美国全国广播公司(NBC)首播的一部电视系列剧，之后NBC陆续制播了五部《星际迷航》系列的电视系列剧以及一部系列动画片，加起来总共(截至2005年5月)播映了725集，30个电视季。

肥皂剧、迷群和在线社区》中对网络中的肥皂剧迷群进行了民族志研究，安德里亚·麦克唐纳(Andrea MacDonald)通过对《时空怪客》这一科幻电视节目的迷群的分析，发现网络改变了迷群的组织运作、交流方式乃至权力和等级，凯伦·海利克森(Karen Hellekson)和克里斯蒂娜·巴斯(Kristina Busse)则合编了论文集《网络时代的迷小说与迷社区》。①

3.融合文化下的迷研究

技术的进步促进了新媒体的不断出现，以及新旧媒体的相互渗透与融合。作为媒介迷的受众在这场媒介革命中成为积极的参与者，甚至是生产者。詹金斯认为媒介的变革经历着两种模式，一种是媒介融合，另一种则是参与性文化。②

詹金斯看到技术发展带来的媒介融合以及融合之后带来的影响，这些技术融合使受众的消费过程变得更加顺畅，赢得了媒介工业的支持。媒介消费的模式因一系列新媒介技术的产生而发生改变，普通人也能参与到媒介内容的生产和传播的过程中，“让消费者更快地找到一个流行叙事的新显现形式”。③

詹金斯在《文本盗猎者》中就提到“参与性文化”(Participatory Culture)的概念，他主张生产者与消费者的差别已经开始消解。他认为在社交媒体上进行交流，用户原创内容(UGC)以及维基百科类的众包内容等都是参与性文化的形式。而迷文化是积极主动的参与者形成的文化，是参与性文化的代表，“粉都成了一个参与性文化，这种文化将媒介消费的经验转化为新文本乃至新文化和新社群的生产”④。詹金斯与其他学者对迷的参与进行了以下几点概括：(1)拥有艺术表达和公民参与社会活动的低门槛；(2)对创作和分享个人作品的有力支持；(3)文化传承的责任部分地让渡到许多非专业但富有经验的网民身上；(4)身处其中的成员相信他们的贡献是很重要的；(5)身处其中的成员会感觉到

---

① 康彬.美国受众研究的文化研究路径探析[D].中国传媒大学，2014：94-96.

② 詹金斯.昆汀·塔伦蒂诺的星球大战——数码电影、媒介融合和参与性文化[M]//陶东风.粉丝文化读本.杨玲，译.北京：北京大学出版社，2009：104-113.

③ 詹金斯.昆汀·塔伦蒂诺的星球大战——数码电影、媒介融合和参与性文化[M]//陶东风.粉丝文化读本.杨玲，译.北京：北京大学出版社，2009：105.

④ 詹金斯.“干点正事吧！”——粉丝、盗猎者、游牧民[M]//陶东风.粉丝文化读本.杨玲，译.北京：北京大学出版社，2009：44.

JENKINS H. Textual poachers：television fans & participatory culture[M]. New York：Routledge，1992：33-34.

他们与其他成员之间的社会联系（至少他们在意其他成员对他们作品的评价）。[①] 参与性文化预示着在新的媒介环境下更加积极的受众的出现。

融合文化中的受众更加自由，不再仅仅限于媒介消费者的地位，同时还可能成为媒介的生产者；不再是一个个孤单的个体，还可能具有通过社交网络联系起来的集体智慧；不再遵循媒介的意愿，按照其规定的路线行进，还可能具有自己的指南；不再默默无闻，而是通过新的媒介环境发布自己的看法与作品。

"融合既是一个自上而下公司推动的过程，又是一个自下而上消费者推动的过程。"[②]或者说，融合一方面使媒介所有权愈加集中，一方面也使受众变得更加自由。这两种力量有时相互依存、互为补充，有时则处于斗争状态。参与性文化就是在这种复杂环境中出现的"消费主义的新样式"，这种样式可能是受众对媒介内容的响应、协商、抵抗抑或是创作。

4. 另类的迷文化研究

在研究迷创作的文本中，耽美小说（Slash）这种非正统文学创作类型引起了学者们的关注。[③] 詹金斯和贝肯－史密斯等学者均在其著作中对这种非正统的迷文学创作进行了探讨，分析迷参与这种同人小说创造的动机。

此外，还有一种对理论迷的研究。一般认为，迷研究的主要对象是草根阶层，但是理论迷研究瞄准了一群受过高等教育的学者，只不过他们的偶像并非出自影视作品，而是理论大师，从马克思、弗洛伊德，到阿多诺、阿尔都塞、葛兰西，再到福柯、德里达、布尔迪厄、哈贝马斯，等等。马科基认为，这些理论迷购买某一理论家或者关于某种理论的书籍，追逐其崇拜的理论大师，聆听其讲座，参加各种有关的学术会议、沙龙。阅读理论成了他们的休闲与娱乐，能够给他们带来快感。这些特点与普通的迷有很多相似之处。理论迷不仅是消费者，更是生产者。但是马科基也指出，理论迷与普通迷一样，都处在资本主义框架下

---

① JENKINS H，PURUSHOTMA R，WEIGEL M，CLINTON K，ROBISON A J. Confronting the challenges of participatory culture：media education for the 21st century[M]. The MIT（Massachusetts Institute of Technology）Press，2009.

② 詹金斯. 融合文化：新媒体和旧媒体的冲突地带[M]. 杜永明，译. 北京：商务印书馆，2012：50.

③ 耽美小说是同人小说的一种，其中包括一个或多个已存在的媒体形象，主要情节为主人公之间的同性关系。此类同性配对通常通过直接详尽的细节描述进行表现，同时在很大程度上超出原有媒介文本的范围。公认最早的耽美小说产生于 20 世纪 70 年代，当时《星际迷航》的同人小说圈子中有了寇克（Kirk）和斯波克（Spock）（两人均为该片的男主角）配对的故事。从那时开始，同性关系的迷文学得到越来越多的包容和接受，耽美小说的素材来源也迅速扩展到其他类型的电视剧、电影和书籍中。

进行写作，这种写作就是理论迷的生产过程，因此理论迷的“抵制资本主义意识形态”的生产很难做到颠覆性与彻底性。①

(四)迷文化研究的研究方法

迷文化（粉丝文化）研究的对象——迷群（粉丝社群）相对独立，不同迷群之间相对封闭，因此很难采用大规模的量化调查。迷文化研究借鉴了由英国文化研究学派引入传播研究领域的民族志研究方法，这一方法在人类学研究中已经发展得比较成熟。20 世纪 90 年代初，詹金斯和贝肯一史密斯都是以这种方法对迷群（粉丝社群）进行了深入的参与观察研究。但是在进行民族志调查时，他们二人的立场并不相同。

贝肯一史密斯将自己表述为一个进入未知领域、观察和理解迷群活动的学者。学者是普通人了解迷群与迷的一个中介，在迷群成员的带领下才能进入迷群。经过几年的参与观察，她拨开了迷群对她这个局外人的层层误导，逐渐了解了社群内部的规则。② 这种方式的弊端是将研究者和迷两者对立起来，学者往往处于优势的特权阶层，而作为研究对象的迷则被认为是需要解救的对象，有坠入道德二元论的危险。另外，访问受众的民族志过程“虽然在许多案例中极有助益”，但同样可能会造就一种潜在的“简化的路径”。研究者需要对迷（粉丝）的言谈进行分析，但不能对博学的迷过于强调。他们的言论很有可能在为自己进行辩护，将其喜好行为合法化，而非其真实想法。③

詹金斯则是以学者和迷的双重身份进行参与观察，他本身就是“航迷”中的一员，但是他将自己定位为保持批判意识的一员。“当我在书写迷文化时，我既是作为一个学者（能够接触到某些大众文化理论、某些批判的与民族志的文献），也是作为一个迷（能够接触到迷社群的特殊知识与传统）来写作。我的论

① MCKEE A. The fans of cultural theory[M]//Fandom：identity and communities in a mediated world. New York：New York University Press，2007.

② 贝肯一史密斯. 受难和慰藉：一种关于痛的文类[M]//陶东风，周宪. 文化研究（第 9 辑）. 杨玲，译. 北京：社会科学文献出版社，2010：103-112.
BACON－SMITH C. Suffering and solace：the genre of pain[M]//The audience studies reader. London & New York：Routledge Taylor & Francis Group，2003：192-198.

③ HILLS M. 探究迷文化[M]. 朱华瑄，译. 台北：韦伯文化国际出版有限公司，2009：118-122.

述在这两种理解中不断游走，这两种理解并不必然冲突，但也并非完全一致"[①]他将贝肯－史密斯的方法称为传统的迷民族志，而他自己使用的是"处境知识"的迷民族志。[②] 这使他比其他学者对他所迷恋的迷文化更有研究热情，还能深入地进入迷群进行研究。因为他更能比圈外人获得迷群的认可与信赖，得到更多的一手资料，也能对迷群有更多的理解与思考。海利克森、巴斯、麦克唐纳等研究者也都身兼双重身份。然而，这种学者和迷的身份的双重性，使詹金斯的研究同样受到质疑。很多学者认为詹金斯对所研究事物的偏向性和主观性可能影响其在研究中所应保持的客观中立立场，进而影响其研究结果的准确性。

希尔斯(Hills)曾经在《探究迷文化》一书努力澄清迷研究参与观察研究方法中研究者的双重身份，他认为"对'兼具迷身份的学者'如此穷追不舍地质疑诘难，反而造就学术解释上令人相当失望的短视浅见"。他认为这些诘难者忽视了迷与学者的认同能够合二为一的可能性。不过，希尔斯也并非完全认同詹金斯的做法，"詹金斯认为贝肯－史密斯展现了对于迷的错误负面看法，贝肯－史密斯也申斥詹金斯的著作呈现了错误的正面看法"[③]。他指出迷研究中的迷民族志存在着一些问题和局限，而解决的办法就是应该引入自我民族志书写的方法。自我民族志要求使用这一方法的学者不断质疑其"自我解释"。他分析了费斯克等四位学者使用的自我民族志方法，认为他们都"拒绝进一步分析探究其所依附之认同感的各种面向"[④]。

然而，自我民族志同样存在一些疑问，比如对于此类研究中的客观性疑问没有进行很好的解释，再如不断使用自反性的质疑是否会沦入怀疑主义的窠臼。因此，这一方法仅仅是希尔斯的一家之言，学者们对于迷文化研究的迷民族志方法的讨论还在继续。但是，自我民族志的应用确实是研究迷文化的有效尝试，尽管这种参与观察式的方法在很多方面还有待于加强与完善。

詹金斯与贝肯－史密斯等所代表的不同研究者尽管都使用了民族志的研究方法，但是因为所持立场和所处环境不同，采用了不同的民族志形式，得出的

---

① JENKINS H. Textual poachers：television fans & participatory culture[M]. New York：Routledge，1992：5.

② JENKINS H. Interview with Henry Jenkins[M]//Enterprise zones：critical positions on "Star Trek". Oxford：Westview Press，1996：264.

③ HILLS M. 探究迷文化[M]. 朱华瑄，译. 台北：韦伯文化国际出版有限公司，2009：28，127.

④ HILLS M. 探究迷文化[M]. 朱华瑄，译. 台北：韦伯文化国际出版有限公司，2009：132.

结论也不尽相同。这也反映出质化研究方法不可避免地会受到研究者自身的影响，带有一定的主观性（当然量化方法也不能做到纯客观）。

四、美国社会文化性受众研究的特点

美国社会文化性受众研究与欧洲最大的不同之处在于淡化阶级意识形态的介入。与美国不同，“英国文化研究可以简单地或更准确地用意识形态研究来描述，因为他们以种种复杂的方式把文化纳入意识形态之中”。尤其是英国早期文化研究比较注重对阶级、阶层概念的运用。从威廉斯到霍尔，这些研究者大多出身工人阶级或者少数族裔，主要代表下层民众的利益，进行自下而上的文化分析。而在美国，研究者尤其担心“一旦涉及意识形态的玩意儿就得献身于政治行动的革命路线，或起码献身于社会重建的重大计划”。[①] 这与美国的社会历史发展有很大关系，“革命”与“社会主义”“共产主义”这些词汇似乎是欧洲的专利，很难与美国联系起来。美国除了内战之外，并没有大的社会动荡，上个世纪之交的进步运动与进步主义思潮，是中产阶级与垄断阶层的一次妥协，这种改良式的发展是美国的一大特点。“社会主义思潮在美国本来就没有太大的影响，主张政治自由主义的学者坚持事实高于一切，为此不惜损害关于社会秩序的理论探讨，这使得批判理论被边缘化。”[②]这些情形反映在美国受众研究中，就是阶级分析话语的缺乏。美国受众研究者并没有将阶级作为一个主要的（更不用说唯一的）解读受众的结构性因素。

尽管“阶级”这个概念在美国较难接受，但是“权力”概念却在美国得到膨胀。性别、种族、族裔、少数群体（比如性取向少数群体、各种迷）等社会范畴开始作为美国文化研究、美国社会文化性受众研究的出发点，研究者从女性主义、身份认同等角度进行分析。这一趋势在欧洲受众研究的文化研究路径也同样存在，英国文化研究学者逐渐意识到他们对“阶级”这个概念过于关注，就会忽视其他权力关系。不过在同一个概念维度下，两者依然还是有所不同的。比如欧洲的迷文化研究延续了其传统的批判精神，在关注迷自身的参与性同时，更关注迷权力的赋予。而美国的迷文化研究则更多关注的是在商业化的大背景

---

① 凯瑞.作为文化的传播——“媒介与社会”论文集[M].丁未，译.北京：华夏出版社，2005：74，77.

② 麦格雷.传播理论史——一种社会学的视角[M].刘芳，译.北京：中国传媒大学出版社，2009：22.

下，迷的生产力与文化工业的关系。

其次，在研究方法上，美国受众研究中的文化研究路径依然多用质化方法，如詹姆斯·鲁尔(James Lull)的民族志、拉德韦的访谈法、莫德尔斯基的参与观察和以及南希·贝姆的网络民族志，同时还采用了文本分析、话语分析、精神分析法和符号学等多种方法进行阐释。

另外需要指出的是，在全球化的背景下，国际学术交流频繁，很难区别学者的国籍，越来越多不同国家的学者来到美国，而国与国之间的学术特点与分野也日益模糊，因此难以对美国社会文化性受众研究进行限定。比如英国文化研究学派中的亚文化研究代表人物之一——迪克·赫伯迪格(Dick Hebdige)，也为文化研究在美国的传播做出了重要贡献。他早年在伯明翰大学的当代文化研究中心攻读硕士学位，师从霍尔，出版了《亚文化：风格的意义》一书，后来移居美国，在加州艺术学院(California Institute of the Arts)任教，现在是加州大学圣塔芭芭拉分校(UCSB)电影研究与美术工作室的教授。[①] 美国学者劳伦斯·格罗斯伯格(Lawrence Grossberg)在文化研究与北美传播研究的结合中发挥了重要作用。出生于纽约的格罗斯伯格，从罗切斯特大学毕业后，赴英国伯明翰当代文化研究中心学习，追随霍加特和霍尔从事文化研究，后又于 1973 年在霍尔的推荐下返回美国，师从詹姆斯·凯瑞进行传播与文化研究的相关学习，获得博士学位后正式开始他传播与文化研究的学术历程。[②] 格罗斯伯格的学术经历使他既熟悉英国文化研究学派的理论和观点，又了解美国传播学研究的实际情况，这使他在两者结合的研究中显得游刃有余。

美国的一些学者也走向世界，展开国际受众的研究。利贝斯和卡茨等人在以色列、美国和日本三个国家，对电视剧《达拉斯》的不同国家受众进行了分析。作者认为“每个文化群体都找到了他们自己独特的与节目进行‘协商’的方式——不同类型的解读、不同形式的卷入以及不同机制的自我防御，而且每一群体都具有自己特有的弱点。我们发现几乎没有头脑简单的观众，同时却存在着多种多样的‘村民’”[③]。这个研究在跨文化视域下证实了受众相对于媒介的主动性，不同文化下的受众对于媒介的解读是不同的，甚至是大相径庭的。

---

① http://en.wikipedia.org/wiki/Dick_Hebdige.

② http://en.wikipedia.org/wiki/Lawrence_Grossberg.

③ 利贝斯，凯茨. 意义的输出：《达拉斯》的跨文化解读[M]. 北京：华夏出版社，2003：前言.

小　结

20 世纪 60 年代的群众运动，80 年代的新移民潮，促进了学术上的多元化与对“人”的再度重视。大众社会理论的转变以及对原有大众社会理论的批判，哲学的多元化与人本主义的兴起，连同社会学、人类学等学科的变化，心理学的认知转向，促使美国受众研究向着多元转变：研究领域从结构性受众研究的视听率调查，到行为性受众研究的聚焦受众认知效果的研究、“使用与满足”研究，以及社会文化性受众研究中的女性主义受众研究、迷文化研究，等等；研究方法从问卷调查、实验法，到大规模的视听调查，以及定性的民族志方法，受众研究从未像这一时期如此繁荣。

这一时期对受众的认识，向着更加主动的方向迁移。受众研究者更加倾向于认为受众相对于媒介来说并非被动，无论是“使用与满足”研究，还是费斯克的主动受众说，或者迷文化研究，都十分强调受众的主动性。电视的普及以及新的中产阶层的出现，一些对于受众被精英主宰、儿童被媒介暴力等影响的担忧的又一次出现，使得不同的受众观继续发生着碰撞。商业结构与媒介机构对于结构性受众研究过分倚重，导致对于受众的片面认识，实际上是将受众被动化，把受众局限在了冷冰冰的数字上。不过，视听率的引进和应用，毕竟是一种传播观念和思维方式的进步，大众传播由过去的“传者本位”转向“受众本位”。聚焦于认知效果的“议程设置”、“涵化”理论、“知沟”理论、“第三者效果”同样也呈现了这样的分化，“议程设置”假说，特别是“涵化”理论更倾向于预设受众为较为被动的个体，“知沟”理论、“第三者效果”则更加倾向于受众能够主动地认知。不过总体而言，由于社会历史、媒介以及学术背景的影响，学者们对于受众的认识更趋向于主动性的方向发展。

第五章

结论与探讨

传播与社会发展息息相关，受众的历史其实也就是人的发展历史。要研究受众，必须将受众还原于当时的历史社会背景之中，还原于当时的媒介情境之中，并且了解当时的学术语境以及学术共同体的思想。由此只有发现社会历史背景、媒介因素与学术共同体、学术思潮对美国受众研究的影响，才能了解美国受众研究的历史轨迹、特点以及之所以出现如此历史轨迹和特点的原因所在。

本书以知识社会学为视角，通过回顾美国受众研究的研究历程，寻求美国受众研究的发展轨迹，分析美国受众研究不同阶段的特点，在对人类、公民、民主这些宏观命题的思索中，在美国特有的商业文化境遇里，在不同学术思潮的碰撞与影响下，探寻媒介与受众的关系。

一、不同阶段的历史轨迹

本书以知识社会学作为理论支持与研究方法，将美国受众研究放回其诞生与发展的历史空间，还原各项重要研究的社会背景，再现美国受众研究发展中各种因素的碰撞与融合，发现其如何在不同因素的共同作用下不断发展，由此试图厘清受众研究乃至传播研究的缘起与发展，澄清长久以来人们对受众研究的一些误读，勾勒其学术演化的实然轨迹，认清美国受众研究的历史脉络，并总结不同阶段美国受众研究的影响与得失，进而希望能对中国当前的受众研究以启迪与借鉴，为未来受众研究的发展提供一些思考。

根据美国受众研究的自身特点，以及美国的社会历史变迁、媒介演变和学术思想的发展，本书将美国的受众研究分为三个阶段，具体如表 5.1 所示。

表 5.1 美国受众研究历史阶段划分

阶段	社会、历史背景	媒介因素	学术语境	主要受众研究与思想
早期思想	城市化与移民潮，进步运动，“一战”爆发与宣传战	电影出现并影响巨大	实用主义，行为主义，早期大众社会理论，塔尔德的公众思想	芝加哥学派的受众思想，“魔弹论”思潮
效果导向凸显	“二战”爆发与民主危机，战后繁荣与冷战对立，市场研究崛起	广播兴起与繁荣	逻辑实证主义，结构功能主义与中层理论，“大众”概念提出，曼海姆等对于法西斯极权主义批判的大众社会理论，推断统计学、心理学与社会心理学发展	佩恩基金研究，个人差异论（选择性机制研究、霍夫兰的态度研究），社会关系论（拉扎斯菲尔德等的相关研究），盖洛普的广告受众与电影受众研究
多元发展	美国群众运动，新移民潮，消费主义加强与大众文化繁荣	电视普及，遥控器、录像机出现	大众社会理论的继续、转变与批判，英国文化研究的影响，哲学领域的多元态势与人本主义哲学的兴起，社会学的多元发展，心理学认知转向	结构性受众研究（视听率研究），行为性受众研究（“议程设置”理论、“涵化”理论、“知沟”理论、“第三者效果”、“使用与满足”研究、涉及媒介暴力的受众研究），社会文化性研究（费斯克的受众观、女性主义受众研究、迷文化研究等）

来源：本研究自制

第一个阶段，主要表现为芝加哥学派的受众、公众思想，以及“魔弹论”中蕴含的受众观念，这是美国受众研究的初级阶段。美国的工业化与移民潮带来了各种社会问题，引发了进步运动，促进了芝加哥学派的研究。加之受实用主义的影响，芝加哥学派的代表人物对公众与受众力量表示乐观。而几乎与此同时，由于早期大众社会理论与“一战”的影响，使得人们对宣传十分忌惮。随着电影的出现并迅速流行，精英们十分担心其对贫苦阶层与儿童产生不良影响。特别是行为主义此时在美国正如日中天，于是“魔弹论”思潮流行。这一阶段的受众思想更多是蕴含在对公众、群集等问题的探讨中，尽管也出现了明斯特伯格的电影心理学研究，但是绝大部分都带有思辨色彩。

第二个阶段，主要是以拉扎斯菲尔德、霍夫兰和盖洛普等为代表的效果导向受众研究，为美国受众研究的发展阶段。新媒体——广播的出现与法西斯的宣传，使得精英们对“大众”、受众的忧虑卷土重来。“二战”爆发，基于美国自身的民主危机以及市场的需求，了解传播效果成为政治家与企业家共同的愿望。战后繁荣以及冷战拉开序幕，同时在结构功能理论的影响下，效果导向受众研究一直延续，成为这一阶段的主要研究方向。社会心理学的发展使得“态度”这一短期效果的重要概念被愈加重视。逻辑实证主义的影响，加之统计学的跨越发展，为效果导向受众研究提供了方法论上的可能性与参照，在后人的归纳下，拉扎斯菲尔德的调查法与霍夫兰的实验法成为受众研究的两种主要方法。[①] 盖洛普的广告受众研究与电影受众研究也基本在实证与量化的范式下进行。默顿的中层理论为关于受众的经验研究与理论的结合提供了理论层面的支持，一些经典受众理论与受众研究在这一阶段出现。

第三个阶段，自 20 世纪 60 年代开始，美国受众研究呈现出多元化趋势。在 60 年代的美国群众运动、80 年代的新移民潮的影响与推动下，学术研究领域的一些主导范式被多元思想所取代，多元取向成为哲学、社会学在这一时期的显著特点，受众研究在这一大背景下也朝着多元化方向发展。电视的普及，大众社会理论的继续发展，使得注重媒介效果与使用的行为性受众研究依然继续。而群众运动的博兴，人本主义哲学的兴起，大众社会理论的反思与转变，也让受众主动性成为很多研究者的价值预设。具体来说，一方面，商营媒介体制，尤其是商营电视体制的巩固与发展，使得视听率调查成为媒介产业中不可或缺的一环。同时效果导向受众研究在这一阶段开始转型，有的在心理学认知革命的影响下，转向对受众认知进行研究，发展出“议程设置”“培养”“知识沟”“第三者效果”等理论；有的则转变视角，从效果到受众，提出了“使用与满足”理论。另一方面，妇女运动引发了女性研究，带动了研究者以女性主义视角进行受众研究；在英国文化研究的影响下，美国的一些文化研究学者也提出了自己的受众观念，费斯克等人在著作中展现了主动的生产型受众观念；消费社会的加强、大众文化的发展，孕育了美国的迷文化（粉丝文化）研究，也为美国受众研究开辟了一条新的路径。

① 如前所述，后人的这一归纳并不十分准确，比如拉扎斯菲尔德并非仅仅使用调查，霍夫兰的研究也不仅仅局限于实验法，实际上他们的研究方法比较多样，并不单一。通过不断的固化与学科化，他们的研究才被定格为单一的调查法。但是这种调查法与实验法是他们的主要研究方法这一点是毋庸置疑的，他们对主要方法的选取与后人对其研究方法的总结归纳与固化也同样受到逻辑实证主义与推断统计学的影响。

二、并非线性发展的受众观

传播学研究的综述性成果经常把受众研究的历史特征描述为从被动受众观到主动受众观的线性过程。本研究则认为,美国不同受众研究者的受众观往往不同,即便在同一时期也是如此,其在受众"主动一被动"问题上,就像钟摆一样摇摆不定,有的认为媒介主导受众,有的则认为受众相对于媒介而言具有自主性。在美国受众研究的历史中,这两种观念往往同时存在,尽管有时一种观念会占据上风,但并没有呈现出类似由"被动"到"主动"的线性发展。

对受众与媒介关系的重视,其本质源于精英对大众的担忧,常表现为对受众主动性与被动性的探讨。因为从表面上看,受众是一群类似教堂里或者大街上的人群,但是受众与教堂中祈祷的人群不同,没有负责人进行管理,也没有统一的组织纪律,更像是大街上的无组织人群。因此很多知识分子担心受众作为一个个孤独的分子,易于被人操纵。早在16世纪末的英国,政府官员就认为现场娱乐表演的受众是乌合之众的一个初始状态,威胁着社会秩序;并且认为娱乐受众与艺术受众不同,娱乐受众是缺乏教养的。①

尤其每到社会大发展、大动荡的时期,受众与媒介的关系就更为人关注。在资本主义大发展,廉价报纸开始出现时,如此;人们开始对宣传战恐惧的"一战"时期,电影出现并迅速发展的时期,如此;"二战"前后,随着法西斯主义在欧洲的发展,广播的繁荣,知识分子越来越担心大众传媒会操纵大众,也是如此;冷战爆发,电视"占领"人们生活的时代,同样如此。20世纪80年代以来,媒介与政治的关系变得更加微妙。冷战结束后,旧的平衡被打破,而新的秩序还正在形成中,多极化世界格局已经成为趋势。美国1996年电信法案的出台,媒介的合并重组之势越来越盛,新闻集团、维亚康姆、时代华纳这种超大型跨国传媒集团不时出现。各种新媒体与传统媒体共同构筑了现代人的媒介包围圈,在这个媒体相对过剩的时代,学者们关心的依然是受众与媒介特别是新媒体的关系问题。

本书首先从20世纪初欧洲思想者有关"群集""公众""大众""民主"等概念

---

① BUTSCH R. The citizen audience: crowd, publics, and individuals[M]. New York & London: Routledge Taylor&Francis Group ,2008:2.

的论述与思想出发，寻找受众研究的起源，探寻那段“丰富的”理论资源。欧洲一些早期思想家，比如勒庞等人，确实将民众视为猛兽洪水；但也有人，如塔尔德等，看到了公众与媒介的“和谐”关系。正如麦奎尔所说，“如何诠释媒介影响常常取决于一个观察者对现代社会的态度和他们的社会观中乐观主义或悲观主义的程度。20 世纪早期既是(或可能正因为是)民族主义、革命和社会冲突最为显著的时代，同时也是思想进步、民主发展和科学技术进步的时代”①。研究者对于受众的看法、他们的受众观也会受研究者对现代社会的态度与观点中乐观主义与悲观主义所占成分的影响。美国早期的受众思想，既有芝加哥学派的乐观主义，比如杜威对于公众的信心，库利对传播的推崇，帕克对勒庞与塔尔德的融合；也有像“魔弹论”这样的悲观看法。芝加哥学派的大多数成员怀着进步主义的理想，对于大众传媒时代的受众和民主满怀希望，即使杜威晚年对于商业化了的传媒颇有抱怨，他也并没有对受众表示出失望。而同时代的李普曼则不同，他抱着精英主义特有的悲观，抨击“全能公民”的观点。由于早期贵族大众社会理论、群集心理学、行为主义的影响，“一战”后人们对战时宣传战的反思，以及明斯特伯格的电影心理研究，精英与进步人士对于电影可能会教坏劳工阶层特别是劳工阶层儿童十分担心，“魔弹论”成为当时一种重要的受众思想。“魔弹论”认为，受众在媒介面前软弱无力，毫无主动性可言，这与芝加哥学派的受众思想相对立。

在效果导向阶段初期，“魔弹论”思潮并未消失。“二战”中，人们对法西斯宣传巨大影响力的恐惧、精英们对于“美国民主”的担忧以及广播诞生后一些偶然事件的发生(比如“世界大战”广播剧事件)，使得“魔弹论”依然颇受欢迎。同时，“大众”概念被提出，人们对布鲁默的观点进行了片面解读，曼海姆等人在看到法西斯横行后对精英操纵大众的担心日益加重，这些解读与观点延续了研究者对受众的悲观看法。不过佩恩基金研究并没有得出媒介影响受众的确切结论，而坎特里尔、霍夫兰、拉扎斯菲尔德等人的研究，则分别从个人差异与社会关系等不同路径，发现受众在媒介面前并非“中弹即倒”，媒介对于受众的影响效果并非强大。

佩恩基金研究拉开了效果导向受众研究的序幕。而在研究进行中就发生

① 麦奎尔. 麦奎尔大众传播理论：第四版[M]. 崔保国，李琨，译. 北京：清华大学出版社，2006：33.

了肖特与研究者们的分歧：是戴着价值预设的有色眼镜进行研究，还是恪守实证主义的客观原则？其结果也模棱两可，既有能证明电影对儿童有害的结论，也有认为电影对儿童影响有限的观点。[①] 其实效果导向受众研究本身就存在矛盾，一方面认为媒介对受众有影响，想要找出媒介效果；另一方面得出的结论却往往相反。一方面，战时影响与市场研究的惯性使得拉扎斯菲尔德、霍夫兰等人的研究一开始就存在着效果预设，认为大众传媒对受众必定产生这样或那样的效果，受众肯定会受到媒介影响；而另一方面，他们却得出受众因个人差异与社会关系不同而各异的研究结论，认为受众不可能在受到媒介影响后，产生一致反应，媒介对于受众的效果是有限的，从这点讲，受众具有相对于大众传媒的主动性。盖洛普的市场研究同样遵循了这个逻辑。

对媒介与受众关系的研究，始终与大众社会理论相关联。正如前面提到孔豪瑟对这一理论的归纳，其右翼观点，也就是以勒庞为代表的早期贵族观点，认为群集的崛起导致对贵族精英群体的压迫，这种带有侵略性的进攻会使政府变得动荡。而左翼观点则担忧大众被社会精英所操纵，工业资本主义社会扯断了个人与社会之间联系的纽带，社会关系似乎不复存在，媒介变成了统一思想的绝佳武器，而精英很可能通过媒介对受众进行操纵。

在美国受众研究的第三个阶段，大众社会理论有了新的发展，一方面，米尔斯将大众与公众对立起来，大众受众被等同于毫无抵抗能力与理性思维的“机器人”；另一方面，孔豪瑟认为分散的大众使社会趋向多元主义，贝尔、布拉姆森则开始对大众社会理论加以批判。

在大众社会理论发生这些变化前后，人本主义哲学思潮也逐渐受到重视并发展起来，加之美国群众运动在 20 世纪 60 年代的巨大影响，使得人的自由与力量再次得到关注。同时也由于英国的文化研究、接受美学的影响，研究者更加关注受众、受众的接受与解读，美国受众研究者对受众的观点越发趋向于“积极受众”。无论是“使用与满足”研究，还是社会文化性受众研究（比如费斯克的主动受众说，以及女性主义受众研究、迷文化研究等），都十分强调受众的主动性。

电视的普及，米尔斯的担忧，新的中产阶层的出现，对于新兴媒体与受众被

① JOWETT G S，JARVIE I C，FULLER K H. Children and the movies：media influence and the payne fund controversy[M]. New York：Cambridge University Press，1996：81-82.

操纵的老话题随之而来，对于受众被精英主宰、儿童被媒介暴力等影响的论调再一次出现，不同的受众观继续发生着碰撞。视听率调查为媒体和广告商、广告主了解受众提供了客观信息，这本是对受众主动性的一种认可，凸显了受众的地位。但是，媒介工业体系对于结构性受众研究的过分倚重，导致各方对于受众的片面认识，实际上将受众被动化，把受众局限在冷冰冰的数字上。

聚焦于认知效果的理论探讨也呈现了这样的分化。“议程设置”假说，特别是“涵化”理论更倾向于预设受众为较为被动的个体；“知沟”理论、“第三者效果”则更加倾向于受众主动的认知。

媒介与受众的关系定位——受众相对于媒介到底是主动的还是被动的，是一个难以确定的问题。美国受众研究中所蕴含的受众观的发展变化并非是一个由此及彼的线性模式，每个时期都存在着积极受众或者被动受众这样不同的受众观念，甚至同一学者的受众观念也是相互交融的而非孤立唯一的。不过总体而言，由于社会历史、媒介以及学术背景的共同影响，美国受众研究者对于受众的认识更趋向于主动性的方向发展。

三、走向融合的研究方法演变

在美国受众研究的早期，以芝加哥学派为代表的学者对于受众与公众的思考往往以思辨的方式展开。在效果导向受众研究时期，佩恩基金研究，拉扎斯菲尔德、霍夫兰等人的研究都使用了多种研究方法，然而，本来可能的方法融合并没有出现，受众研究方法被固化为调查法与实验法两种主流模式。受众研究多元发展时代，研究设计更加复杂，内容更加丰富，各种研究方法都得到重视。越来越多的研究者意识到，一种方法难以反映受众的全貌，受众研究方法真正开始走向融合之路。

第一阶段，美国早期的受众研究主要采取了思辨的方法。早期思想家之所以关注受众，是源于对民主的关心。当工业革命后人们的社会关系渐趋松散，大众媒介的影响越来越大，受众研究与受众思想也渐渐地从对群集、公众、大众、民主的研究与思考中分离出来，不过民主与政治问题仍然一直是受众研究的一个重要方面。这一阶段的研究大多以思辨形式展开，即使勒庞冠之以“群集心理学”的群集研究，也基本上是历史与个案分析。虽然芝加哥学派的帕克非常重视实证研究(不是定量研究),尽管在其著作和文章中引用过很多他人受众调查的数据,但是他对公众与群集的探讨也仅仅停留在理论分析层面。这一阶段最具实证色彩的是明斯特伯格的电影心理学研究,但是其对美国受众研究的影响非常有限。

由于这一时期的研究主要通过思辨方式展开,或是逻辑推理,或是案例分析、引经据典,很难将对方说服,因此"魔弹论"思想也好,芝加哥学派的学说也好,抑或李普曼的舆论学说,都不能说服对方,或者得出能够明确证伪对方观点的结论。

在第二个阶段,也就是效果导向受众研究时期,受众研究的方法逐渐丰富起来,并且形成了一定的固化模式。佩恩基金研究使用了各种研究方法,在定量方面有问卷调查法、实验法等方法,在调查问卷中已经开始使用量表进行测量;在定性方面,有自传、访谈等方法。然而,这样丰富的遗产并没有传承下去,尤其是布鲁默采用的自传法后来很少被看到。①

造成这种结果的原因是多样的,这一现象也并不孤立,整个芝加哥学派的定性研究方法在以后的日子里都几乎被遗忘。当时,芝加哥学派所做经验研究使用的大多是社区调查、访谈、历史档案调查等方法,并没有进行大规模抽样调查和实验研究。这里要将实证研究和定量研究区别开,帕克尽管注重经验调查,但他并不相信统计分析。他"极为蔑视定量方法并认为统计学家们永远不可能真正认识他们所研究的问题"②。出身哥伦比亚大学、吉丁斯的学生威廉姆·奥格本 1927 年来到芝加哥之后,使这种倾向有了某种改观,并且培养出了像斯托弗(后来到哈佛大学)这样热衷统计技术的学生,但是基于统计学的定量方法与访谈、个案研究这样的定性方法之间的争论一直不断。③ 定量方法并不被公认为是辉煌时期芝加哥学派的特点,而代表芝加哥学派的个案研究、社区调查、访谈等方法也随着芝加哥学派的衰落而沉寂。

辉煌时期的芝加哥学派经验性研究所使用的那些主要研究方法尽管很有启迪,但是也存在一些问题。最主要的一点是芝加哥学派深受实证主义与实用

① 布鲁默同时使用了访谈、问卷调查等多种方法,不过他最具芝加哥色彩的,也最为出彩的研究还是其自传(日记)研究。

② 库隆.芝加哥学派[M].郑文彬,译.北京:商务印书馆,2000:111.

③ 周晓虹.芝加哥学派的贡献与局限[J].社会科学研究,2004(11):98.
默顿,赖利.美国社会学传统[M].陈耀祖,译.台北:巨流图书公司,1987:95.

主义的影响，认为“被调查者那里存在着‘客观的现实’，即使研究的内容涉及被研究者的主观世界，这个主观世界也是‘客观存在’的。因此，研究者对自己本人的角色身份、决策策略以及与被研究者之间的互动过程反省较少”[①]。此外，还有学者指出，芝加哥学派的研究方法还很不完善，“定性的人种学方法在早期也是非常粗陋的，有些甚至和单纯的社会报道没有什么区别”[②]。这种定性方法，其信度和效度既不能和调查法、实验法等量化研究方法相比，也不能和拉扎斯菲尔德、默顿改造后的焦点访谈法，后来文化研究学者使用的民族志方法（更不用说人类学更为精细的民族志方法）相比。

在逻辑实证主义影响颇深的效果导向受众研究时期，无论是学术研究还是商业研究，对于客观性都非常重视，要想仅仅通过带有主观色彩的日记收集或者粗陋的民族志方法，很难说服政治家与企业家们。另一方面，这些定性研究方法太过于耗费时间，对于市场研究、战时研究并不不合适，商场如战场，都是瞬息万变的，研究周期过长就丧失了其研究价值。因此芝加哥开创的这一方法传统，经过布鲁默在受众研究舞台短暂地崭露头角之后，在这一阶段接下来的日子里的其他受众研究中很少使用。[③]

效果导向受众研究时期，最重要的方法运用者无疑是拉扎斯菲尔德与霍夫兰。青年时代的拉扎斯菲尔德在作为逻辑实证主义中心的维也纳学习数学。到美国后，他和同事们将学术研究与政府、企业的需求联系起来，运用多种方法测量受众，既包括抽样调查、使用“拉扎斯菲尔德一斯坦顿节目分析仪”进行实验，利用收听率调查数据，态度测量这样的量化方法，又包括他和默顿共同发展的焦点小组访谈这样的质化方法。或许是默顿的原因，拉氏并没有把自己限定在绝对的量化研究，他们经常将焦点小组访谈作为一种定性方法与定量方法结合使用。

霍夫兰也曾在《传播与说服》一书提到要向不同学科借鉴，希望能够产生一个融合了人类学、社会学、政治学、精神分析、心理学的统一的传播理论，减少这

---

① 陈向明. 质的研究方法与社会科学研究[M]. 北京：教育科学出版社，2000：28.

② 周晓虹. 芝加哥学派的贡献与局限[J]. 社会科学研究，2004(11)：98.

③ 日记法尽管使用不多，但也并没消失，1958 年在关于电视对北美儿童的效果研究中也使用了日记法，这一项目的负责人正是被批评者认为将传播研究方法固化为定量方法的施拉姆。

些理论之间的各种嫌隙。① 他在战时和战后进行的有关说服、态度改变的研究中,除了使用最为擅长的实验法外,还邀请默顿加盟,引入焦点访谈方法。

可见,拉扎斯菲尔德与霍夫兰等人对于方法的选择和认识要超过很多人的想象,他们并不是霍尔眼中"野蛮冷酷的行为主义实证论者"。② 正如莫里森所认为的,罗伯特·默顿、保罗·拉扎斯菲尔德等"在方法上不仅老练,而且可以接受方法的多样性。他们对定性分析和定量分析都非常精通,并将两者结合起来使用。他们不会对一种方法的正确性或者理解耿耿于怀,也不会对方法的历史一无所知"③。

不过,经由施拉姆对于传播学的四大奠基人(拉斯韦尔、拉扎斯菲尔德、霍夫兰、勒温)的强化,拉扎斯菲尔德与霍夫兰的受众研究成为整个美国受众研究乃至传播研究的经典路径。由于受逻辑实证主义等因素的影响,定量方法开始成为主流,后来研究者从拉氏与霍夫兰的受众研究方法中抽象出两条脉络,即调查法与实验法,对应着受众研究的社会学和社会心理学两种传统(尽管如前所述,这样的抽象对于他们并不合适)。调查法用来了解受众的行为、态度和意见,受众与媒介的关系以及受众的消费媒介模式。实验法被认为较倾向于心理学的视角,这种方法更适合于研究受众的行为、认知、态度,但是有时会忽视对社会群体、社会关系因素的考察。④

这样的固化尽管对于学科发展颇有好处,但是实际上也将其他丰富多样的方法连同受众研究不同的发展可能和更广阔的发展空间拒之门外。这一时期的受众研究大多使用调查法与实验法,然而无论是调查法还是实验法,单纯运用这些量化手段,限定了受众研究范围,尤其是难以发现受众与权力、制度的关系,也难以真正解读与理解受众。

第三个阶段,即美国受众研究多元发展时期,单独使用量化研究方法的弊

---

① HOVLAND C I,JANIS I L,KELLEY H H. Communication and persuasion:psychological studies of poinion change[M]. New Haven and London:Yale University Press,1953:2.

② HALL S. The Rediscovery of "Ideology":return of the repressed in media Studies[M]//Culture,society and the media. London:Methuen,1982:59.

③ 莫里森. 寻找方法:焦点小组和大众传播研究的发展[M]. 柯惠新,王宁,译. 北京:新华出版社,2004:16-17.

④ 不过也有研究者对这一看法提出了不同意见,安·奥克利(Ann Oakley)通过回顾实验法的历史,看到了实验法对社会研究与社会理论的贡献。霍夫兰的实验研究、哈斯托夫·阿尔伯特和坎特里尔的经典实验研究,都将群体因素引入实验调查中,测量群体对受众反应的影响。事实上,议程设置同样更多是采用了实验法。

端已经显现，这一时期的方法运用朝着多元与综合运用的方向发展，促进了受众研究的繁荣，也有利于对受众的全面解读。

首先，结构性受众研究与行为性受众研究以量化研究为主。视听率调查的日记卡法与测量仪法逐渐完善并不断发展，视听率数据成为节目编排与广告投放的重要参考，但往往不能解释视听率高低的原因。行为性受众研究开始着眼于媒介的长期效果、认知效果与媒介使用情况，但仅靠调查法与实验法难以有所发现。为了弥补这些缺陷，很多研究不再局限于量化手段，开始重新尝试使用访谈法、日记法等方法。

其次，女性主义研究与迷研究（粉丝研究）大多以民族志作为其主要方法。莫利等文化研究学者意识到受众不仅仅是单数的个体，也是有着各种身份的社会群体。受众研究应该回避行为主义倾向，不能仅仅局限于那个“接受的决定时刻”。因此研究方法就不能仅仅依靠量化的大规模“社会调查”，或者针对个体的“深度访谈”，而应该运用民族志方法对“自然受众”及其群体进行参与观察。莫利、霍布森、洪美恩等人的研究都是以民族志作为其方法的。这一受众研究的“民族志转向”始于20世纪80年代初的英国，随后民族志也成为美国受众研究文化、研究路径的标志方法。随着民族志方法的引入，研究者通过细致深入的参与观察，可以更加全面地了解受众、观察受众、研究受众，能够将其还原于社会与日常生活之中。民族志方法在对受众做细致分析、阐释其媒介接触意义的同时，更重要的是能够将受众置于更广大的日常生活范围内进行观察，将受众放在社会结构与权力关系体系中加以考察。正如拉德韦所认为的，日常生活应该成为民族志研究的出发点，民族志方法有助于“考察人们日常生活中的文化，特别是‘流行文化’中复杂、集体性的生产过程”①。

不过也有研究者意识到，民族志研究存在着简单化趋势。默多克指出，许多受众民族志研究提供的有关接受的社会学和心理学上的意义实际是“相当肤浅的描述”，与格尔兹在《文化的阐释》中展现的“深描”（Thick Description）相比，相差深远。② 人类学对于民族志要求比较严格，至少需要半年的实地观察，

① RADWAY J A. Reception study：ethnography and the problem of dispersed audiences and nomadic subjects[J]. Cultural studies，1988，2(3)：359-376.

② 转引自：DEACON D，KEIGHTLEY E. Quantitative audience research[M]//The handbook of media audience. Malden，Oxford&West Sussex：Wiley-Blackwell，2011：312.

而受众研究中的民族志往往时间过短，在数据分析、资料收集等方面都存在不足。还有人认为，民族志研究主要进行个案分析，其结果难以推广，无法勾勒出完整的受众面貌，也不能形成令人信服的受众理论。因此单纯使用一种研究方法已经很难全面对受众进行解读，这就需要使用不同研究方法进行受众研究。

最后，新的时代需要多种受众研究方法方法的融合。一方面，正如本书所论述的那样，受众研究的历史说明仅仅依靠单一方法、某一种类型方法很难充分了解与解读受众。另一方面，20 世纪 90 年代后，以网络媒体为代表的新媒体崛起，使得媒介融合成为一种必然趋势，这也促进了受众研究方法的融合。再有，这一阶段国际学术交流日益增多，学者们的教育背景更加国际化，一些欧洲学者或者在欧洲接受教育的博士生（比如迪克·赫伯迪格、劳伦斯·格罗斯伯格）到美国任教，扩大了定性方法在美国受众研究中的运用，也加速了不同方法间的碰撞与融合。因此这一时期，受众研究的多元发展中也孕育着融合的趋势。尽管受众认知效果的研究、“使用与满足”研究依然是侧重于调查法与实验法，女性主义受众研究与迷文化研究侧重于定性的访谈法与民族志方法，市场研究侧重于依赖大规模的视听率调查和调查法、实验法，但是各种方法的混合已经成为一种常态。这种混合既包括量化方法、质化方法各自的结合，也包括量化与质化之间的结合，即调查、实验、访谈、小组座谈、大规模的视听率调查、人类学的民族志方法等各种方法的综合运用。这种融合有着坚实的基础，实际上，新的多元主义下的理论关心与经验结果，明显与很多在同一时期的重要研究人员所凸显的问题同源。[①] 这种同源倾向甚至会在不同倾向学者的著述中有所体现。

在更加开放与多元的今天，这种融合不仅仅是已有美国受众研究方法的结合，也不是受众研究、传播研究内部方法的结合，而是需要在更大的社会科学领域下，借鉴人类学、社会学等其他社会学科的新的研究方法。事实上，受众研究的方法基本上都是从其他学科借用而来的，而人类学和社会学等其他学科今天同样也经历着这种方法上的融合与变化。在这个意义上，未来新的受众研究方法是一种融合的方法，新的受众研究范式将成为一种融合范式。

① DEACON D，KEIGHTLEY E. Quantitative audience research[M]//The Handbook of Media Audience. Malden，Oxford&West Sussex：Wiley-Blackwell，2011：311.

四、特点呈现：与欧洲受众研究的对话

美国受众研究与美国的社会历史背景、美国的媒介发展，以及美国的学术语境相关联，有着自身的特点。如果将其与同属于西方学术圈的西欧受众研究相比，美国的受众研究呈现出以下特点。

首先，与欧洲学者相比，美国研究者更加乐观，因此其受众思想颇显乐观主义精神。美国自立国以来，没有经历大规模的战争，国家一直持续发展；“一战”和“二战”对于美国来说，并没有造成致命打击，相反从某种意义上推动了美国的发展。美国的社会问题往往通过进步运动这样的改良与妥协的方式解决，因而没有经历大规模的革命。在欧洲则是另外一番景象。从法国大革命以来，革命的威力令贵族与资产阶级胆战心惊；经历了两次世界大战的洗礼，人们亲身经历了战争带来的巨大灾难，整个欧洲满目疮痍，因此欧洲学者的批判意识与悲观情绪要强于美国。大众社会理论的主要论述者，从勒庞到曼海姆，大多来自欧洲。在对待受众与公众的问题上，特别是美国受众研究的前两个阶段，美国学者比欧洲学者更为乐观，芝加哥学派的杜威、库利与帕克等人就是其代表人物。

其次，美国比欧洲的商业色彩更为浓厚，因此美国受众研究也带有不少商业气息。一方面，二者的广播电视体制不同，美国以商营体制为代表，英国等西欧国家开始实行的是公共体制，目前则是公商并行的双重体制。另一方面，美国在 20 世纪 20 年代左右就开始进入消费时代，“二战”后这种消费主义更加明显，广告主、广告商和媒介在消费主义的影响下对广告更加重视。此外，与欧洲相比，美国对于通俗文化的接受阻力要小得多，商业化的媒介需要借助大众文化来实现更大利润，无形中也推动了大众文化的发展。

商营体制下的美国媒介与广告商、广告主既需要一种标准来测量受众的媒介消费与使用，也需要一种标准作为他们进行广告交易的“通用货币”，于是大规模结构性受众研究，也就是视听率调查在美国最先发展起来。美国效果导向时期的很多受众研究者，像拉扎斯菲尔德、盖洛普也是从市场研究开始的。另外，多元发展时期，美国研究者更关注在消费与商业领域中的权力问题，迷文化（粉丝文化）研究在美国的发展是消费主义与大众文化影响美国受众研究的最好诠释。相比之下，欧洲受众研究的研究者们更习惯于将阶级这样的概念引入受众研究，来考察受众在社会中的位置，这与欧洲的革命传统、马克思主义影

响，以及对批判精神的继承有很大关系。

最后，美国受众研究比西欧更加倾向于实证研究，尤其偏爱使用量化方法。美国作为新兴的殖民地国家，历史约束与传统束缚都比西欧要少得多，因此自我选择、追求实效的价值观日益形成，实用主义也就成了美国早期的主流哲学，成为美国的一个标志。也因为这一点，美国没有继承欧洲的形而上学传统，实证主义在美国得到了很好的传播，资本主义上升期的美国也需要实证主义哲学来统领。美国的主流社会学深受实用主义与实证主义的影响，这些传统使得美国的受众研究更注重实证方法，而不是“想当然”地做学问。特别是在效果导向时期，在政治家与企业家的共同要求下，这种实证方法逐渐固化为量化研究。

当然在美国受众研究的不同阶段，尤其在多元发展时期，欧美受众研究者在理念上、方法上等方面互相借鉴、互相学习，上述欧美受众研究的各自特点不再绝对，多元时代的“不同”发展中也包含着“和”的趋势。尽管在新时代，新的视听率调查技术、方法不断出现，多种多样，但是随着资本的国际化，视听率调查行业的垄断程度越来越高，结构性受众研究作为媒介工作的重要一环在世界范围内得到整合。欧洲的视听率调查集团发展迅速，与尼尔森媒介研究这样的美国老牌视听率调查企业展开竞争，经过垄断与兼并，欧美视听率调查业相互交织，难分你我。[①]

① 经过一系列收购与重组，20 世纪 90 年代中期，美国视听率调查的最重要企业 AC 尼尔森拆分为尼尔森媒介研究（NMR）与 AC 尼尔森两部分，其中负责电视收视率调查的是尼尔森媒介研究（NMR）。1999 年，荷兰联合出版集团（VNU，欧洲最大的出版集团之一，成立于 1964 年）先后收购了尼尔森媒介研（NMR）与 AC 尼尔森公司。2007 年，VNU 正式更名为尼尔森公司（The Nielsen Company）。

AGB 集团原来是欧洲的一家收视调查集团，曾在 20 世纪 80 年代末携新开发的人员测量仪进入美国市场，给当时的 AC 尼尔森造成很大压力，迫使其建立全国市场的人员测量仪调查体系。2005 年 AGB 被 WPP 集团下属的 Kantar 集团收购（WPP 集团是全球最大的营销传播集团之一，总部设在伦敦。目前旗下拥有智威汤逊、奥美、扬罗必凯、精信、达彼思、ADK、伟达、博雅、群邑、朗涛、艾德惠、明略行、索福瑞等众多业界知名的广告公司、公关公司、媒介购买公司、品牌服务公司和市场调查公司）。之后，AGB 集团和尼尔森媒介研究宣布，整合 AGB 集团所有的公司与尼尔森媒介研究（NMR）除北美外全部自有的电视收视率业务，VNU 和 Kantar 各占 50%的股份，新的合资公司被命名为 AGB 尼尔森媒介研究（AGB Nielsen Media Research），在美国和加拿大以外市场开展电视收视率调查业务。2008 年，全球最大的传播集团 WPP 收购 TNS 后，慑于欧洲的反垄断条款，尼尔森与 WPP 进行了资产置换，尼尔森获得 AGB 尼尔森的另外 50%股权，从而全资拥有 AGB 尼尔森。

1997 年，英国一家知名调查公司 Taylor Nelson AGB 收购了法国的 Sofres，重组后的新公司叫作 Taylor Nelson Sofres（TNS）。它的出现对当时尼尔森在调查行业的地位形成巨大的挑战。2008 年，TNS 被 WPP 下属的 Kantar 集团收购，原 TNS 集团旗下的 TNS Media Intelligence 和 TNS Media Research，与 KMR 和 TGI 两大专业媒体研究机构整合，组建 Kantar Media。Kantar Media 主要有四大业务板块，其中 Kantar Media Audiences 板块主要业务是为客户提供电视、广播和互联网等多种媒体的受众测量服务。

目前，尼尔森媒介研究独占北美市场，AGB 尼尔森在亚欧等区域与 Kantar Media 展开竞争。Kantar Media 的业务则主要在亚欧、南美市场，我国著名的央视—索福瑞（CSM）就是 CTR 市场研究与 Kantar Media 的合资公司。

另外，如前所述，欧美学者的交流、交往日益常态化，研究者的教育背景与任教经历日益国际化，很难区别学者的国籍，欧美之间的学术特点与分野也日益模糊。欧洲学者目前也普遍使用量化方法研究受众，使用多种方法成为欧美学者对受众进行研究时的共同选择。美国的一些学者也借鉴了欧洲的批判思维，对受众的各种“权力”问题进行深入探讨。由此美国受众研究与欧洲受众研究的不同特点仅仅是相对而言的。

近年来，欧洲研究者对受众研究的热情逐渐高涨，来自欧洲 14 个国家的受众研究团队于 2015 年成立了受众研究新兴方向联盟(Consortium on Emerging Directions in Audience Research，简称 CEDAR)。这个为期三年的项目的最终报告预测了在社交媒体日趋普及以及大数据与物联网等新兴媒介技术越发无处不在的背景下，受众的未来情境以及受众研究的发展趋势，指出尤其要注意技术与受众、国家和私人组织之间不断变化的关系。这些新的研究是否改变欧美受众研究的轨迹，还有待于时间检验。

五、研究不足及今后展望

首先，本书仅仅选取了最为重要且与主题相关的一些美国受众研究作为论述重点，另有一些研究尽管也很重要，但是由于篇幅、时间等原因所限并未涉及，比如在效果导向时期，默顿对战争债券促销的研究，多元发展时期有关媒介暴力的受众研究，等等。在下一步的完善中需要将更多的受众研究纳入视野，以勾勒出美国受众研究更加全面的发展脉络。

其次，本书以知识社会学为视角，但是由于知识社会学的理论体系过于庞杂，曼海姆对知识社会学的方法与理论阐述得并不清晰，其他学者有关知识社会学的论述各执己见、莫衷一是，因此本书对知识与社会的勾连可能缺乏张力，在今后的研究中需加强对这一关系的论述。

最后，本书并没有过多涉及网络时代的受众研究。这一时期的美国受众研究非常丰富，在研究方法等方面的融合趋势更加明显，然而限于时间关系，只能忍痛未将其作为主要分析对象。

新媒体时代，大部分人都相信受众变得更加自主，通过使用社交媒体，受众与传播者开始合二为一，这让人联想起托夫勒在《第三次浪潮》(1980)一书中提出的“prosumer”一词，“我们可以看到生产者和消费者之间的界限逐渐模糊；可以看到产销合一者的地位日趋重要”。[①] 阿克塞尔·布伦斯（Axel Bruns）仿照托夫勒用“produser”一词代替了“prosumer”，该词聚焦在网站中从事共同创作、拓展各种知识、信息的共同体，就像维基百科与百度百科的使用者一样。意在说明内容生产者与使用者的界限也不再清晰。[②] 弗吉尼亚·奈廷格尔（Virginia Nightingale）则认为，所谓新媒介受众并不是一个新现象，早就有研究发现移民社群中受众的创造力，因此她认为将“produsage”代替受众“audience”一词，实际上是忽视了受众研究的历史。不过，她也承认新媒体带给受众研究者的困惑远远超过以往，在新媒体语境下，受众的主动性早就不再是过去那种业余生产，很难将 Facebook、Twitter 这些社交媒体的使用者简单地界定为大众受众，抑或网站的管理者、内容的生产者。[③] 因此，网络时代的受众更加复杂多样，带给受众研究的是一个个亟待攻克的难题。

除了这些新情况外，还有一些老问题同样需要值得注意，对受众主动性的讨论在网络时代依然存在。如同电影、广播、电视一样，以互联网、智能手机为代表的新的新媒体出现后，不少研究者认为受众在网络时代可以更加自由地选择媒介内容，新技术增加了受众的主动性。不过有很多人认为科技往往是把双刃剑，受众依然是易受控制的，有时甚至是“危险的”，比如网络上的暴力内容同样会影响儿童，网络成瘾问题也表现出受众在网络时代的“惰性”；再如，搜索与推荐的标准会受到媒介工业的影响，长此以往可能会降低受众的主动选择能力。也有学者指出，媒介管理者往往通过新技术扩张了监测受众行为的手段，增加了收取受众收听收看媒介内容费用的方法（比如每下载一支歌曲、电影都要付一次费用），受众比以往更加无助地处于媒介控制之下。还有人分析，网络社会中的受众倾向于以自己的偏好来选择媒介内容，这可能导致社会的分裂，而网络上的群体极化会加剧这种分裂，最后走向“极端甚至暴力一途”。[④]

---

① 托夫勒. 第三次浪潮[M]. 黄明坚，译. 北京：中信出版社，2006：172.

② BRUNS A. 2007. Produsage. Retrieved from http://produsage. org.

③ NIGHTINGALE V. The handbook of media audience[M]. Malden, Oxford&West Sussex: Wiley-Blackwell. 2011: 3.

④ 桑斯坦. 网络共和国：网络社会中的民主问题[M]. 黄维明，译. 上海：上海世纪出版集团，2003：140.

因此，受众研究应该呈现出的是一个复杂的、还原于社会的受众，应该使用多种方法，从不同路径入手，研究受众的不同侧面，比如从受众参与媒介内容的一些细节入手，或者是聚焦于网络语境下受众作为公民的意义，再或者认知神经科学的发展对于受众研究的影响，如此等等。受众研究还任重道远，而对受众研究的研究更是刚刚开始。

参考文献

英文文献：

ABELMAN R,ATKIN D J. The televiewing audience:the art&science of watching TV[M]. Cresskill,New Jersey:Hampton Press,Inc,2002.

ABELSON R. Are attitudes necessary[M]//Attitudes,conflict,and social change. New York:Academic Press,1972.

ABERCROMBIE N,LONGHURST B. Audiences:a sociological theory of performance and Imagination[M]. London:Sage,1998.

ALASUUTARI P. Rethinking the media audience[M]. London:Sage,1999.

ALASUUTARI P. Three phases of reception studies[M]//McQuail's reader in mass communication theory. London,Thousand Oaks&New Delhi:SAGE,2002:325-333.

ALLOR M. Relocating the site of the audience[J]. Critical studies in mass communication, 1988(5):217-233.

ALLPORT G W. Attitudes[M]//Handbook of social psychology (Vol. 2). Worcester,MA:Clark University Press,1935.

ALLPORT G W, POSTMAN L. The psychology of rumor[M]. New York: Henry Holt,1947.

ASAMEN J K,BERRY G L. Research paradigms:television and social behavior[M]. Thousand Oaks:Sage,1998.

ANDERSON J A. Qualitative approach to the study of the media:theory and methods of hermeneutic empiricism[M]//Research paradigms:television and social behavior. Thousand Oaks:Sage,1998:214-215.

ANG I. Desperately seeking the audience[M]. London:Routledge & Kegan Paul,1991.

ANG I. Living room wars: rethinking media audiences for a postmodern world[M]. London&New York:Routledge,1996.

ARVIDSSON A. Toward a branded audience: on the dialectic between marketing and consumer agency[M]//The Handbook of Media Audience. Malden, Oxford&West Sussex: Wiley—Blackwell, 2011: 269-285.

BACON—SMITH C. Suffering and solace: the genre of pain[M]//The audience studies reader. London & New York: Routledge Taylor& Francis Group, 2003: 192-198.

BALL—ROKEACH S J, CANTOR M G. Media, audience, and social structure[M]. Newbury Park, Beverly Hills, London & New Delhi: SAGE Publications, The Publishers of professional Social Science, 1986.

BALL-ROKEACH S J, DEFLEUR M L. A dependency model of mass media effects[J]. Communication research, 1976(3): 3-21.

BAUER R. The Obstinate Audience: The influence process from the point of view of social communication, 1964[M]//The process and effects of mass communication. Revised edition. Urbana, Chicago & London: University of Illinois Press, 1971: 326-346.

BERELSON B. What"Missing the Newspaper"means, 1949[M]//Mass communication and American social thought: key texts, 1919 — 1968. Lanham, Boulder, New York, Toronto&Oxford: Rowman &Littlefield Publishers, 2004: 254-262.

BERELSON B. The state of communication research, 1959[M]//Mass communication and American social thought: key texts, 1919 — 1968. Lanham, Boulder, New York, Toronto&Oxford: Rowman&Littlefield Publishers, 2004: 440-445.

BERELSON B, JANOWITZ M. Reader in public opinion and communication[M]. Enlarged Edition. Clencoe, Illinois: The Free Press, 1953.

BERELSON B, LAZARSFELD P, MCPHEE W. Voting: a Study of opinion in a presidential campain[M]. Chicago: The University of Chicago Press, 1954.

BERGER C R, CHAFFEE S H. Handbook of communication science[M]. New York, CA: publications, 1987.

BERGER C R, ROLOFF M E, ROSKOS-EWOLDSEN D R. The handbook of communication science[M]. 2nd edition. Los Angeles, London, New Delhi, Sigapore& Washington D. C.: SAGE, 2010.

BERMEJO F. The Internet audience: constitution & measurement[M]. New York: Peter Lang, 2007.

BERNAYS E L. Propaganda[M]. New York: Horace Liveright, 1928.

BIOCCA F A, ANDERSON J A. Opposing conceptions of the audience: the active and passive hemisphere of mass communication theory[R]//Communication Yearbook, 1988: 51-80.

BIRD S E. The audience in everyday life: living in a media world[M]. NewYork& London: Routledge, 2003.

BLUMER H. The movies and conduct[M]. New York: Macmillan, 1933.

BLUMER H. Collective behavior[M]//Principles of sociolog. New York: Barnes&Noble, INC., 1946: 167-224.

BLUMER H, HAUSER P M. Movies, delinquency, and crime[M]. New York: Arno Press and the New York Times, 1970.

BLUMLER J. European-American differences in communication[M]//The media revolution in America and in western Europe. Norwood, New Jersey: Ablex, 1985: 185-199.

BLUMLER J, KATZ E. The uses of mass communications: current perspectives on gratifications research[M]. Beverly Hills, California & London: SAGE, 1974.

BOBO J. The color purple: black women as cultural readers[M]. New York: Columbia University Press, 1995.

BOBO J, SEITER E. Black feminism and media criticism: the women of Brewster Place[M]//Feminist television criticism: a reader. Oxford&New York: Oxford University Press, 1997.

BRAMSON L. The political context of sociology[M]. Princeton, New Jersey: Princeton University Press, 1961.

BRATICH J Z. Amassing the multitude: revisiting early audience studies[M]//Media audiences (Volume1, History of audience study). Los Angeles, London, New Delhi, Singapore& Washington DC: SAGE, 2011: 149-169.

BROCKETT O G. History of the theatre[M]. Boston: Allyn and Bacon, 1968.

BROOKER W, JERMYN D. The audience studies reader[M]. London & New York: Routledge Taylor&Francis Group, 2003.

BRUNING J. Negotiating complex television: the simpsons and its audience[D]. University of Kansas, 2002.

BRUNSDON C, DACCI J, SPIGEL L. Feminist television criticism: a reader [M]. Oxford&New York: Oxford University Press, 1997.

BRYANT J, PRIBANIC-SMITH E J. A historical overview of research in communication science[M]//The handbook of communication science. 2nd edition. Los Angeles, London, New Delhi, Sigapore&Washington D. C.: SAGE, 2010: 21-36.

BRYANT J, ZILLMANN D. Media effects: advances in theory and research[M]. 2nd edition. Mahwah, NJ: Lawrence Erlbaum Associates, 2002.

BRYANT J,ZILLMANN D. Perspectives on media effects[M]. Hillsdale,NJ&London:Lawrence Erlbaum Associates,Publishers,1986.

BRYSON L. Religion and civilization series:the Communication of ideas:a Series of addresses [M]. New York:Cooper Square Publishers,INC,1964.

BRYSON L,FREE L A,GORER G,LASSWELL H D,LAZARSFELD P F,LYND R S,MARSHALL J,SIEPMANN C A,SLESINGER D,WAPLES D. Needed research in communication,1940[M]//Mass communication and American social thought:key texts,1919—1968. Lanham,Boulder,New York,Toronto&Oxford:Rowman& Littlefield Publishers,2004:136-138.

BUTSCH R. The citizen audience:crowd,publics,and individuals[M]. New York& London:Routledge Taylor& Francis Group ,2008.

BUTSCH R. Audiences and publics,media and public spheres[M]//The handbook of media audience. Malden,Oxford&West Sussex:Wiley—Blackwell,2011:149-168.

BUXTON W J. From park to cressey:Chicago sociology's engagement with media and mass culture[M]//The history of media and communication research: contested memories. New York:Peter Lang,2008:345- 362.

CANTRIL H, ALLPORT G W. The influence of radio upon mental and social life, 1935 [M]//Mass communication and American social thought:key Texts,1919—1968. Lanham, Boulder, New York, Toronto&Oxford: Rowman&Littlefield Publishers, 2004: 110-115.

CANTRIL H,GAUDET H,HERZOG H. The invasion from MARS:a study in the psychology of panic[M]. Princeton:Princeton University Press,1952.

CASMIR F L. Building communication theories:a socio/cultural approach[M]. Hillsdale,N. J. :L. Erlbaum Associates,1994.

CHAFFEE S H. George Gallup and Ralph Nafziger:pioneers of audience research[M]. Mass Communication&Society ,2000,3(2/3):317-327.

CHAFFEE S H,HOCHHEIMER J L. The beginnings of political communication research in the United States:origins of the "limited effects" Model[M]//The media revolution in America and in western Europe(Volume Ⅱ in the Paris-Stanford Series). Norwood,New Jersey:Ablex,1985:267-296.

COHEN B C. The press and foreign policy [M]. Princeton, NJ: Princeton University Press,1963.

COOLEY C H. Human nature and the social order[M]. New York:Schocken Books,1964.

COOPER E, JAHODA M. The Evasion of propaganda: how prejudiced people respond to anti-prejudice propaganda[J]. Journal of psychology, 1947(23): 15-25.

CORNER J. "Influence": the contested core of media research[M]//Mass media and society. 3rd edition. London: Arnold& New York: Oxford University Press Inc., 2000: 376-397.

CORTESE J, RUBIN A M. Uses and gratifications of television home shopping[J]. Atlantic journal of communication, 2010, 18(2): 89-109.

COTTON J L. Cognitive dissonance in selective exposure[M]//Selective Exposure to communication. Hillsdale, N. J.: Lawrence Erlbaum, 1985: 11-33.

COULDRY N. The orising media as practice[J]. Social semiotics, 2004, 14(2): 115-132.

COULDRY N. The necessary future of the audience... and how to research it[M]//The handbook of media audience. Malden, Oxford& West Sussex: Wiley-Blackwell, 2011: 213-229.

CREEL G. How We advertised America: the first telling of the amazing story of the committee on public information that carried the cospel of Americanism to every corner of the Globe[M]. New York: Harper& Brothers, 1920.

CURRAN J, GUREVITCH M. Mass media and society [M]. 3rd edition. London: Arnold& New York: Oxford University Press Inc., 2000.

CZITROM D J. Media and the American mind: from morse to McLuhan[M]. Chapel Hill: The University of North Carolina Press, 1982.

DAVISON W P. The third-person effect in communication[J]. The public opinion quarterly, 1983, 47(1): 1-15.

DAVISON W P. The Third-person effect revisited[J]. International journal of public opinion research, 1996, 8(2): 114.

DEACON D, KEIGHTLEY E. Quantitative audience research: embracing the poor relation [M]//The handbook of media audience. Malden, Oxford& West Sussex: Wiley-Blackwell, 2011: 302-219.

DEFLEUR M L, BALL-ROKEACH S J. Theories of Mass communication[M]. 4th edition. New York & London, Longman: 1982.

DELIA J G. Communication research: a history[M]//Handbook of communication science. New York, CA: publications, 1987: 20-98.

DENNIS E E, WARTELLA E. American communication research: the remembered history [M]. Mahwah, N. J.: L. Erlbaum, 1996.

DEWEY J. The public and its problems[M]. Denver: Alan Swallow, 1927.

DOOB A W, MACDONALD G E. Television viewing and fear of victimization: is the relationship Causal? [J]. Journal of personality and social psychology, 1979(37): 170-179.

DOWNING J D H, MCQUAIL D, SCHLESINGER P, WARTELLA E. The SAGE handbook of media studies[M]. Thousand Oaks, London & New Delhi: SAGE, 2004.

EBERSOLE S, WOODS R. Motivations for viewing reality Television: a uses and gratifications analysis[J]. Southwestern mass communication journal, 2007, 23(1): 23-42.

ELSNER H, ELSNER C, LEVINE D N, ROBERT E. Park the crowd and the public and other essays[M]. Chicago & London: The University of Chicago Press, 1972.

ETTEMA J S, KLINE F G. Deficits, differences, and ceilings: contingent conditions for understanding the knowledge gap[J]. Communication research , 1977(4): 179-202.

ETTEMA J S, WHITNEY D C. Audiencemaking: how the media create the audience[M]. Thousand Oaks: SAGE Publications, 1994.

FARIS R E L. Chicago school 1920—1932[M]. San Francisco: chandler publishing company, 1967.

FERGUSON D A, GREER C F, REARDON M E. Uses and gratifications of MP3 players by college students: are iPods more popular than radio? [J]. Journal of radio studies, 2007, 14(2): 102-121.

FISKE J. Television culture[M]. 2nd edition. London & New York: Routledge, 2011.

FISKE L. The cultural economy of fandom[M]//The adoring audience: fan culture and popular media. London: Routledge, 1992: 30-49.

FISKE S T, TAYLOR S. E. Social cognition[M]. 2nd edition. New York: McGraw-Hill, 1991: 121-139.

FOWLES J. Advertising and popular culture[M]. Thousand Oaks: Sage, 1996.

FREEDMAN J L, SEARS, D. Selective exposure[M]//Advances in experimental social psychology. New York: Academic Press, 1965.

GARY B. The nervous liberals: propaganda anxieties from World War I to the cold war[M]. New York: Columbia University Press, 1999.

GERBNER G, GROSS L. Living with television: the violence profile[J]. Journal of communication, 1976, 26(2): 173-199.

GILLESPIE M. Media audiences[M]. Maidenhead, Berkshire & New York: The Open University, 2005.

GITLIN T. Media sociology: the dominant paradigm[M]//McQuail's reader in mass communication Theory. London, Thousand Oaks & New Delhi: SAGE, 2002: 25-35.

GLANDER T. Origins of mass communications research during the American cold war: educational effects and contemporary implications[M]. Mahwah, N. J. : L. Erlbaum, 2000.

GORTON K. Media audiences: television, meaning and emotion[M]. Edinburgh: Edinburgh University Press, 2009.

GRABER D A. Processing the news: how people tame the information tide[M]. 2nd ed. New York: Longman, 1988.

GREER C F, FERGUSON D A. Following local television news personalities on Twitter: a Uses and gratifications approach to social networking[J]. Electronic news, 2011, 5(3): 145-157.

GUMPERT C, CATHCART R. INTER/MEDIA Interpersonal communication in a media world[M]. Second edition. New York/Oxford: Oxford University Press, 1982.

GUNTER B, MACHIN D. Media audiences (volume1, history of audience study) [M]. Los Angeles, London, New Delhi, Singapore& Washington DC: SAGE, 2011.

GUREVITCH M, BENNETT T, CURRAN J, WOOLLACOTT J. (eds). Culture, society and the media[M]. London: Methuen. 1982.

HALL S. The rediscovery of "ideology": return of the repressed in media studies[M]//Culture, society and the media. London: Methuen, 1982: 56-59.

HALL S. The television discourse; encoding and decoding[M]//McQuail's reader in mass communication theory. London, Thousand Oaks& New Delhi: SAGE, 2002: 302-308.

HARDT H. Critical communication studies: communication, history and theory in America [M]. London: Routledge, 1991.

HARRIS C, ALEXANDER A. Theorizing fandom: fans, subculture and identity [M]. Cresskill, New Jersey: Hampton Press, Inc. , 1998.

HARRISON T, PROJANSKY S, ONO K A, HELFORD E R. (eds). Enterprise zones: critical positions on"Star Trek"[M]. Oxford: Westview Press, 1996.

HERMES J A. Concise history of media and cultural studies in three scripts: advocacy, autobiography, and the chronicle[M]//The SAGE handbook of media studies. Thousand Oaks, London& New Delhi: SAGE, 2004: 251-270.

HERZOG H. What do we really know about daytime serial listeners? [M]//Reader in public opinion and communication. Enlarged Edition. Clencoe, Illinois: The Free Press, 1953: 352-368.

HERZOG H. On borrowed experience: an analysis of listening to daytime sketches, 1941[M]// Mass communication and American social thought: key texts, 1919—1968. Lanham, Boulder, New York, Toronto& Oxford: Rowman& Littlefield Publishers, 2004: 139-156.

HIMMELFARB S, EAGLY A H. Orientations to be the study of attitudes and their change [M]//Reading on attitude change. New York: Wiley, 1974.

HIMMELFARB S, EAGLY A. (eds). Reading on attitude change [M]. New York: Wiley, 1974.

HOVLAND C I, JANIS I L, KELLEY H H. Communication and persuasion: psychological studies of poinion change[M]. New Haven and London: Yale University Press, 1953.

HOVLAND C I, LUMSDAINE A A, SHEFFIELD F D. Experiments on mass communication [M]. Princeton, New Jersey: Princeton University Press, 1949.

HUNT M. How does it come to be so? [J]. New Yorker, 1961, 28(1): 59-61.

HYMAN H, SHEATSLEY P. Some reasons why information campaigns fail[J]. Public opinion quarterly, 1947(11): 412-423.

JANOWITZ M, HIRSCH P M. Reader in public opinion and mass communication[M]. 3rd edition. New York: The Free Press & London: Collier Macmillan Publishers, 1981.

JAY M. The Dialectical imagination: a history of the Frankfurt school and the institute of social research 1923—1950[M]. Boston & Toronto: Little, Brown and Company, 1973.

JENKINS H. Textual poachers: television fans & participatory culture[M]. New York: Routledge, 1992.

JENKINS H. Interview with Henry Jenkins[M]//Enterprise zones: critical positions on "Star Trek". Oxford: Westview Press, 1996.

JENKINS H. "Strangers no more, we sing": filking and the social construction of the science fiction fan community[M]//The adoring audience: fan culture and popular media. London: Routledge, 1992: 208-236.

JENKINS H. Convergence culture: where old and new media collide[M]. New York & London: New York University Press, 2006.

JENKINS H, PURUSHOTMA R, WEIGEL M, CLINTON K, ROBISON A J. Confronting the challenges of participatory culture: media education for the 21st century[M]. The MIT(Massachusetts Institute of Technology)Press, 2009.

JENSEN J. Fandom as pathology: the consequences of characterization[M]//McQuail's reader in mass communication theory. London, Thousand Oaks & New Delhi: SAGE, 2002: 342-354.

JENSEN K B, JANKOWSKI N W. A handbook of qualitative methodologies for mass communication research[M]. London & New York: Routledge, 1991.

JENSEN K B, ROSENGREN K E. Five traditions in search of the audience[J]. European journal of communication. London: Sage, 1990, 5(2-3): 207-238.

JENSEN S C. Walter Lippmann, straw man of communication research[M]//The history of media and communication research: contested memories. New York: Peter Lang, 2008: 71-112.

JOWETT G S, JARVIE I C, FULLER K H. Children and the movies: media influence and the Payne fund controversy[M]. New York: Cambridge University Press, 1996.

KAID L L. Handbook of political communication research[M]. Mahwah, New Jersey: Lawrence Erlbaum Associates, Publishers, 2004.

KATZ E. Mass Communication research and the study of popular culture[J]. Studies in public communication, 1959(2): 1-6.

KATZ E, BLUMLER J, GUREVITCH M. Utilization of mass communication by the individual[M]//The uses of mass communications: current perspectives on gratifications research. Beverly Hills, California & London: SAGE, 1974: 19-32.

KATZ E, LAZARSFELD P F. Personal influence: the part played by people in the flow of mass communications[M]. New York: The Free Press, 1955.

KATZ E, PETERS J D, LIEBES T, ORLOFF A. Canonic texts in media research: are there any? should there be? how about these? [M]. Cambridge, Oxford&Malden: Polity Press, 2003.

KAYE B K. Going to the blogs: toward the development of a uses and gratifications measurement scale for blogs[J]. Atlantic journal of communication, 2010, 18(4): 194-210.

KING B T, MCGIMIES E. (eds.). Attitudes, conflict, and social change[M]. New York: Academic Press, 1972.

KLAPPER J T. The effects of mass communication[M]. New York: The Free Press, A Division of Mamillan Publishing Co., Inc., 1960.

KORNHAUSER W. The politics of mass society[M]. New York: The Free Press, London: Collier-Macmillan Limited, 1959.

LANGDALE A. Hugo münsterberg on film: the photoplay: a Psychological study and other writings[M]. New York&London: Routledge, 2002.

LAZARSFELD P F. Administrative and critical communications research, 1941[M]//Mass communication and American social thought: key texts, 1919—1968. Lanham, Boulder, New York, Toronto&Oxford: Rowman& Littlefield Publishers, 2004: 166-173.

LAZARSFELD P F, FIELD H. The people look at radio[M]. Chapel Hill: University of North Carolina Press, 1946.

LAZARSFELD P F, MERTON R K. Mass Communication, popular taste and organized social Action[M]//Religion and civilization series: the communication of ideas: a Series of addresses. New York: Cooper Square Publishers, INC, 1964: 95-118.

LEE A M. Principles of sociology[M]. New York: Barnes&Noble, INC., 1946.

LEE A M, Lee E B(eds.). The fine art of propaganda: a study of father Coughlin's speeches [M]. New York: Harcourt, Brace and Company, 1939.

LEVINE J, MURPHY G. The learning and forgetting of controversial material[M]. Journal of Abnormal and Social Psychology, 1943(38): 507-517.

LEWIS L A. (ED.). The adoring audience: fan culture and popular media[M]. London &New York: Routledge, 1992.

LIEBES T. Herzog's "on borrowed experience": its place in the debate over the active audience[M]//Canonic texts in media research: are there any? should there be? how about these?. Cambridge, Oxford& Malden: Polity Press, 2003: 39-54.

LINDLOF T R. The qualitative study of media audience[J]. Journal of broadcasting& electronic media, 1991, 35 (1): 23-43.

LINDLOF T R, MEYER T P. Talking the interpretive turn: qualitative research of television and other electronic media[M]//Research paradigms: television and social Behavior. Thousand Oaks: Sage, 1998: 205-236.

LIPPMANN W. Public opinion[M]. New York: Harcourt, Brace and company, 1922.

LIPPMANN W. The phantom public: a sequel to "public opinion"[M]. New York: Macmillan, 1927.

LIVINGSTONE S. M. Making sense of television: the psychology of audience interpretation [M]. Oxford: Pergamon, 1990.

LIVINGSTONE S. M. Making sense of television: the Psychology of audience interpretation [M]. 2nd edition. New York: Routledge, 1998.

LOWERY S, DEFLEUR M L. Milestones in mass communication research: Media Effects [M]. New York&London: Longman, 1983.

LUBKEN D. Remembering the straw man: the travels and adventures of hypodermic[M]// The history of media and communication research: Contested Memories. New York: Peter Lang, 2008: 19-42.

MARRIS P, THORNHAM S. Media studies: a reader[M]. 2nd edition. Edinburgh: Edinburgh University Press Ltd, 1996.

MCKEE A. The fans of cultural theory[M]//Fandom: identity and communities in a Mediated

World. New York:New York University Press,2007.

MCCOMBS M E,SHAW D L. The agenda-setting function of mass media[J]. Public Opinion Quarterly,1972,36(2):176-187.

MCDONALD D G. Twentieth-century media effects research[M]//The SAGE handbook of media studies. Thousand Oaks,London&New Delhi:SAGE,2004:183-200.

MCLUHAN M. Understanding media: the extensions of man[M]. London: The MIT Press,1994.

MCQUAIL D. Audience analysis[M]. Thousand Oaks,London&New Delhi:SAGE,1997.

MCQUAIL D. McQuail's reader in mass communication theory[M]. London, Thousand Oaks&New Delhi:SAGE,2002.

MERTON R. Social theory and social structure[M]. Enlarged Edition. New York: The Free Press&London:Collier Macmillan Publishers,1968.

MERTON R,FISKE M,CURTIS A. Mass persuasion: the social psychology of a war bond drive[M]. Westport,Connecticut:Greenwood Press,Publishers,1946.

MILLS C W. White collar: The American middle classes[M]. New York:Oxford University Press,1955.

MILLS C W. The power elite[M]. London, Oxford & New York: Oxford University Press,1956.

MORLEY D. Unanswered questions in audience research[J]. The communication review,2006(9):101-121.

MORRISON D E. The search for a method: focus groups and the development of mass communication research[M]. University of Luton Press,1998.

MURCHISON C. (ED.). Handbook of social psychology (Vol. 2)[M]. Worcester,MA:Clark University Press,1935.

MUNSON E S,WARREN C A. (eds.)James Carey: a critical reader[M]. Minneapolis& London:University of Minnesota Press,1997.

NIGHTINGALE V. The handbook of media audience[M]. Malden, Oxford&West Sussex: Wiley-Blackwell,2011.

NIGHTINGALE V. Contemporary television audiences: publics, markets, communities, and fans[M]//The SAGE handbook of media studies. Thousand Oaks,London&New Delhi: SAGE,2004:227-250.

NEUMAN W R. The future of the mass audience[M]. Cambridge&New York& Melbourne: Cambridge University Press,1991.

OAKLEY A. Experimentation and social interventions: a forgotten but important history[J]. British Medical Journal, 1998(317): 1239-1242.

OHMER S. George Gallup in Hollywood[M]. New York: Columbia University Press, 2006.

O'SULLIVAN T, HARLEY J, SAUNDERS D, MONTGOMERY M, FISKE J. Key concepts in communication and cultural studies[M]. 2nd edition . New York: Routledge, 1994.

PACKER, ROBERTSON. Thinking with James Carey[M]. Peter Lang, 2006.

PAPACHARISSI Z, MENDELSON A L. An exploratory study of reality appeal: uses and gratifications of reality TV shows[J]. Journal of Broadcasting & Electronic Media, 2007, 51(2): 355-370.

PAPACHARISSI Z, RUBIN A M. Predictors of Internet Use[J]. Journal of broadcasting &electronic media, 2000, 44(2): 175-196.

PARK D W, POOLEY J. The history of media and communication research: contested memories[M]. New York: Peter Lang, 2008.

PARK D W. The Two-step flow vs. the lonely crowd. conformity and the media in the 1950s [M]//The history of media and communication research: contested memories. New York: Peter Lang, 2008: 251-268.

PARK R E. The crowd and the public[M]//Park the crowd and the public and other essays. Chicago&London: The University of Chicago Press, 1972.

PETERS J D. Retroactive enrichment: Raymond Willams's culture and society[M]//Canonic texts in media research: are there any? should there be? how about these?. Cambridge, Oxford& Malden: Polity Press, 2003: 217-230.

PETERS J D, SIMONSON P. Mass communication and American social thought: Key Texts, 1919-1968[M]. Lanham, Boulder, New York, Toronto&Oxford: Rowman& Littlefield Publishers, 2004.

POOLEY J. The new history of mass communication research[M]//The history of media and communication research: contested memories. New York: Peter Lang, 2008: 43-70.

RADWAY J A. Reception study: ethnography and the problem of dispersed audiences and nomadic subjects[J]. Cultural Studies, 1988, 2(3): 359-376.

RADWAY J A. Reading the romance: women, patriarchy, and popular literature[M]. Chapel Hill&London: The University of North Carolina Press, 1984.

RENCKSTORF K, MCQUAIL D, JANKOWSKI N. Media use as social action: a european approach to audience studies[M]. London: John Libbey, 1996.

ROGERS E M. A history of communication study: a biographical approach[M]. New York:

Free Press, 1994.

ROGERS E M, BALLE F. (eds.). The media revolution in America and in Western Europe (Volume Ⅱ in the Paris-Stanford Series)[M]. Norwood, New Jersey: Ablex, 1985.

ROSS E A. Social psychology: an outline and a sourcebook[J]. New York: Macmillan, 1908.

RUBIN A M. Ritualized and instrumental television viewing[J]. Journal of communication, 1984, 34(3): 67-77.

RUBIN A M. The uses-and-gratifications perspective of media effects[M]//Media effects: advances in theory and research. 2nd edition. Mahwah, NJ: Lawrence Erlbaum Associates, 2002: 525-548.

RUDDOCK A. Understanding audiences: theory and method [M]. London, Thousand Oaks & New Delhi: SAGE, 2001.

SCHRAMM W. The Science of human communication[M]. New York & London: BASIC BOOKS, Inc., Publishers, 1963.

SCHRAMM W. Mass communication. 2nd edition[M]. Urbana, Chicago & London: University of Illinois Press, 1975.

SCHRAMM W. Channels and audiences[M]//INTER/ MEDIA Interpersonal Communication in a Media World. 2nd edition. New York/ Oxford: Oxford University Press, 1982: 78-92.

SCHRAMM W. The beginnings of communication study in the United States [M]//The media revolution in America and in Western Europe (Volume Ⅱ in the Paris-Stanford Series). Norwood, New Jersey: Ablex Publishing Corporation, 1985: 200-211.

SCHRAMM W, LYLE J, PARKER E. Television in the lives of our children[M]. Palo Alto, Calif: Stanford University Press, 1961.

SCHRAMM W, RIESMAN D, BAUER R. The state of communication research: comments, 1959[M]//Mass communication and American social thought: key texts, 1919－1968. Lanham, Boulder, New York, Toronto & Oxford: Rowman & Littlefield Publishers, 2004: 446-453.

SCHRAMM W, ROBERTS D F. The process and effects of mass communication[M]. Revised edition. Urbana, Chicago & London: University of Illinois Press, 1971.

SEITER E. Television and new media audiences [M]. Oxford & New York: Clarendon Press, 1999.

SEITER E, BORCHERS H, KREUTZNER G, WARTH E—M. (eds). Remote control: television, audiences and cultural power[M]. London & New York: Routledge, 1989.

SILVERSTONE R. Television and everyday life[M]. London & New York: Routledge, 1994.

SIMPSON C. Science of coercion: communication research and psychological warfare, 1945—1960[M]. New York: Oxford University Press, 1994.

SIMONSON P, WEIMANNN G. Critical research at Columbia: Lazarsfeld's and Merton's "mass communication, popular taste, and organized social action"[M]//Canonic texts in media research: are there any? should there be? how about these?. Cambridge, Oxford & Malden: Polity Press, 2003: 12-38.

SMYTHE D. Communications: Blindspot of western Marxism[J]. Canadian journal of political and social theory, 1977, 1(3): 1-27.

SNYDER R. W. The Vaudeville circuit: a prehistory of the mass audience[M]//Audiencemaking: how the media create the audience. Thousand Oaks: SAGE Publications, 1994: 215-231.

TAKAHASHI T. Audience studies: a Japanese perspective[M]. New York & London: Routledge Tayler & Francis Group, 2010.

TICHENOR P J, DONOHUE G A, OLIEN C N. Mass media flow and differential growth in knowledge[J]. The Public Opinion Quarterly, 1970, 34(2): 159-170.

TRAUDT P J. Media, audiences, effects: an introduction to the study of media content and audience analysis[M]. Boston, New York, San Francisco, Mexico City, Montreal, Toronto, London, Madrid, Munich, Paris, Hong Kong, Singapore, Tokyo, Cape Town, Sydney: Pearson Education, 2005.

TYLER T R, COOK F L. The mass media and judgments of risk: distinguishing impact on personal and societal level judgments[J]. Journal of personality and social psychology, 1984(47): 693-798.

WAHL—JORGENSEN K. Rebellion and ritual in disciplinary histories of U. S. Mass communication study: looking for "The Reflexive Turn"[J]. Mass Communication & Society, 2000, 3(1), 87-115.

WEBSTER J G. The audience[M]//Media audiences (Volume1, History of Audience Study). Los Angeles, London, New Delhi, Singapore & Washington DC: SAGE, 2011: 77-94.

WEBSTER J G, PHANLEN P F. Victim, consumer, or commodity? audience models in communication policy[M]//Audiencemaking: how the media create the audience. Thousand Oaks: SAGE Publications, 1994: 19-37.

WEBSTER J G, PHANLEN P F. The mass audience rediscovering the dominant model[M]. Mahwah, NJ: Lawrence Erlbaum Associates, Publishers, 1997.

WICKER A. An examination of the "other variable" explanation of attitude-behavior inconsistency,1971.

WILLIAMS R. Culture and society, 1780 — 1950 [M]. New York, Hagerstown, San Francisco&London: Harper&Row, Publishers, 1966.

WINDAHL S. Uses and gratifications at the crossroads[R]. Mass communication review Yearbook, 1981:174-185.

WRIGHT C R. Mass communication rediscovered: its past and future in American sociology [M]//Media, audience, and social structure. Newbury Park, Beverly Hills, London&New Delhi: SAGE Publications, The Publishers of Professional Social Science, 1986:22-33.

ZEISEL H. The vienna year[M]//Qualitative and quantitative social research: papers in honor of Paul F. Lazarsfeld. New York: Free Press, 1979.

ZELIZER B. Explorations in communication and history[M]. London&New York: Routledge Taylor&Francis Group, 2008.

中文文献：

库隆. 芝加哥学派[M]. 郑文彬，译. 北京：商务印书馆，2000.

巴纳德. 人类学历史与理论[M]. 王建民，刘源，许丹，译. 北京：华夏出版社，2006.

鲁宾. 媒介效果研究中的使用与满足论[M]//布莱恩特，兹尔曼. 媒介效果：理论与研究前沿. 第二版. 石义彬，彭彪，译. 北京：华夏出版社，2009:386-403.

马特拉，马特拉. 传播学简史[M]. 孙五三，译. 北京：中国人民大学出版社，2008.

林克，卡顿. 一九〇〇年以来的美国史[M]. 刘绪贻，译. 北京：中国社会科学出版社，1983.

考文. 美国宪法的“高级法”背景[M]. 张世功，译. 北京：三联书店，1996.

迪尔凯姆. 社会学方法的规则[M]. 胡伟，译. 北京：华夏出版社，1999.

涂尔干. 社会分工论[M]. 渠东，译. 北京：三联书店，2000.

方纳. 给我自由！一部美国的历史[M]. 王希，译. 北京：商务印书馆，2010.

麦格雷. 传播理论史——一种社会学的视角[M]. 刘芳，译. 北京：中国传媒大学出版社，2009.

格雷. 文化研究：民族志方法与生活文化[M]. 许梦云，译. 重庆：重庆大学出版社，2009.

奥尔波特. 社会心理学[M]. 赵演，译. 上海：商务印书馆，1931.

加塞特. 大众的反叛[M]. 刘训练，佟德志，译. 长春：吉林人民出版社，2011.

孔德. 论实证精神[M]. 黄建华，译. 南京：凤凰出版集团，译林出版社，2011.

巴雷特，纽博尔德. 媒介研究的进路——经典文献读本[M]. 汪凯，刘晓红，译. 北京：新华出版社，2004.

柏克. 法国革命论[M]. 何兆武，许振洲，彭刚，译. 北京：商务印书馆，2013.

拉扎斯菲尔德，贝雷尔森，高德特. 人民的选择[M]. 唐茜，译. 展江，彭桂兵，校. 北京：中国人民大学出版社，2012.

利科. 诠释学与人文科学：语言、行为、解释文集[M]. J. B. 汤普森，编译. 孔明安，张剑，李西祥，译. 北京：中国人民大学出版社，2012.

鲍德里亚. 消费社会[M]. 刘成富，等译. 南京大学出版社，2000.

克罗齐. 历史学的理论和实际[M]. 傅任敢，译. 北京：商务印书馆，2010.

比彻，特罗勒尔. 学术部落及其领地：知识探索与学科文化[M]. 唐跃勤，蒲茂华，陈洪捷，译. 北京：北京大学出版社，2008.

伯克. 欧洲近代早期的大众文化[M]. 杨豫，王海良，等译. 上海：上海人民出版社，2005.

什托姆普卡. 默顿学术思想评传[M]. 林聚任等，译. 北京：北京大学出版社，2009.

西蒙森，韦曼. 哥伦比亚的批判研究：拉扎斯菲尔德与默顿的《大众传播、流行品味与组织化社会行为》[M]//卡茨，彼得斯，利比斯，奥尔洛夫. 媒介研究经典文本解读. 常江，译. 北京：北京大学出版社，2011：13-31.

彼得斯. 交流的无奈：传播思想史[M]. 何道宽，译. 北京：华夏出版社，2003.

毕研韬，马康明. 传播学先驱们的军情背景[J]. 科技智囊，2011(8)：64-65.

阿拉苏塔里. 受众接受研究的发展历程[M]. 侯晓艳，译. 罗以澄. 新闻与传播评论(2005年卷). 武汉：武汉出版社，2006：97-106.

米尔斯. 社会学的想像力[M]. 陈强，张永强，译. 北京：三联书店，2005.

米尔斯. 白领：美国的中产阶级[M]. 周晓虹，译. 南京：南京大学出版社，2006.

蔡骐. 解析菲斯克的大众文化与粉丝研究[J]. 湖南大众传媒职业技术学院学报，2010(6)：18-21.

比尔德，比尔德. 美国文明的兴起[M]. 许亚芬，译. 北京：商务印书馆，2010.

米尔斯. 权力精英[M]. 王崑，许荣，译. 南京：南京大学出版社，2004.

库利. 人类本性与社会秩序[M]. 第二版. 包凡一，王源，译. 北京：华夏出版社，1999.

库利. 社会过程[M]. 洪小良，等译. 华夏出版社，2000.

陈奔. 美国个人主义的历史变迁[M]. 厦门：厦门大学出版社，2012.

陈立旭. 重估大众的文化创造力：约翰·费斯克文化哲学理论研究[D]. 复旦大学，2007.

陈平原. 学术史研究随想(学人第一辑)[M]. 南京：江苏文艺出版社，1991.

陈平原. 学术史：课程与作业[M]. 合肥：安徽教育出版社，2007.

陈平原. 中国现代学术之建立：以章太炎、胡适为中心[M]. 第二版. 北京：北京大学出版社，2010.

陈群. 科学知识社会学的反思困境及出路[D]. 华中科技大学，2009.

陈向明. 质的研究方法与社会科学研究[M]. 北京：教育科学出版社，2000.

陈新民. 解读戴维·莫利民族志受众研究[J]. 科学·经济·社会,2004(2):92-96.

陈崇山. 施拉姆的理论对我的指引[J]. 新闻与传播研究,2012(4):14-18.

奥洛伊德. 知识社会学的研究及其对科学史的意义[J]. 杨静一,陈庆云,译. 自然辩证法研究,1992(1):40-48.

DAVIS D K,BARAN S J. 大众传播与日常生活——理论和效果的透视[M]. 苏蘅,译. 台北:远流出版事业股份有限公司,1993.

布鲁尔. 知识和社会意象[M]. 艾彦,译. 北京:东方出版社,2001.

莫里森. 寻找方法:焦点小组和大众传播研究的发展[M]. 柯惠新,王宁,译. 北京:新华出版社,2004.

克罗图,霍伊尼斯. 媒介·社会:产业、形象与受众[M]. 丘凌,译. 北京:北京大学出版社,2009.

理斯曼. 孤独的人群[M]. 王昆,朱虹,译. 南京:南京大学出版社,2002.

斯隆. 美国传媒史[M]. 刘琛,译. 上海:上海世纪出版集团,上海人民出版社,2010.

布尔斯廷. 美国人:民主的历程[M]. 谢廷光,译. 上海:上海世纪出版集团,上海译文出版社,2009.

切特罗姆. 传播媒介与美国人的思想——从莫尔斯到麦克卢汉[M]. 曹静生,黄艾禾,译. 北京:中国广播电视出版社,1991.

贝尔. 意识形态的终结——五十年代政治观念衰微之考察[M]. 张国清,译. 南京:江苏人民出版社,2001.

贝尔. 站在历史十字路口的阿历克西·德·托克维尔[M]//阿隆,丹尼尔,贝尔,等. 托克维尔与民主精神. 陆象淦,金烨,译. 北京:社会科学文献出版社,2008:247-258.

贝尔. 资本主义文化矛盾[M]. 严蓓雯,译. 北京:人民出版社,2010.

麦奎尔. 受众分析[M]. 刘燕南,译. 北京:中国人民大学出版社,2006.

麦奎尔. 麦奎尔大众传播理论[M]. 第四版. 崔保国、李琨,译. 北京:清华大学出版社,2006.

麦奎尔. 后知之明的益处——对使用与满足理论研究的反思[M]//迪金森,哈里德拉纳斯,林耐,编. 受众研究读本. 单波,译. 北京:华夏出版社,2006.

麦奎尔,温德尔. 大众传播模式论. 第二版[M]. 祝建华,译. 上海:上海译文出版社,2008.

席勒. 传播理论史:回归劳动[M]. 冯建三,罗世宏,译. 北京:北京大学出版社,2012.

克兰. 无形学院——知识在科学共同体的扩散[M]. 刘珺珺,顾昕,王德禄,译. 北京:华夏出版社,1988.

戴元光. 影响传播学发展的西方学人[M]. 北京:中国大百科全书出版社,2012.

莫利. 电视、受众与文化研究[M]. 史安斌,主译. 北京:新华出版社,2005.

邓惟佳. 迷与迷群:媒介使用中的身份认同建构[M]. 北京:中国传媒大学出版社,2010.

董山民. 杜威与李普曼的“公众”之争的启示[J]. 武汉理工大学学报，2012(2)：234-239.
段鹏. 传播学基础：历史、框架与外延[M]. 北京：中国传媒大学出版社，2006.
段鹏. 传播效果研究——起源、发展与应用[M]. 北京：中国传媒大学出版社，2008.
罗杰斯. 传播学史——一种传记式的方法[M]. 殷晓蓉，译. 上海：上海译文出版社，2005.
Eoin Devereux. 媒介研究：关键议题与争辩[M]. 何哲欣，谢明珊，译. 韦伯文化国际出版有限公司，2010.
卡西尔. 人论[M]. 甘阳，译. 上海：上海译文出版社，2004.
方文. 学科制度和社会认同[M]. 北京：中国人民大学出版社，2008.
方师师，于红梅. 詹姆斯·W. 凯瑞版本的芝加哥学派及其建构[J]. 国际新闻界，2010(10)：14-22.
滕尼斯. 共同体与社会：纯粹社会学的基本概念[M]. 林荣远，译. 北京：北京大学出版社，2010.
费孝通. 师承·补课·治学[M]. 北京：三联书店，2002.
沃特金斯. 西方政治传统——现代自由主义发展研究[M]. 黄辉，杨健，译. 长春：吉林人民出版社，2011.

斯卡皮蒂. 美国社会问题[M]. 刘泰星，张世灏，译. 北京：中国社会科学出版社，1986.
高觉敷. 西方社会心理学发展史[M]. 北京：人民教育出版社，1991.
高海波. 美国传播学的“冷战宣言”：重评拉斯韦尔的社会传播的结构与功能[J]. 国际新闻界，2009(2)：5-8.
高海波. 魔弹论：层累地造成的学术史[J]. 国际新闻界，2010(4)：17-21.
高庆丰. 欧美统计学史[M]. 北京：中国统计出版社，1982.
斯帕克斯. 媒介效果研究概论. 第二版[M]. 何朝阳，王希华，译. 北京：北京大学出版社，2008.
布鲁姆，森特，卡特里普. 有效的公共关系[M]. 明安香，译. 北京：华夏出版社，2002.
龚鉴尧. 世界统计名人[M]. 北京：中国统计出版社，2000.
勒庞. 乌合之众——大众心理研究[M]. 冯克利，译. 桂林：广西师范大学出版社，2012.
谷征，徐展. 国外收视率调查业的发展历程及其特征解读[J]. 中国广播电视学刊，2011(11)：23-25.
顾国梅，朱静华. 试论一战中的宣传战[J]. 常熟理工学院学报(哲学社会科学版)，2007(1)：81-84.
郭景萍. 曼海姆：社会重建时代的理性与非理性研究[J]. 学术交流，2006(2)：131-135.
郭庆光. 传播学教程. 第二版[M]. 北京：中国人民大学出版社，2011.

郭小聪. 约瑟夫·奈软实力说与美国大众文化的历史渊源[J]. 国际关系学院学报,2011(5):1-7.

郭镇之. 中外广播电视史. 第二版[M]. 上海:复旦大学出版社,2009.

HILLS M. 探究迷文化[M]. 朱华瑄,译. 台北:韦伯文化国际出版有限公司,2009.

哈贝马斯. 公共领域的结构转型[M]. 曹卫东,王晓珏,刘北城,宋伟杰,译. 上海:学林出版社,1999.

拉斯韦尔. 世界大战中的宣传技巧[M]. 张洁,田青,译. 北京:中国人民大学出版社,2003.

韩瑞霞. 美国传播研究与文化研究的分野与融合[M]. 上海:上海大学出版社,2010.

阿伦特. 极权主义的起源[M]. 林骧华,译. 北京:生活·读书·新知三联书店,2008.

哈特. 传播学批判研究——美国的传播、历史和理论[M]. 何道宽,译. 北京:北京大学出版社,2008.

詹金斯. "干点正事吧!"——粉丝、盗猎者、游牧民[M]//杨玲,译. 陶东风,主编. 粉丝文化读本. 北京:北京大学出版社,2009:40-55.

詹金斯. 昆汀·塔伦蒂诺的星球大战——数码电影、媒介融合和参与性文化[M]//杨玲,译. 陶东风,主编. 粉丝文化读本. 北京:北京大学出版社,2009:100-113.

詹金斯. 数字转型时代的理论建设[J]. 秦喜清,译. 电影艺术,2010(5):103-110.

詹金斯. 融合文化:新媒体和旧媒体的冲突地带[M]. 杜永明,译. 北京:商务印书馆,2012.

洪谦. 逻辑经验主义[M]. 北京:商务印书馆,1989.

洪谦. 论逻辑经验主义[M]. 北京:商务印书馆,2010.

侯钧生. 西方社会学理论教程. 第二版[M]. 天津:南开大学出版社,2006.

胡辉华. 论知识社会学的困境[J]. 哲学研究,2005(4):92-98.

胡辉华. 知识社会学的出路初探[J]. 哲学研究,2006(5):73-80.

胡正荣,段鹏,张磊. 传播学总论. 第二版[M]. 北京:清华大学出版社,2008.

胡翼青. 传播学:学科危机与范式革命[M]. 北京:首都师范大学出版社,2004.

胡翼青. 再度发言:论社会学芝加哥学派传播思想[M]. 北京:中国大百科全书出版社,2007.

胡翼青. 对"魔弹论"的再思考[J]. 国际新闻界,2009(8):38-41.

胡翼青. 知识分子抑或专家:传播学二元对立框架的背后[J]. 国际新闻界,2010(4):43-48.

胡翼青. 传播学科的奠定 1922—1949[M]. 北京:中国大百科全书出版社,2012.

胡幼伟. 传播讯息的第三者效果——理论探源与实证研究[M]. 台北:五南图书出版公司,1998.

华生. 行为主义[M]. 李维,译. 北京:北京大学出版社,2012.

黄安年. 美国的崛起[M]. 北京:中国社会科学出版社,1992.

黄旦.媒介是谁:对大众媒介社会定位的探寻—兼论大众传播研究的社会学框架[J].国际新闻界,1997(3):65-72.

黄旦.美国早期的传播思想及其流变——从芝加哥学派到大众传播研究的确立[J].新闻与传播研究,2005(1):15-27.

黄会林.影视受众论[M].北京:北京师范大学出版社,2007.

黄瑞祺.曼海姆:从意识形态论到知识社会学诠释学[M].台北:巨流图书公司,2000.

黄葳威.阅听人与媒体文化[M].台北:扬智文化事业股份有限公司,2004.

黄晓慧,黄甫全.从决定论到建构论——知识社会学理论发展轨迹考略[J].学术研究,2008(1):91-96.

黄卓越.英国文化研究:事件与问题[M].北京:三联书店,2011.

惠敏.当代美国大众文化的历史解读[D].山东大学,2009.

布卢姆,摩根,罗斯,施莱辛格,斯坦普,伍德沃德.美国的历程[M].戴瑞辉,吕永祯,吴聿衡,译.北京:商务印书馆,1988.

塔尔德.模仿律[M].帕森斯,英译.何道宽,译.北京:中国人民大学出版社,2008.

塔尔德.传播与社会影响[M].克拉克,编.何道宽,译.北京:中国人民大学出版社,2009.

奥尔波特.社会心理学的历史背景[M]//罗毅,袁阿庆,译.周晓虹,编.现代社会心理学名著菁华.北京:社会科学文献出版社,2007:456-487.

埃杰顿.美国电视史[M].李银波,译.北京:中国人民大学出版社,2012.

贾春增.外国社会学史:修订本[M].北京:中国人民大学出版社,2000.

布莱恩特,兹尔曼.媒介效果:理论与研究前沿.第二版[M].石义彬,彭彪,译.北京:华夏出版社,2009.

江天骥.逻辑经验主义的认识论 当代西方科学哲学[M].武汉:武汉大学出版社,2009.

蒋道超.消费文化、身份建构、现代化——美国二十世纪消费文化的流变[J].外语研究,2004(2):71-75.

刘易斯.文化研究基础理论.第二版[M].郭镇之,任丛,秦洁,郑宇虹,译.北京:清华大学出版社,2013.

金虎.试论雨果·明斯特伯格的电影理论[J].电影文学,2011(15):5-8.

金玉萍.身份认同与技术转向:新受众研究的发展态势[J].国际新闻界,2010(7):40-43.

金玉萍.描述、阐释和批判:我国与西方民族志方法受众研究的不同理论取向[J].新闻与传播评论,2011:18-23.

沃尔夫.知识社会学与社会学理论[M]//王少军,译.苏国勋,刘小枫.社会理论的知识学建构.上海:上海三联书店,华东师范大学出版社,2005:462-490.

KLAUS B J,NICHOLAS W J. 大众传播研究方法——质化取向[M]. 唐维敏,译. 台北:五南图书出版公司,1996.

波普尔. 历史决定论的贫困[M]. 杜汝楫,邱仁宗,译. 上海:上海人民出版社,2009.

曼海姆. 保守主义[M]. 李朝晖,牟建君,译. 南京:译林出版社,2002.

曼海姆. 卡尔·曼海姆精粹. 第二版[M]. 徐彬,译. 南京:南京大学出版社,2005.

曼海姆. 意识形态与乌托邦[M]. 黎鸣,李书崇,译. 上海:上海三联书店,2011.

曼海姆. 重建时代的人与社会:现代社会结构研究[M]. 张旅平,译. 南京:凤凰出版传媒集团、译林出版社,2011.

贝肯—史密斯. 受难和慰藉:一种关于痛的文类[M]//杨玲,译. 陶东风,周宪,主编. 文化研究(第9辑). 北京:社会科学文献出版社,2010:103-112.

桑斯坦. 网络共和国:网络社会中的民主问题[M]. 黄维明,译. 上海:上海世纪出版集团,2003.

柯惠新,沈浩. 调查研究中的统计分析法. 第2版[M]. 北京:中国传媒大学出版社,2005.

柯林武德. 历史的观念. 增补版[M]. 杜森,编. 何兆武,张文杰,陈新,译. 北京:北京大学出版社,2010.

柯文. 历史三调:作为事件、经历和神话的义和团[M]. 南京:江苏人民出版社, 2005.

柯泽. 社会学芝加哥学派对佩恩基金“电影影响”研究的贡献[J]. 华中科技大学学报(社会科学版),2013:106-113.

詹森,罗森格伦. 受众研究的五种传统[M]//媒介研究的进路——经典文献读本. 汪凯,刘晓红,译. 北京:新华出版社,2004:212-223.

格尔茨. 文化的解释[M]. 韩莉,译. 南京:凤凰出版传媒集团,译林出版社,2008.

科拉科夫斯基. 理性的异化——实证主义思想史[M]. 张彤,译. 魏志军,校. 黑龙江大学出版社,2011.

泰伊. 公关之父伯奈斯:影响民意的人[M]. 刘体中,译. 海口:海南出版社,2003.

乐国安,汪新建. 社会心理学理论与体系[M]. 北京:北京师范大学出版社集团,北京师范大学出版社,2011.

阿隆. 社会学主要思潮[M]. 葛智强,胡秉诚,王沪宁,译. 上海:上海译文出版社,2005.

阿隆,丹尼尔,贝尔等. 托克维尔与民主精神[M]. 陆象淦,金烨,译. 北京:社会科学文献出版社,2008.

威廉斯. 关键词:文化与社会的词汇[M]. 刘建基,译. 北京:三联书店,2005.

威廉斯. 文化与社会 1780—1950[M]. 高晓玲,译. 长春:吉林出版集团有限责任公司,2011.

威廉斯. 文化分析[M]//赵国新,译. 罗钢,刘象愚. 文化研究读本. 北京:中国社会科学出版社,2011:127-139.

彼特沃克. 弯曲的脊梁：纳粹德国与民主德国时期的宣传活动[M]. 张洪，译. 上海：上海三联书店，2013.

李彬. 传播学引论. 增补版[M]. 北京：新华出版社，2003.

李伯超. 洛克《政府论》宪政思想述评[J]. 求索，2005(2)：72-75.

李德瑞. 学术与时势：对作为公共学术运动的中国大陆乡村政治研究的知识社会学考察(1990—2000年代)[D]. 华中科技大学，2009.

李恒基，杨运婴. 外国电影理论文选. 修订本[M]. 北京：三联书店，2006.

李洪涛，黄顺铭. 有形的知识积累与无形的社群互动——由知识社会学角度反思新闻传播领域之引证研究[J]. 国际新闻界，2010(5)：7.

李金铨. 大众传播理论. 三版[M]. 台北：三民书局，2009.

李龙海，刘旭. 康恩豪萨大众社会理论评述[J]. 理论探讨，2009(11)：64-67.

李强. 自由主义[M]. 长春：吉林出版集团有限责任公司，2007.

费斯汀格. 认知不协调理论[M]//现代社会心理学名著菁华. 北京：社会科学文献出版社，2007：241-244.

布茨. 美国受众成长记[M]. 王瀚东，译. 北京：华夏出版社，2007.

佩蒂，普里斯特，布里尼奥尔. 大众传媒影响态度改变：劝服的推敲可能性模式[M]//布莱恩特，兹尔曼. 媒介效果：理论与研究前沿. 第二版. 石义彬、彭彪，译. 北京：华夏出版社，2009：117-145.

泰勒，威利斯. 媒介研究：文本、机构与受众[M]. 吴靖，黄佩，译. 北京：北京大学出版社，2004.

连水兴. 从"乌合之众"到"媒介公民"：受众研究的"公民"视角[J]. 现代传播，2010(12)：13-16.

梁启超，撰. 朱维铮，导读. 清代学术概论[M]. 上海：上海古籍出版社，2011.

梁启超，著. 夏晓虹、陆胤，校. 中国近三百年学术史[M]. 新校本. 北京：商务印书馆，2011.

廖圣清. 20世纪90年代的西方大众传播学研究[J]. 新闻大学，2005(3)：16-24.

廖圣清. 西方受众研究新进展的实证研究[J]. 新闻大学，2009(4)：105-115.

廖圣清. 20世纪90年代西方大众传播学研究[M]. 上海：复旦大学出版社，2012.

托马斯. 受众研究导论[M]//孟莉莉，译. 陶东风，周宪主编. 文化研究(第9辑). 北京：社会科学文献出版社，2010：194-213.

林聚任. 亚历山大的新功能主义与社会学理论传统重建[J]. 山东大学学报(哲学社会科学版)，2000(3)：103-107.

林聚任. 林聚任讲默顿[M]. 北京：北京大学出版社，2010.

林牧茵. 重塑民主理论之公众形象——李普曼的重要著作《幻影公众》[J]. 美国问题研究，

2009(2):164-172.

林照真. 收视率新闻学:台湾电视新闻商品化历程之探析与批判[D]. 世新大学,2007.

林建成. 曼海姆的知识社会学[M]. 郑州:河南人民出版社,2011.

刘放桐. 现代西方哲学修订版[M]. 北京:人民出版社,1990.

刘放桐. “人本主义”和“人本主义哲学思潮”随想录[J]. 学术月刊,1999(10):32-41.

刘放桐. 新编现代西方哲学[M]. 北京:人民出版社,2000.

刘海龙. 大众传播理论:范式与流派[M]. 北京:中国人民大学出版社,2008.

刘海龙. 传播研究的哥伦比亚学派及其批评者[J]. 国际新闻界,2010(4):29-36.

刘晓红. 行为主义和传播研究[J]. 新闻与传播研究,1998(3):54-65.

刘燕南.《受众分析》:解读与思考[J]. 现代传播,2006(1):137-139.

刘燕南. 电视收视率解析:调查、分析与应用. 第二版[M]. 北京:中国传媒大学出版社,2006.

刘燕南. 电视传播研究方法[M]. 北京:北京师范大学出版社,2003.

刘燕南,史利. 国际传播受众研究[M]. 北京:中国传媒大学出版社,2011.

刘绪贻,杨生茂. 美国通史(第四卷):崛起和扩张的年代 1898—1929[M]. 北京:人民出版社,2008.

刘绪贻,杨生茂. 美国通史(第六卷):战后美国史 1945—2000[M]. 北京:人民出版社,2008.

科塞. 社会思想名家[M]. 石人,译. 上海:世纪出版集团,上海人民出版社,2007.

龙耘. 中国大众传媒涵化功能研究[D]. 复旦大学,2002.

卢凤兰. 媒介消费:阅听人与社会[M]. 台北:扬智文化事业股份有限公司,2005.

卢岚兰. 阅听人与日常生活[M]. 台北:五南图书出版股份有限公司,2007.

卢凤兰. 阅听人论述[M]. 台北:秀威资讯科技股份有限公司,2008.

陆扬. 文化研究导论[M]. 北京:高等教育出版社,2012.

陆扬,王毅. 文化研究导论[M]. 上海:复旦大学出版社,2006.

梅南德. 哲学俱乐部:美国观念的故事[M]. 肖凡,鲁帆,译. 南京:江苏人民出版社,凤凰出版传媒集团,2006.

帕克. 移民报刊及其控制[M]. 陈静静,展江,译. 北京:中国人民大学出版社,2011.

默顿. 科学社会学[M]. 鲁旭东,林聚任,译. 北京:商务印书馆,2003.

默顿. 社会理论和社会结构[M]. 唐少杰,等译. 南京:凤凰出版传媒集团,译林出版社,2006.

默顿,赖利. 美国社会学传统[M]. 陈耀祖,译. 台北:巨流图书公司,1987:95.

希利亚德,基思. 美国广播电视史[M]. 秦珊,邱一江,译. 第 5 版. 北京:清华大学出版社,2012.

林德,林德. 米德尔顿:当代美国文化研究[M]. 盛学文,马春华,李筱鹏,译. 北京:商务印书馆,1999.

罗钢，刘象愚. 文化研究读本[M]. 北京：中国社会科学出版社，2011.

迪金森，哈里德拉纳斯，林耐 编. 受众研究读本[M]. 单波，译. 北京：华夏出版社，2006.

西尔弗斯通. 电视与日常生活[M]. 淘庆梅，译. 南昌：江西人民出版社，2004.

罗杰斯. 传播科技学理[M]. 庄克仁，译. 台北：中正书局，1989.

阿洛. 受众位置的再度确定[M]//博伊德-巴雷特，纽博尔德. 媒介研究的进路——经典文献读本. 汪凯、刘晓红，译. 北京：新华出版社，2004：669-682.

杰. 法兰克福学派史[M]. 单世联，译. 广州：广东人民出版社，1996.

吉布森. 文化与权力：文化研究史[M]. 王加为，译. 北京：北京大学出版社，2012.

霍克海默，阿道尔诺. 启蒙辩证法——哲学片段[M]. 渠敬东，曹卫东，译. 上海：世纪出版集团，上海人民出版社，2006.

舍勒. 知识社会学问题[M]. 艾彦，译. 南京：译林出版社，2012.

麦库姆斯. 议程设置：大众媒介与舆论[M]. 郭镇之，徐培喜，译. 北京：北京大学出版社，2008.

麦考姆斯，肖. 大众传播媒介的议程设置功能[M]//博伊德-巴雷特，纽博尔德. 媒介研究的进路——经典文献读本. 汪凯，刘晓红，译. 北京：新华出版社，2004：186-199.

麦克卢汉. 理解媒介——论人的延伸[M]. 何道宽，译. 北京：商务印书馆，2000.

埃默里，埃默里. 美国新闻史：大众传播媒介解释史. 第九版[M]. 展江，译. 北京：中国人民大学出版社，2009.

西尔斯. 在“知识”与“辩护”之间的粉丝文化[M]//杨玲，译. 陶东风，周宪，主编. 文化研究(第 9 辑). 北京：社会科学文献出版社，2010：113-143.

德弗勒，鲍尔一洛基奇. 大众传播学诸论. 第五版[M]. 杜立平，译. 北京：新华出版社，1990.

梅欧. 工业文明的社会问题[M]. 费孝通，译. 北京：商务印书馆，1964.

弥尔顿，等. 西方新闻传播学名著选择[M]. 顾孝华，译注. 上海：上海社会科学院出版社，2008.

塞托. 多元文化素养：大众文化研究与文化制度话语[M]. 李树芬，译. 天津：天津人民出版社，2002.

塞托. 日常生活实践：1. 实践的艺术[M]. 方琳琳，黄春柳，译. 南京：南京大学出版社，2009.

哈布瓦赫. 论集体记忆[M]. 毕然，郭金华，译. 上海：上海世纪出版集团，上海人民出版社，2002.

阿伯克龙比. 电视与社会[M]. 张喜水，鲍贵，陈光明，译. 南京：南京大学出版社，2007.

艾伯柯龙比，朗赫斯特. 变化的受众——变化的研究范式[M]. 杨玲，译. 陶东风，编. 粉丝文化读本. 北京：北京大学出版社，2009：56-74.

史蒂文森. 认识媒介文化：社会理论与大众传播[M]. 王文斌，译. 北京：商务印书馆，2001.

潘玲娟. 电视暴力研究——理论与现象之解读[M]. 台北:秀威咨询科技股份有限公司,2005.

彭聃龄. 普通心理学. 修订版[M]. 北京:北京师范大学出版社,2004.

皮尔斯. 皮尔斯文选[M]. 涂纪亮,周兆平,译. 北京:社会科学文献出版社,2006.

齐小新. 美国文化研究导论[M]. 北京:北京大学出版社,2001.

钱满素. 美国自由主义的历史变迁[M]. 北京:三联书店,2006.

特纳. 社会学理论的结构[M]. 第 7 版. 邱泽奇,张茂元,译. 北京:华夏出版社,2006.

特纳,毕福勒,查尔斯,鲍尔斯. 社会学理论的兴起[M]. 侯钧生,等译. 天津:天津人民出版社,2006.

马尔库斯,费彻尔. 作为文化批评的人类学:一个人文学科的实验时代[M]. 王铭铭,蓝达居,译. 北京:三联书店,1998.

格伯纳. 走向"文化指标":对大规模中介的公众讯息系统的分析[M]//博伊德-巴雷特,纽博尔德. 媒介研究的进路——经典文献读本. 汪凯、刘晓红,译. 北京:新华出版社,2004:175-185.

萨杜尔. 世界电影史. 第二版[M]. 徐昭,胡承伟,译. 中国电影出版社,1995.

帕克,伯吉斯,麦肯齐. 城市社会学——芝加哥学派城市研究[M]. 宋俊岭,郑也夫,译. 北京:商务印书馆,2012.

让纳内. 西方媒介史[M]. 桂林:广西师范大学出版社,2005.

SHELDPN R,GAWISER G,EVANS WITT. 解读民调[M]. 胡幼伟,译. 台北:五南图书出版公司,2001.

莫斯科维奇. 群氓的时代[M]. 许列民,薛丹云,李继红,译. 南京:凤凰出版传媒集团、江苏人民出版社,2006.

沙莲香. 社会心理学. 第二版[M]. 北京:中国人民大学出版社,2006.

单波. 评西方受众理论[J]. 国外社会科学,2002(1):29-35.

单天伦,主编. 当代美国社会科学[M]. 北京:社会科学出版社,1993.

邵培仁. 传播学. 修订版[M]. 北京:高等教育出版社,2007.

石长顺,方雪琴. 电视收视语境与文本意义的重构——评戴维莫利的民族志受众研究[J]. 当代传播,2005(6):8-12.

石里克. 哲学的转变[M]. 李德齐,译. 洪谦. 逻辑经验主义. 北京:商务印书馆,1989:5-12.

世新大学新闻学系. 传播与社会[M]. 台北:扬智文化事业股份有限公司,2002.

斯蒂尔. 李普曼传[M]. 于滨,陈小平,谈锋,译. 北京:中信出版社,2008.

李特约翰. 人类传播理论. 第七版[M]. 史安斌,译. 北京:清华大学出版社,2004.

巴兰,戴维斯. 大众传播理论:基础、争鸣与未来. 第三版[M]. 曹书乐,译. 北京:清华大学出版社，2004.
霍尔."意识形态"的再发现：媒介研究中被压抑者的回归[M]//博伊德-巴雷特，纽博尔德.媒介研究的进路——经典文献读本.汪凯，刘晓红，译.北京：新华出版社，2004：434-446.
霍尔.文化研究：两种范式[M]//孟登迎，译.罗钢，刘象愚.文化研究读本.北京：中国社会科学出版社，2011：51-66.
霍尔.编码，解码[M]//王广州，译.罗钢，刘象愚.文化研究读本.北京：中国社会科学出版社，2011：351-365.
奥默尔.测定愿望：盖洛普和好莱坞的观众研究[J].苏纹，译.世界电影，1992：81-119.
苏国勋，刘小枫.社会理论的知识学建构[M].上海：上海三联书店，华东师范大学出版社，2005.
苏国勋.当代西方著名哲学家评传(第十卷 社会哲学)[M].济南：山东人民出版社，1996.
利文斯通.理解电视——受众解读的心理学(第2版)[M].龙耘，译.北京：新华出版社，2006.
帕森斯.社会行动的结构[M].张明德，夏遇南，彭刚，译.南京：凤凰出版传媒集团，译林出版社，2008.
利贝斯，凯茨.意义的输出：《达拉斯》的跨文化解读[M].刘自雄，译.北京：华夏出版社，2003：前言.
利比斯.赫佐格《论借来的体验》在"主动受众"争鸣中的地位[M]//卡茨，彼得斯，利比斯，奥尔洛夫.媒介研究经典文本解读.常江，译.北京：北京大学出版社，2011：40-56.
汤因比等.历史的话语：现代西方历史哲学译文集[M].张文杰，编.北京：中国人民大学出版社，2012.
陶东风主编.粉丝文化读本[M].北京：北京大学出版社，2009.
陶东风，周宪主编.文化研究(第9辑)[M].北京：社会科学文献出版社，2010.
涂纪亮.从古典实用主义到新实用主义——实用主义基本观念的演变[M].北京：人民出版社，2006.
涂纪亮.美国哲学史[M].武汉：武汉大学出版社，2008.
涂纪亮.实用主义、逻辑实证主义及其他[M].武汉：武汉大学出版社，2009.
吉特林.媒介社会学：主导范式[M]//博伊德-巴雷特，纽博尔德.媒介研究的进路——经典文献读本.汪凯，刘晓红，译.北京：新华出版社，2004：27-41.
托夫勒.第三次浪潮[M].黄明坚，译.北京：中信出版社，2006.
托克维尔.论美国的民主[M].董果良，译.北京：商务印书馆，2010.
托克维尔.旧制度与大革命[M].冯棠，译.北京：商务印书馆，2012.
库恩.科学革命的结构.第四版[M].金吾伦，胡新和，译.北京：北京大学出版社，2012.
托马斯，兹纳涅茨基.身处欧美的波兰农民[M].张友云，译.南京：译林出版社，1996.

汪晖. 现代中国思想的兴起[M]. 北京：三联书店，2008.

王颖吉. 从哈佛思想到芝加哥学派——威廉·詹姆斯对美国早期芝加哥学派传播学者的影响[J]. 河北大学学报(哲学社会科学版)，2010(6)：126-130.

王玲宁. 社会学视野下的媒介暴力效果研究[M]. 上海：学林出版社，2009.

王石番. 民意理论与实务[M]. 台北：台北黎明文化事业公司，1995.

王晓德. 美国现代大众消费社会的形成及其全球影响[J]. 美国研究，2007(2)：48-67.

王宜燕. 阅听人研究实践转型理论初探[J]. 新闻学研究，2012(3)：39-75.

施拉姆，波特. 传播学概论. 第二版[M]. 北京：中国人民大学出版社，2010.

本内特. 美国通史：一部重要的保守主义视野的美国历史[M]. 刘军，等译. 南昌：江西人民出版社，2009.

曼彻斯特. 光荣与梦想：1932—1972 美国社会实录[M]. 广州外国语学院美英问题研究室翻译组，朱协，译. 海口：海南出版社，三环出版社，2004.

詹姆士. 实用主义[M]. 陈羽纶，孙瑞禾，译. 北京：商务印书馆，1979.

位迎苏. 伯明翰学派的受众理论研究[M]. 北京：中国传媒大学出版社，2011.

莫斯可. 传播：在政治和经济的张力下——传播政治经学[M]. 胡正荣，等译. 北京：华夏出版社，2000.

莫斯可. 传播政治经济学[M]. 胡春阳，黄红宇，姚建华，译. 上海：上海译文出版社，2013.

文卫华. 新媒体环境下的受众收视特点探析——以美国电视连续剧《越狱》的网上迷群为例[D]. 中国传媒大学，2009.

闻翔. 从"大众社会"到"社会学的想像力"：理解米尔斯的一条内在线索[J]. 社会，2012(4)：1-23.

翁秀琪. 大众传播理论与实证[M]. 台北：三民书局，1993.

李普曼. 公众舆论[M]. 阎克文，江红，译. 上海：世纪出版集团，2006.

李普曼. 幻影公众[M]. 林牧茵，译. 上海：复旦大学出版社，2013.

赛弗林，坦卡德. 传播学的起源、研究与应用[M]. 陈韵昭，译. 福州：福建人民出版社，1985.

赛佛林，坦卡德. 传播理论：起源、方法与应用[M]. 北京：中国传媒大学出版社，2006.

格哈特. 帕森斯学术思想评传[M]. 李康，译. 北京：北京大学出版社，2009.

吴予敏. 功能主义及其对传播研究的影响之审思[J]. 新闻大学，2012(2)：22-26.

伍静. 中美传播学早期的建制史与反思[M]. 济南：山东人民出版社，2011.

郗彩虹. 西方"大众社会"概念的原初语境与现代性批判[J]. 南京政治学院学报，2006(4)：17-20.

郗彩虹. 西方大众社会理论中"大众"概念的不同义域[J]. 学海. 2007(4)：90-95.

洛厄里，德弗勒. 大众传播效果研究的里程碑[M]. 刘海龙，译. 北京：中国人民大学出版社，2004.

施莱辛格. 美国民主党史[M]. 复旦大学国际政治系，编译. 上海：上海人民出版社，1977.

甘地. 人种、族裔地位和媒介市场的分层[M]//杨击，译. 库兰，古尔维奇. 大众媒介与社会. 杨击，译. 北京：华夏出版社，2006：40-63.

谢立中. 西方社会学经典读本[M]. 北京：北京大学出版社，2008.

熊慧. 范式之争：西方受众研究"民族志转向"的动因、路径与挑战[J]. 国际新闻界，2013(3)：74-81.

许多澍. 罗伯特·金·默顿传播思想及其影响研究[D]. 吉林大学，2012.

许正林. 欧洲传播思想史[M]. 上海：上海三联书店，2005.

亚历山大. 社会学二十讲：二战以来的理论发展[M]. 贾春增，董天民，译. 北京：华夏出版社，2000.

亚历山大. 论新功能主义[M]//苏国荃，刘小枫. 社会理论的诸理论. 上海：上海三联书店，华东师范大学出版社，2005.

杨东篱. 伯明翰学派的文化观念与通俗文化理念研究[M]. 济南：山东大学出版社，2011.

杨海军. 中外广告史[M]. 武汉：武汉大学出版社，2006.

杨击. 传播·文化·社会——英国大众传播理论透视[M]. 上海：复旦大学出版社，2006.

杨玲. 媒介、受众与权力：詹金斯的"融合文化"理论[J]. 山西大学学报(哲学社会科学版)，2011(4)：64-70.

杨生平. 试析曼海姆知识社会学理论[J]. 北京行政学院学报，2011(2)：63-68.

杨寿堪，李建会. 现代科学主义与人本主义哲学的基本特征及走向[J]. 学术月刊，2011(11)：8-14.

叶浩生. 心理学通史[M]. 北京：北京师范大学出版集团，北京师范大学出版社，2006.

叶娄姝. "真实"的社会建构——知识社会学、科学社会学与传播学的方向与交点[J]. 现代传播，2011(4)：55-59.

卡茨，拉扎斯菲尔德. 传播的两级流动[M]//博伊德-巴雷特，纽博尔德. 媒介研究的进路——经典文献读本. 汪凯，刘晓红，译. 北京：新华出版社，2004：150-162.

卡茨，布卢姆勒，古列维奇. 个人对大众传播的利用[M]//博伊德-巴雷特，纽博尔德. 媒介研究的进路——经典文献读本. 汪凯、刘晓红，译. 北京：新华出版社，2004：200-211.

卡茨，彼得斯，利比斯，奥尔洛夫. 媒介研究经典文本解读[M]. 常江，译. 北京：北京大学出版社，2011.

殷晓蓉. 战后美国传播学的理论发展——经验主义和批判学派的视域及其比较[M]. 上海：复旦大学出版社，2000.

殷乐. 媒介融合环境下欧美受众研究的范式转换[J]. 新闻与传播研究，2010(6)：70-78.
英尼斯. 帝国与传播[M]. 何道宽，译. 北京：中国人民大学出版社，2003.
于长江. 从理想到实证——芝加哥学派的心路历程[M]. 天津：天津古籍出版社，2006.
明斯特伯格. 电影心理学[M]//徐增敏，译. 李恒基，杨运婴. 外国电影理论文选. 修订本. 北京：三联书店，2006：3-27.
于海. 西方社会思想史. 第三版[M]. 上海：复旦大学出版社，2010.
余也鲁，施清彬，崔煜芳，章琪琦. 中国传播学研究破冰之旅的回顾[J]. 新闻与传播研究，2012(4)：4-9.
彼得斯. 霍克海默与阿多诺的奥义：读《文化工业》有感[M]//卡茨，彼得斯，利比斯，奥尔洛夫. 媒介研究经典文本解读. 常江，译. 北京：北京大学出版社，2011：59-75.
彼得斯. 昔日之丰裕：雷蒙德・威廉斯的《文化与社会》[M]//卡茨，彼得斯，利比斯，奥尔洛夫. 媒介研究经典文本解读. 常江，译. 北京：北京大学出版社，2011：226-241.
杜威. 人的问题[M]. 傅统先，邱椿，译. 南京：凤凰出版传媒集团，江苏教育出版社，2006.
杜威. 经验与自然[M]. 北京：中国人民大学出版社，2012.
杜威. 民主与教育[M]. 南京：译林出版社，2012.
费斯克，等. 关键概念：传播与文化研究词典. 第二版[M]. 李彬，译注. 北京：新华出版社，2004.
费斯克. 电视文化[M]. 祁阿红，张鲲，译. 北京：商务印书馆，2005.
费斯克. 理解大众文化[M]. 王晓珏，宋伟杰，译. 北京：中央编译出版社，2006.
菲斯克. 解读大众文化. 第二版[M]. 杨全强，译. 南京：南京大学出版社，2006.
哈特利. 文化研究简史[M]. 季广茂，译. 北京：金城出版社，2008.
科纳. "影响"：媒介研究的争议中心[M]//周葆华，沈菲，译. 库兰，古尔维奇. 大众媒介与社会. 杨击，译. 北京：华夏出版社，2006：363-383.
塔洛克. 电视受众研究——文化理论与方法[M]. 严忠志，译. 北京：商务印书馆，2004.
多米尼克. 美国电视的收视率与观众反馈研究[J]. 刘宇清，译. 世界电影，2005(5)：151-161.
克拉珀. 大众传播的效果[M]//博伊德-巴雷特，纽博尔德. 媒介研究的进路——经典文献读本. 汪凯、刘晓红，译. 北京：新华出版社，2004：163-174.
熊彼特. 经济分析史(第一卷)[M]. 朱泱，孙鸿敞，李宏，陈锡龄，译. 北京：商务印书馆，1991.
臧海群. 西方受众研究的传统与范式[J]. 国外社会科学，2005(5)：21-26.
臧海群，邹驯智. 受众：历史渊源和研究起源[J]. 湖南师范大学社会科学学报，2005(5)：80-83.
臧海群，张晨阳. 受众学说：多维学术视野的观照与启迪[M]. 上海：复旦大学出版社，2007.
凯茨，莱斯. 互联网使用的社会影响[M]. 北京：商务印书馆，2007.

詹姆斯 G. 韦伯斯特，帕特西亚 F. 法伦，劳伦斯 W. 里奇. 视听率分析——受众研究的理论与实践. 第二版[M]. 王兰柱，苑京燕，译. 北京：华夏出版社，2004.

柯伦. 重新评价大众传播研究中的新修正主义[M]//博伊德-巴雷特，纽博尔德. 媒介研究的进路——经典文献读本. 汪凯、刘晓红，译. 北京：新华出版社，2004：623-630.

库兰，古尔维奇. 大众媒介与社会[M]. 杨击，译. 北京：华夏出版社，2006.

科尔曼. 社会理论的基础[M]. 邓方，译. 北京：社会科学文献出版社，2008.

凯瑞. 作为文化的传播——"媒介与社会"论文集[M]. 丁未，译. 北京：华夏出版社，2005.

张国良. 20 世纪传播学经典文本[M]. 上海：复旦大学出版社，2006.

张国良. 传播学原理. 第二版[M]. 上海：复旦大学出版社，2009.

张华. 伯明翰文化学派领军人物述评[M]. 济南：山东大学出版社，2008.

张慧元. 大众传播理论解读[M]. 苏州：苏州大学出版社，2005.

张建忠. 唯物史观视域中曼海姆知识社会学思想研究[D]. 华东师范大学，2011.

张军芳. 经验社会学路径下的传播研究——论罗伯特·E. 帕克的传播研究[J]. 现代传播，2006(2)：165-167.

张嫱. 新媒介环境中的受众研究——以虚拟社区中的追星族为例[D]. 清华大学，2007.

张晓静. 二战期间美国大众传播学的发展[J]. 当代传播，2008(4)：25-26.

张友伦，李剑鸣. 美国历史上的社会运动与政府改革[J]. 天津：天津教育出版社，1992.

张玉佩. 当代阅听人研究之理论重建：试论阅听人的思辨能力[D]. 台湾政治大学新闻研究所，2002.

张玉佩. 从媒体影响观照自己：观展/表演典范之初探[J]. 新闻学研究，2004(1)：41-85.

赵鼎新. 社会与政治运动讲义[M]. 北京：社会科学文献出版社，2006.

赵万里，高涵. 知识社会学与法兰克福学派的社会批判理论[J]. 山西大学学报(哲学社会科学版)，2010(6)：106-113.

拉德韦.《阅读言情小说》导读[M]//博伊德-巴雷特，纽博尔德. 媒介研究的进路——经典文献读本. 汪凯，刘晓红，译. 北京：新华出版社，2004：631-637.

周葆华. 大众传播效果研究的历史考察[D]. 复旦大学，2005.

周葆华. 效果研究：人类传受观念与行为的变迁[M]. 上海：复旦大学出版社，2008.

周葆华. 转型年代：效果研究的聚焦与哥伦比亚学派的兴起[J]. 国际新闻界，2010(4)：37-42.

周宏刚. 知识社会学视野下的传播学危机[J]. 新闻与传播研究，2011(5)：24-28.

周鸿燕. 隐藏的维度——詹姆斯·W. 凯瑞仪式传播思想研究[M]. 北京：中国大百科全书出版社，2012.

周宪，编著. 文化研究关键词[M]. 北京：北京师范大学出版社，2007.

周晓虹. 现代社会心理学史[M]. 北京：中国人民大学出版社，1993.

周晓虹. 现代社会心理学:多维视野中的社会行为研究[M]. 上海:上海人民出版社,1997.

周晓虹. 芝加哥学派的贡献与局限[J]. 社会科学研究,2004(11):94-98.

周晓虹. 现代社会心理学名著菁华[M]. 北京:社会科学文献出版社,2007.

詹森. 作为病态的粉都——定性的后果[M]//杨玲,译. 陶东风,主编. 粉丝文化读本. 北京:北京大学出版社,2009:117-133.

邹赞. 大众社会理论与英国文化主义的源起[J]. 浙江师范大学学报(社会科学版),2011(4):53-60.

祖伦. 女性主义媒介研究[M]. 曹晋,曹茂,译. 桂林:广西师范大学出版社,2007.

图书在版编目(CIP)数据

美国受众研究的历史轨迹:一个知识社会学的视角 / 谷征著. -- 北京:中国传媒大学出版社,2020.9

ISBN 978-7-5657-2697-2

Ⅰ.①美… Ⅱ.①谷… Ⅲ.①受众—研究—美国 Ⅳ.①G219.712

中国版本图书馆 CIP 数据核字(2020)第 065006 号

美国受众研究的历史轨迹:一个知识社会学的视角

MEIGUO SHOUZHONG YANJIU DE LISHI GUIJI:YIGE ZHISHI SHEHUIXUE DE SHIJIAO

著　　者	谷　征
责任编辑	欧丽娜
封面设计	风得信设计·阿东
责任印制	阳金洲
出版发行	中国传媒大学出版社
社　　址	北京市朝阳区定福庄东街 1 号　　邮编:100024
电　　话	86-10-65450528　65450532　　传真:65779405
网　　址	http://cucp.cuc.edu.cn
经　　销	全国新华书店
印　　刷	北京玺诚印务有限公司
开　　本	710mm×1000mm　1/16
印　　张	17.5
字　　数	312 千字
版　　次	2020 年 9 月第 1 版
印　　次	2020 年 9 月第 1 次印刷
书　　号	ISBN 978-7-5657-2697-2/G·2697　　**定　　价**　78.00 元

本社法律顾问:北京李伟斌律师事务所　郭建平